MONEY BO$$

Você vai mandar no seu dinheiro!

MARCOS SILVESTRE

MONEY BO$$
Você vai mandar no seu dinheiro!

Editor executivo: **Sinval Filho**

Direção administrativa: **Wilson Pereira Jr**

Preparação de textos: **André Felipe Noronha**

Revisão: **Josemar de Souza Pinto**

Capa e diagramação: **Neriel Lopez**

Copyright @ by Marcos Silvestre e Valores Editorial. Todos os direitos reservados e protegidos pela Lei nº 9.610, de 19/02/1998. É expressamente proibida a reprodução total ou parcial deste livro, por quaisquer meios sem prévia autorização, por escrito, da editora.

Dados Internacionais de Catalogação na Publicação (CIP)

S784m	Silvestre, Marcos
	Money boss : você vai mandar no seu dinheiro / Marcos Silvestre – São Paulo : Valores Editorial, 2017.
	306 p.
	ISBN 978-85-6700272-9
	1. Finanças. 2. Economia doméstica. 3. Economia. 4. Administração I. Título.
03.1384	CDD 332.024
	CDU 336

Índice para catálogo sistemático:
1. Finanças pessoais: Economia   332.024

Valores Editorial
1ª edição, 2017
+ 55 11 4379-1226
Rua Antonio Biscuola, 04, Centro, Osasco, SP - 06097-140
www.valoreseditorial.com.br

Ao Colega Coach Money® do PROFE®

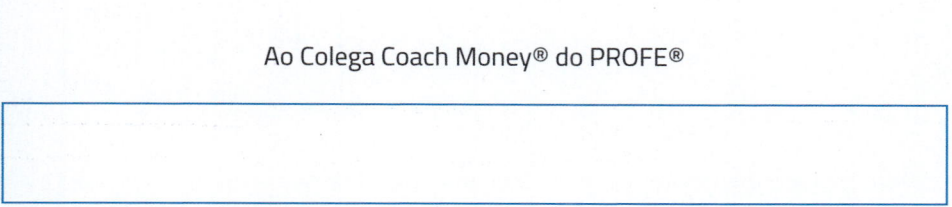

A Você, Educador Financeiro e Empreendedor por missão, profissional que leva a prosperidade equilibrada, sustentável, duradoura e solidária às famílias brasileiras.

Vamos EDUCAR PARA PROSPERAR!

SUMÁRIO

9 — **APRESENTAÇÃO**
MANDE NO SEU PRÓPRIO DINHEIRO!
Reassuma o controle da sua vida financeira e multiplique o poder do seu dinheiro.

29 — **PREPARAÇÃO**
A TRÍADE DA MULTIPLICAÇÃO DO DINHEIRO®
Explore o poder dos juros compostos para prosperar.

89 — **TRÍADE | TÉCNICA I**
INVESTIMENTOS MAIS DINÂMICOS
Trace bons planos de investimentos e faça aplicações realmente dinâmicas.

157 — **TRÍADE | TÉCNICA II**
DÍVIDAS MAIS PRUDENTES
Entenda melhor suas dívidas e elimine as mais nocivas.

247 — **TRÍADE | TÉCNICA III**
GASTOS MAIS ECONÔMICOS
Enxugue desperdícios, organize seu orçamento e poupe.

299 — **CONCLUSÃO**
MULTIPLICAÇÃO & PROSPERIDADE
Nutra-se de boa inspiração... E assuma já o controle da sua prosperidade!

AGRADECIMENTOS

Para minha mãe, **Maria Lúcia Legal Silvestre**,

e para minha esposa, **Luciane Durante Silvestre**,
as mulheres mais econômicas que já conheci,
e com quem aprendi boa parte daquilo
que hoje procuro passar adiante.

APRESENTAÇÃO
MANDE NO SEU PRÓPRIO DINHEIRO!

Reassuma o controle da sua vida financeira e multiplique o poder do seu dinheiro.

UM ALERTA IMPORTANTE! E UM CONVITE...

Sou economista formado em 1991 pela Universidade de São Paulo. Isso perfaz um bom tempo de vida profissional, a maior parte dela dedicada à educação financeira e empreendedora de gente dos quatro cantos deste nosso imenso e muito *rico* – embora pouco *próspero* – país. Uma missão nobre, desafiadora, às vezes árdua, sempre muito impactante e gratificante. Agora eu desejo, com minha longa e profícua experiência de vida educadora, **impactar positivamente sua vida financeira**. Compartilhando minha ampla vivência e sabedoria prática, combinando-as com sua inteligência nata, sua força de vontade e sua capacidade de ação, vamos juntos *dar a virada* em sua busca pela *prosperidade sustentável e duradoura*. Será uma jornada profundamente *transformadora* para sua qualidade de vida e felicidade!

Prosperidade. O anseio de toda pessoa é ter uma vida próspera. Sonho justo, muito justo, para isso trabalhamos e damos o melhor de nós. O *desejo de prosperar* que habita o coração humano, se for conduzido com boa ética, é uma *intensa força* que nos motiva, nos faz lutar e seguir adiante todos os dias em busca de tudo aquilo que é bom para nós, para nossa família e, no limite, para a sociedade. A vontade de prosperar é aquela *mola propulsora* que nos ejeta da cama nas manhãs frias e chuvosas das segundas-feiras, que chacoalha nossos ossos e nos faz seguir adiante com fé, apesar dos muitos "nãos" que provavelmente receberemos ao longo do caminho. A cobiça constante da prosperidade nos faz batalhar, superar, vencer, conquistar: não apenas conserve a sua, mas dê a essa vontade de prosperar uma chance ainda mais digna de propulsionar sua vida para a frente e para cima!

Avante! Desejamos prosperar, isso é ótimo! Agora, querer é uma coisa... conseguir é outra. Tristemente, na prática eu pude constatar que pouca gente consegue prosperar. Mas... por quê? *Vontade* não falta, *capacidade de trabalho*, *dedicação* e *responsabilidade* também não (pelo menos não para a maior parte das pessoas que conheço). Então seria justo prosperar e você merece, não é? Lógico que *merece*, mas hoje não basta "apenas" merecer, os tempos mudaram: na época da vovó, se fosse batalhador e tivesse "cabeça boa", iria prosperar na certa! Essas virtudes continuam sendo indispensáveis, porém não são mais suficientes. Esses nossos tempos são exponencialmente mais complexos que os dias das gerações passadas, tanto para o *bem* quanto para o *mal*. De um lado, estamos cercados de *armadilhas* de consumo e de crédito que nos seduzem, e nos fazem abrir mão de controlar nosso dinheiro de forma responsável e competente. Mas, de outro, também estamos diante de um vastíssimo leque de *oportunidades* de bons negócios, de aplicações e investimentos para enriquecer a vida. Hoje precisamos estar muito mais bem focados e determinados para perseguirmos a prosperidade neste novo contexto de tantos desafios e possibilidades.

Perigo à vista! Mesmo trabalhando pesado e sendo sério na condução da vida, se você ficar restrito "apenas" a estas duas qualidades de personalidade, correrá o risco de viver basicamente para pagar as contas, conquistando pouca coisa nesta vida, e sempre com um sacrifício descomunal. Talvez até pior: acabará se afundando nas dívidas imprudentes que tiram o sono de três em cada dez brasileiros. Isso acontece, sim, nas melhores famílias. O que lhe falta, então, para afastar-se definitivamente das várias *ameaças* e aproximar-se cada vez mais das muitas *oportunidades* para prosperar nesta vida? Você precisa *reassumir o controle da sua vida financeira* e passar a mandar no próprio dinheiro (antes que outros o façam). E mandar *bem*, lógico! Então, chicote na mão: está na hora de *acertar as contas* com seu dinheiro!

REEDUCAÇÃO FINANCEIRA PARA DAR A VIRADA E PROSPERAR!

Vá de virada! Quem quiser prosperar para valer, terá de *pensar e agir diferente* da massa de consumidores que hoje pensam pobre, agem pobre e *vivem pobre*! Quem quiser mesmo prosperar terá que *tomar coragem* para se desconectar da *dinâmica de empobrecimento* vivenciada pela maioria das pessoas, *assumir o controle sobre o próprio dinheiro* e *dar a virada na sua vida financeira*. Será necessário *revalorizar seu dinheiro* e *multiplicar seu poder de compra*, submetendo-se a um *completo processo de reeducação financeira* que permitirá a você *transformar sua mentalidade*. Você assimilará *técnicas inovadoras* e adotará *ferramentas práticas* de *bom planejamento e gestão competente do seu dinheiro* que viabilizarão a transformação de sua atual *mentalidade empobrecedora* para uma *mentalidade próspera*, adquirindo assim *empoderamento financeiro* concreto para conquistar a *prosperidade sustentável e duradoura* que tanto almeja! Eu já lhe prometi isto: será um processo intensamente *transformador*!

Mentiras! Tudo o que a sociedade moderna de consumo vem nos ensinando nos últimos tempos sobre prosperidade está *errado*, pois serve apenas para enriquecer *os outros*, enquanto *empobrece* a mim, a você e a todos os que embarcam desavisados nessa canoa furada, como meros idiotas (financeiros) úteis. Enquanto *entes financeiros*, estamos nos tornando *mais fracos* a cada dia, e assim *largando o controle do poder do nosso dinheiro* nas mãos dos outros.

Veja só: convenceram-nos (e nós aceitamos!) que *ganhamos pouco demais*, que somos *pobres demais* para ter a vida que queremos e merecemos. Daí, por uma questão de lógica, nos estimularam a simplesmente abandonar as esperanças com relação à capacidade que nosso dinheiro tem para nos trazer prosperidade efetiva. "Aprendemos" então a subestimar nosso "pobre dinheirinho", fruto sagrado do nosso trabalho (e que pode não ser essa fortuna toda mas, é nosso, é suado, é honesto).

"Aprendemos" a não dar a nosso dinheiro o devido valor, entregando-o aos leões, em vez de cuidarmos dele com carinho. "Aprendemos" a não encará-lo como a essência e a semente da nossa prosperidade, aquela pequena semente que, se bem plantada e adubada, poderá logo mais à frente nos abrigar na sombra da frondosa árvore da prosperidade sustentável e duradoura. Olhando desconfiadamente para nossos "diminutos" ganhos mensais, *cremos* que somos fracos financeiros... e *agimos* como fracos financeiros!

Quem ganha com isso? Pelo menos a curto prazo, indústria e comércio se empoderam com este raciocínio, porque angariam maiores vendas com essa visão deformadora, enfraquecedora e empobrecedora que desenvolvemos quanto ao próprio dinheiro. Afinal, é fácil empurrar mercadorias e serviços para consumidores que, na prática, não se empenham em valorizar corretamente seu dinheiro, consumidores compristas e consumistas, que não se importam em torrar sua ("pouca") grana rápido demais, fácil demais! Somos hoje um bando de compradores que topam (e muitas vezes com entusiasmo!) embarcar em esquemas empobrecedores de compras parceladas com (enormes!) juros embutidos, consumidores ansiosos e imediatistas, que não se encorajam e não se predispõem a poupar dinheiro para conquistar seus sonhos da maneira financeiramente mais sábia. Agindo assim, nunca acumulamos em nossas mãos o *poder de compra* necessário para fazer bons negócios de verdade, batalhando descontos à vista, levando para casa algo pago, plenamente quitado, sem o tradicional "carnezinho". Dependemos cronicamente do dinheiro alheio, pois "aprendemos" que, "infelizmente, só o nosso não funcionará". É isto: nos convencemos de que o nosso dinheiro *não tem poder*, e assim o entregamos "às cobras"!

Senhores do dinheiro. Há mais gente que ganha quando pensamos e agimos pobres, como genuínos d*errotados financeiros*, tratando nosso "suado dinheirinho" de forma desleixada porque simplesmente *não confiamos em seu poder*. Aproveitando-se desse perfil entreguista, bancos e financeiras conseguem nos alugar dinheiro caríssimo em condições escorchantes, visando lucros bilionários que só crescem ano após ano. Transferimos a eles o poder que desprezamos, e assim os empoderamos, tremendamente. Boa parte do nosso sofrido e incauto povo, adepto convicto desse estilo de vida empobrecedor, vive hoje escravizado pelas dívidas imprudentes, dominantes e sufocantes. Nesse jogo, só quem perde mesmo somos nós, porque agindo assim enriqueceremos os senhores do dinheiro às custas do empobrecimento da própria vida, afastando-nos da existência próspera que *merecemos* e que *podemos ter*, se ao menos mudarmos nossa mentalidade financeira e ganharmos empoderamento diante do próprio dinheiro. Seja você mesmo o senhor (ou a senhora) do seu dinheiro!

SEU DINHEIRO TEM PODER! MAS... NAS MÃOS DE QUEM ELE ESTÁ?

MONEY BO$$! Se você não reassumir o controle sobre sua vida financeira, desista de prosperar: pode trabalhar quanto for, pode se esforçar quanto quiser, jamais irá prosperar para valer, esqueça! Mas... justo você não vai nessa, não é *chefe*?! Então, se quer mesmo dar as cartas nas suas finanças e mostrar quem manda no seu dinheiro, precisa dizer um grande **não** à ideia de que ganha pouco demais, de que tem pouco demais, de que seu dinheiro vale pouco demais: você precisa mudar sua mentalidade financeira e *aprender a revalorizar seu dinheiro*! Você não poderá jamais esquecer que o *trabalho* e a *renda mensal* que dele resulta são a *fonte primária* de toda prosperidade. A boa *reeducação financeira* lhe oferecerá *técnicas* e *ferramentas* para *multiplicar e ampliar o poder de compra* do dinheiro que você produz com seu trabalho, angariando *empoderamento financeiro* concreto e dando-lhe acesso definitivo à prosperidade sustentável e duradoura.

Poder. Nestes anos todos, tive a oportunidade de apresentar a centenas de indivíduos e famílias que atendi pessoalmente (e alguns milhares que passaram por meus cursos e treinamentos) uma série de *técnicas inovadoras* e *ferramentas práticas* que os ajudaram a replanejar sua vida financeira. Minha contribuição para essas vidas sempre partiu de um mesmo foco motivador: ajudá-los a *conhecer a fundo* e *explorar melhor* as inúmeras oportunidades de prosperar que o dinheiro nos oferece, adquirindo assim *empoderamento financeiro*. Afinal, o dinheiro tem *poder*! Não me refiro aqui a poder de forma genérica, fantasiosa. O dinheiro não tem o poder de transformar corações ou de atrair a felicidade, por exemplo. O poder que o dinheiro embute em suas entranhas é de um tipo muito peculiar e especialmente relevante para nossa prosperidade nesta vida: *poder de compra*!

Vai assumir? Esse poder é intenso e, de certa forma, neutro. O poder do dinheiro pode ser empregado para o nosso bem, produzindo nosso fortalecimento financeiro. Sempre acreditamos que teremos competência suficiente para usá-lo com este objetivo, por isso queremos sempre mais! Mas esse poder financeiro também pode ser menosprezado e subjugado, passando a ser manipulado por terceiros para nos causar o mal, enfraquecendo nossas finanças pessoais! Sobre o poder financeiro, guarde este mantra financeiro, com o qual haveremos de trabalhar ao longo de toda esta obra:

> **Reassumir o controle sobre sua vida financeira e explorar melhor o poder de compra do seu próprio dinheiro, multiplicando-o e assim empoderando-se, é a chave para conquistar a prosperidade sustentável e duradoura!**

Tudo errado! Tenho tristemente observado que a maioria das pessoas não sabe lidar direito com o poder do seu dinheiro. De um lado, supervaloriza e idolatra o poder de compra dos outros, no caso os "ricos e poderosos", gente que (na sua visão idólatra da riqueza alheia) tudo pode porque tem muita grana! De outro lado, subestima o seu próprio poder de compra, desdenha do próprio dinheiro por acreditar ser "pouco demais", *achatando-o* com compras erradas, desperdícios e dívidas onerosas, ao invés de *multiplicá-lo* e *expandi-lo* com bons negócios e boas aplicações. Sim, o poder do dinheiro, quando menosprezado, pode servir para enfraquecer sua vida, mas, quando tratado com o devido respeito e cuidado, certamente fará você prosperar!

Pobreza. A mentalidade empobrecedora costuma raciocinar desta forma (repare que qualquer semelhança com a cultura financeira vigente no país não é mera coincidência): "*O dinheiro que recebo como fruto do meu emprego ou do meu negócio próprio é ridiculamente pouco. Minha renda é muito mais baixa do que eu gostaria que fosse para viver a vida que sonhei. Este é meu problema: meu poder de compra é insuficiente para me dar a vida que desejo e que mereço. Não tenho opção: se quiser ser próspero, preciso de mais, muito mais, e tenho de encontrar um jeito rápido (de preferência também fácil) para conquistar a riqueza que almejo. Gente esperta é gente que consegue conquistar riqueza rápida e abundante! Se eu conseguir ser esperto assim, então irei prosperar*"!

Fraqueza! Você conhece quem ainda pensa assim? Talvez você mesmo ainda pense dessa forma... lá no fundo do seu bolso. Então, vamos tentar enxergar aonde esta mentalidade pode levar. Imagine que um belo dia lhe aparece a Fada do Dinheiro, uma simpática criatura que, com sua cintilante varinha de condão, lhe promete *dobrar* seu dinheiro do dia para a noite. Ou melhor, *no mesmo dia*, pois a mágica será feita via TED (Transferência Eletrônica Direta) para sua conta bancária. Diante dessa inacreditável proposta, eis minha pergunta: se tudo isso não passasse de um sonho, se fosse uma fada "de verdade" com uma proposta concreta dessas, você toparia?

Cuidado. Você sabe quanto ter dinheiro é bom (porque dinheiro lhe dá *poder de compra*). Porém, antes de mais nada, o que você quer é *ser feliz*. Gostamos de dinheiro não porque somos descendentes do Tio Patinhas, mas porque sabemos que ele, pelo menos na teoria, *tem poder* para nos proporcionar uma vida com maior conforto e segurança, uma vida melhor e mais realizada. Mas recorro à minha longa experiência como observador e estudioso da vida financeira alheia, para lhe fazer um importante alerta: quase todas as vezes que eu pude presenciar uma boa bolada caindo subitamente no colo de alguém que estava mal preparado para recebê-la, essa "fantástica" história de prosperidade instantânea não teve um final enriquecedor. Muito pelo contrário.

Empobreceu! Pude testemunhar diversas histórias em que a pessoa que "tirou a sorte grande" logo na sequência acabou perdendo tudo, até mesmo o que tinha antes de lhe acontecer essa "coisa maravilhosa" na vida. Mais dinheiro com rédea frouxa e pouco preparo para lidar com ele é uma combinação perigosa para seu equilíbrio financeiro, porque "o olho cresce" (o seu e o dos outros!) e os gastos podem se tornar repentinamente inchados, abrindo espaço para que as dívidas preocupantes passem a dominar sua vida. O "alheio" passa a ditar as regras na sua vida financeira! Aí bate o desespero de querer ganhar mais e mais, para tentar compensar os erros financeiros nos gastos e nas dívidas, e advém aquela súbita atração por investimentos muito "promissores", porém traiçoeiros, que acabam pondo o dinheiro todo a perder com impressionante velocidade. Final da reta de quem não manda bem no dinheiro: pobreza!

Bom para quem? *Mais dinheiro* é muito bom, porém apenas quando vai para as mãos de alguém previamente dotado de uma consciência financeira evoluída, exatamente aquilo que descrevo nesta obra como uma *mentalidade próspera*. Do contrário, você não conseguirá assumir o controle efetivo do seu dinheiro, explorando o poder que ele tem! Até você atingir esse ponto de um entendimento mais elevado dos mecanismos de funcionamento das finanças pessoais que lhe apresentarei neste livro, até conquistar a segurança de estar equipado com uma mentalidade verdadeiramente próspera, eu não lhe desejarei muito mais dinheiro de uma hora para outra, não. Porque esse dinheiro pode vir, e "os outros" (o comércio, a propaganda, os bancos, as financeiras, os agiotas...) assumirão para si o poder que sua grana tem, *esvaziando o seu poder* sobre o seu próprio dinheiro. Portanto, eu lhe recomendo, por enquanto, que responda à graciosa Fada do Dinheiro de forma cautelosa: "*Deixe-me pensar melhor, dona Fada, deixe-me raciocinar melhor...*"

A MENTALIDADE EMPOBRECEDORA E A BUSCA DA PROSPERIDADE ILUSÓRIA

Deixa, vá! Você até pode retrucar comigo: "*Não, professor! Pode deixar que saberei cuidar do dinheiro que vier rapidinho, sim senhor*"! Mas isso também de nada lhe adiantará: como sabemos, fadas madrinhas endinheiradas pertencem ao mundo do faz de conta e só atendem gatas borralheiras. Era só mesmo um exercício de raciocínio. Mas considere outras possibilidades "concretas" de conseguir mais dinheiro instantaneamente:

- Lacrar a Mega-Sena, cuja probabilidade é 400 vezes menor do que ser atingido por um raio. Muito improvável e, de qualquer forma, você precisará estar muito bem preparado para gerenciar o novo patrimônio. (Enquanto desafia as estatísticas e tenta cutucar a sorte fazendo suas apostas semanais, cuidado com os raios, hein!?)
- Receber uma herança de uma tia centenária – e bilionária – que tenha unicamente você como herdeiro. Sem saber administrar a fortuna, a perda pode ser igualmente veloz. (Cá entre nós: você não tem uma tia assim, a menos que seja personagem de novela global.)

- Casar-se com marido ou mulher rica. (Só vale para os solteiros, mas não recomendo comercializar sua felicidade por preço algum.)
- Especular arriscadamente na bolsa de valores para obter ganhos fulgurantes. Tente, se tiver "estômago" para isso – eu não tenho. (Prepare-se também para uma provável "indigestão" monumental!)
- Assaltar um banco, tsc, tsc. (Não, definitivamente, o crime não compensa!)

Então estamos acertados: *conseguir ampliar seu poder de compra em um curto espaço de tempo* não lhe acontecerá por mágica nem por acaso. A virada rumo à prosperidade certamente não virá daí. E se porventura lhe ocorrer esse improvável enriquecimento instantâneo, o desleixo e o despreparo para gerenciar a nova fortuna, a predominância de uma mentalidade empobrecedora, mesmo em meio a tanta riqueza e fartura, poderão pôr tudo a perder. Quem tem poder nas mãos e não sabe usá-lo, acaba perdendo! Você já viu esse filme. Eu, por dever de ofício, já assisti a ele dezenas ou centenas de vezes e posso garantir que todos *choram* no final!

Nova tentativa. Tendo plena ciência da improbabilidade e dos riscos envolvendo o aumento instantâneo do seu poder de compra, há quem decida multiplicar seu dinheiro de modo imediato por vias mais convencionais: no mundo corporativo, com uma fulgurante carreira como colaborador de empresa, ou no universo empreendedor, a-rre-ben-tan-do com seu negócio próprio! Não seria nada mal conseguir extrair muito mais dinheiro de uma dessas fontes tradicionais, mas será viável conseguir isso tão rapidamente, de forma tão bombástica? Seria esse tipo de virada algo viável? Esse raciocínio costuma tentar muito, mesmo os profissionais responsáveis.

Mais! Tentar ganhar mais dinheiro com seu trabalho é o sonho de todos os que desempenham uma atividade profissional. Sonho muito justo, aliás. Se você se dedica a seu trabalho com afinco e dispensa a ele as melhores horas, dos melhores dias, dos melhores anos de sua vida, é justo esperar o retorno merecido. Dentro do possível, quanto mais, melhor, aqui e agora. No entanto, sabemos que quase sempre o crescimento do salário (e eventuais benefícios) virá *aos poucos*. Sejamos realistas: você pode ter um começo de carreira muito bem-sucedido e ser promovido rapidamente no início, mas daí em diante o caminho será naturalmente mais lento, levando vários anos para evoluir positivamente. Conseguir uma promoção ou novo emprego que *dobre* seu salário de um mês para o outro é algo muito pouco provável. Um aumento de, digamos, 50%, já é bastante difícil de obter, imagine algo superior a isso!

Inviável. Se você é um empreendedor, dono do próprio negócio, diga-me: é possível dobrar seu faturamento de uma hora para a outra, passando simplesmente a cobrar o dobro dos clientes, assim, à queima-roupa? Ou simplesmente cortar seus custos pela metade, de repente, aumentando repentinamente sua margem? Experimente propor a seus fornecedores que cobrem apenas a metade do que lhe cobram hoje, sem diminuir a *quantidade* e *qualidade* do que eles lhe fornecem atualmente. Tem algum cabimento querer fazer mais dinheiro assim?

Na real. Eu lhe desejo, sem dúvida, que seus ganhos mensais cresçam o máximo possível. Porém, lembre-se de que isso só ocorrerá *ao longo de anos e décadas* da sua vida profissional. Estude, capacite-se, empregue o melhor de seus talentos e recursos na boa execução de sua atividade profissional, e você chegará lá. Mas, por gentileza, pare de cultivar a *ilusão* de que, no curto prazo, conseguirá extrair muito mais dinheiro do seu trabalho do que aquilo que já consegue hoje. Para o momento, nesse quesito você já está no seu limite e com o controle máximo desse lado da sua vida financeira, e isso é um excelente começo!

Perceba! O dinheiro que você tem hoje é o dinheiro que você tem hoje, nem mais nem menos, sem fadas madrinhas ou outras fontes milagrosas. Aqueles R$ X que você recebe hoje de ganhos mensais serão praticamente os mesmos nos próximos 12 meses, e daqui a 24 ou 36 (exceto por pequenos reajustes no dissídio da categoria ou um discreto avanço nas vendas do seu negócio). Aí está a base, a essência e a semente da sua prosperidade, mas não é da exploração mais intensiva dessa mesma fonte que virá *a virada* para a prosperidade. É importante entender isso, porque tem gente que acredita que, se ao menos "se matar de trabalhar", conseguirá ser mais próspero, mas isso não é verdade! Aceitar esta realidade é o primeiro passo rumo ao desenvolvimento de uma *mentalidade próspera*: esqueça *ganhos ilusórios*, assuma o controle sobre o que está efetivamente à sua disposição e comece a buscar formas mais inovadoras, porém realistas e eficazes, de *multiplicar o poder de compra* que você, realisticamente falando, tem hoje em suas mãos. Não trate como pouco demais o pouco que você tem ... e ele poderá lhe render muito!

Multiplicar! Isto, sim, pode ser feito *de imediato*: você pode agora mesmo passar a cuidar melhor dos recursos financeiros que tem hoje a seu dispor, começando desde já a explorar algumas técnicas inovadoras e muito férteis de reeducação e orientação financeira para desenvolver uma *mentalidade próspera*, ganhar empoderamento financeiro efetivo e multiplicar seu dinheiro!

DIFERENTES MENTALIDADES, RESULTADOS BEM DISTINTOS!

Renato é gerente júnior de uma grande empresa. Ele trabalha muito, tem muita responsabilidade, não ganha tanto dinheiro assim, mas aprendeu a não reclamar à toa e cuidar direito do que é seu, tanto de sua evolução de carreira no mercado de trabalho quanto dos frutos modestos (mas honestos!) que o seu trabalho hoje lhe proporciona. No trabalho, Renato não é ainda um *big boss*, mas, na sua vida financeira, Renato é um legítimo **MONEY BO$$!**

Renato gosta de relaxar quando está em casa, adora assistir a bons filmes e deseja comprar uma TV *full* HD gigante para ver seus títulos prediletos no aconchego do próprio lar, como se estivesse numa sala de cinema. Ele já conhece precisamente as características do aparelho que deseja comprar, porque pesquisou na internet até definir qual TV atendia às suas necessidades e expectativas. Na maior parte das lojas, a TV cobiçada por Renato está anunciada por 12 parcelas de R$ 399,90 (isso dá o total arredondado de R$ 4.800,00).

Cabeça boa! Renato não gosta de fazer novas dívidas, pois sabe que, se quiser ampliar o poder de compra do seu salário, tem de ganhar juros, em vez de pagá-los. No começo da carreira, ele não raciocinava dessa forma e chegou a se atrapalhar nas finanças. Mas, disposto a se reeducar, aprendeu a mudar sua mentalidade financeira com a leitura de bons livros de finanças pessoais que amigos mais experientes lhe indicaram, além de um curso bem interessante na área, que ele teve a oportunidade de fazer. Desde então, sua vida começou a enriquecer. Renato tratou de excluir-se da massa que pensa pobre, não é mais um perdido nesse universo de consumidores ansiosos e precipitados: ele sabe se planejar e esperar a melhor hora de fazer um bom negócio. Renato é o melhor aliado de sua prosperidade financeira.

Com sua *mentalidade próspera*, ele traça um plano de investimentos para conquistar esse seu sonho: durante 12 meses, aplicará R$ 350,00 mensais na Caderneta de Poupança (você verá que existem inclusive opções ainda mais interessantes). No total, desembolsará 12 "mensalidades" de R$ 350,00 = R$ 4.200,00. Como a aplicação renderá juros de aproximadamente R$ 120,00 acumulados nesses 12 meses, ao final de um ano Renato terá juntado R$ 4.320,00.

Fazendo pesquisa em diversas lojas, ele encontra o aparelho que deseja, última peça (mas na caixa e com nota fiscal, tudo direitinho), com desconto de 10% para pagamento à vista. De R$ 4.800,00, o aparelho está saindo pelo preço final de exatos R$ 4.320,00 (= o dinheiro que Renato havia acumulado), portanto R$ 480,00 ou 10% a menos que o preço inicial.

Um belo achado do Renato, certamente um ótimo negócio! Veja que, com um bom planejamento e competente gestão do dinheiro, ele conseguiu efetivamente multiplicar seu dinheiro: embolsou R$ 120,00 com *juros ganhos* na Poupança e economizou R$ 480,00 com o *desconto na compra à vista*: um ganho total de R$ 600,00. Esse dinheiro *extra* que ele salvou no orçamento lhe permitiu comprar (também à vista!) um belo *kit* de *home theater* com *Blu-ray 3D* para complementar a montagem de seu "cinema em casa". Renato está feliz e sente-se próspero, sabendo que isso é fruto de sua mentalidade financeira diferenciada.

Outra vida. Fausto, chefe do Renato, é diretor na empresa, um excelente profissional, também muito trabalhador, experiente e dedicadíssimo! Por isso os dois se dão tão bem no trabalho. Dizem que o sucessor natural de Fausto é o Renato. Por sua posição mais alta na hierarquia da empresa, Fausto ganha – naturalmente – bem mais que Renato. Daí todos poderiam imaginar que, por causa do salário maior, Fausto teria "uma vida mais próspera". Sim, teoricamente sim. Porém, nas finanças pessoais convém ser cauteloso no diagnóstico, porque as aparências podem enganar. Frequentemente enganam.

Fazer dinheiro nunca foi exatamente um problema para Fausto, um jovem de carreira profissional fulgurante, rapidamente ascendente. Como pensa que não precisa se preocupar tanto com dinheiro (afinal, ele sabe bem como *ganhar muito bem*), Fausto – que assim como Renato, eu e você, também gosta do que é bom – compra sua TV *full* HD gigante no puro impulso, sem nada daquele cuidado de planejamento e boa gestão financeira que teve o Renato.

Fausto não cultiva em sua vida o bom hábito de aprontar dinheiro para comprar à vista e com desconto. Assim, apesar de ganhar bem, nunca tem dinheiro pronto para compras de valor mais elevado e, então, acaba adquirindo seu aparelho de TV parcelado no cartão, conforme aquela tentadora oferta em 12 prestações "sem juros" de R$ 399,90 (você verá que isso não existe)! Afinal, o que são apenas R$ 400,00 mensais para adquirir um equipamento tão legal? "*A gente trabalha tanto para ter as coisas boas na vida, não*"? Esse é o argumento de Fausto para fazer a coisa certa (comprar a TV e usufruir dela em sua vida)... mas da forma errada (parcelada com juros embutidos)!

Infelizmente, a *mentalidade empobrecedora* de Fausto o leva a decisões financeiramente equivocadas, achatando o poder de compra do seu dinheiro! Ao raciocinar dessa forma, Fausto acabou gastando exatos R$ 4.800,00 apenas para levar a TV, privando-se de uma boa oportunidade de multiplicar seu dinheiro em R$ 600,00. Renato, com sua consciência financeira mais evoluída, fez seus R$ 4.200,00 valerem *na prática* o mesmo que os R$ 4.800,00 de Fausto. E com os R$ 600,00 adicionais ainda conseguiu fazer uma aquisição adicional (o *home theater*), expandindo o poder de compra do seu dinheiro, multiplicando-o e prosperando. Mais *benefício*... pelo mesmo custo.

Mentalidade próspera! Renato preferiu *multiplicar seu dinheiro*, agregando a ele o poder de compra de R$ 600,00, e para isso não precisou contar com qualquer mágica ou aumento em seu salário. Ele preferiu extrair esse dinheiro adicional de duas outras fontes bem mais realistas e concretas: 1) seus ganhos na aplicação financeira + 2) o desconto na compra à vista, bem pesquisada e bem negociada, evitando uma nova dívida imprudente. Ele enriqueceu simplesmente buscando formas inovadoras de lidar melhor com seu dinheiro. Algo que Fausto poderia ter feito, se também tivesse cuidado de desenvolver uma *mentalidade próspera*.

Para a vida toda. A diferença entre a vida financeira de Renato e Fausto infelizmente não se manifesta só na compra dessa TV, mas em *todas* as decisões financeiras que cada um deles toma no dia a dia. Quem pensa próspero e age próspero, assegura prosperidade para sua vida inteira! Imagine, por exemplo, o impacto no poder de compra efetivo de cada uma dessas famílias ao longo de um ano inteirinho, considerando as inúmeras decisões bem planejadas e bem executadas de Renato, de um lado, e as várias atitudes financeiramente empobrecedoras de Fausto, de outro.

Bagunça financeira. Fausto e sua família gastam mal, compram tudo parcelado, fazem dívida após dívida e não têm o bom hábito de aplicar dinheiro para ganhar juros e poder realizar seus sonhos pagando à vista, com desconto. Pelo contrário: como nunca há dinheiro para quitar a fatura dos cartões de crédito sem avançar no rotativo, nem para cobrir os cheques pré-datados sem mergulhar no limite do especial, e ainda menos para pagar todas as contas sem apelar para dívidas mal planejadas, a família de Fausto acaba gastando somas muito elevadas com juros desnecessários. Um dinheiro que agrega a eles *zero* em prosperidade!

Pensar pobre = agir pobre! Na prática, a cada decisão errada que tomam para seu dinheiro, Fausto e sua família estão empobrecendo, quando poderiam (e deveriam!) enriquecerem suas vidas! Por isso, Renato e sua família conseguem viver melhor na prática, apesar de hoje seus ganhos ainda serem consideravelmente menores que os de Fausto. Renato está preocupado com seu chefe: trabalha demais, anda muito estressado, visivelmente preocupado... e mesmo do ponto de vista material, apesar de ganhar tanto mais, parece não viver uma vida boa, plena e realizada. Renato já sabe o que dará ao chefe sem seu próximo aniversário: uma cópia de **MONEY BO$$ | Você vai mandar no seu dinheiro!**

E você? Prefere estar na posição de Fausto, que *ganha mais*, ou na de Renato, que *sabe lidar melhor com seu dinheiro*? Ok, eu sei o que acaba de pensar: bom mesmo é ter o *salário* do Fausto com a *mentalidade financeira* do Renato! Mas, entre as duas opções, lembre-se de que a *única disponível de imediato* é *pensar e agir diferente* da massa de consumidores que hoje pensam pobre, agem pobre e *vivem pobre*! Quem quiser mesmo prosperar, terá que *tomar coragem* para se desconectar da *dinâmica de empobrecimento* vivenciada pela maioria das pessoas, *assumir o controle sobre o próprio dinheiro* e *dar a virada na sua vida financeira*. Será necessário *revalorizar seu dinheiro* e *multiplicar seu poder de compra*, submetendo-se a um *completo processo de reeducação financeira* que permitirá a você *transformar sua mentalidade*. Você assimilará *técnicas inovadoras* e adotará *ferramentas práticas* de *bom planejamento* *e gestão competente* do seu dinheiro que viabilizarão a transformação de sua atual *mentalidade empobrecedora* para uma **mentalidade próspera**, adquirindo assim *empoderamento financeiro* concreto para conquistar a *prosperidade sustentável e duradoura* que tanto almeja!

TÉCNICAS INOVADORAS E FERRAMENTAS PRÁTICAS

Então está claro: para conseguir *mais dinheiro*, não adianta buscar nas fontes erradas, seja nas *fontes secas* das fórmulas mágicas e ilusórias de ganhos imediatos, que só existem nos romances e novelas, seja nas *fontes hoje já saturadas* do seu emprego e do seu negócio próprio, uma vez que sua renda mensal atual já está dando seu máximo, considerando suas possibilidades profissionais do momento. É preciso, como tenho insistido, desenvolver uma **mentalidade próspera**, *revalorizando seu dinheiro* e adotando *técnicas inovadoras* e *ferramentas práticas* para *multiplicar o poder* do seu dinheiro.

MONEY BO$$! Visando ajudar você nesse desafio, selecionei para o conteúdo deste livro um conjunto de três poderosas técnicas que integram o corpo pedagógico da tradicional **Metodologia PROFE® | Programa de Reeducação e Orientação Financeira**, aplicada por mim e minha equipe em nossas oficinas particulares de *Coaching Money®*, e também utilizada em nossas palestras, cursos abertos e treinamentos corporativos. Quando aplicadas ao seu relacionamento cotidiano com o dinheiro, essas técnicas e ferramentas lhe darão empoderamento financeiro concreto e governarão suas decisões de compra, de consumo, de endividamento e de investimento rumo à prosperidade sustentável e duradoura.

Batizei esta seleção de **Tríade da Multiplicação do Dinheiro®**:

TÉCNICA I | Investimentos mais dinâmicos

Ganhar juros! Para conquistar seus sonhos sem dívidas, aprenda a traçar e colocar em prática bons *planos de investimentos*, combinados com excelentes *aplicações dinâmicas*, mais rentáveis, porém muito seguras (e bastante práticas)! Assim, você ganhará empoderamento financeiro por meio dos *juros sobre juros* que receberá em suas aplicações dinâmicas, garantindo a realização de seus principais sonhos de compra e consumo apenas com o sacrifício poupador de pequenas quantias mensais.

> *Veja só: aplicando em boas ações de boas empresas brasileiras, bastarão R$ 400,00 de esforço poupador e investidor mensal do início de sua carreira profissional até a aposentadoria, para acumular o equivalente a R$ 1 milhão! Você investirá, na prática, pouco menos de R$ 200 mil do próprio bolso (R$ 400,00 mensais X 12 meses/ano X 40 anos = R$ 192 mil), mas poderá resgatar cinco vezes esse valor aplicado, por causa do empoderamento financeiro obtido com os ganhos dos juros sobre juros ao longo do tempo! E, se não quiser aplicar em ações, eu lhe indicarei outras opções também muito dinâmicas para ampliar o poder de compra do dinheiro aplicado.*

Ferramenta digital => INVESTÔMETRO®

TÉCNICA II | Dívidas mais prudentes

Não pagar juros! Aprenda a ter dívidas bem planejadas, de tamanho adequadamente calibrado para suas verdadeiras possibilidades financeiras, inclusive eliminando as dívidas mais graves e preocupantes. Assim, você conseguirá transformar em "dinheiro novo" aquele poder de compra que hoje é costumeiramente desperdiçado com os elevados juros pagos nas suas atuais dívidas, redirecionando esse dinheiro para bons gastos e/ou bons investimentos.

> *Veja só: uma família brasileira de classe média pode chegar a empatar mais da metade de seus ganhos mensais apenas para pagar dívidas e cobrir os juros nelas embutidos. Elimine tais dívidas, começando pelas mais preocupantes, e esse dinheiro poderá ser convertido de imediato em pura prosperidade, sendo disponibilizado para bons gastos e/ou bons investimentos.*

Ferramentas digitais => DIVIDÔMETRO® e ELIMINÔMETRO®

TÉCNICA III | Gastos mais econômicos

Não desperdiçar dinheiro! Aprenda a ter despesas mais enxutas e fazer compras financeiramente mais sensatas, bem focadas em suas verdadeiras prioridades e bem controladas através de um orçamento familiar organizado. Com essa técnica, você liberará o dinheiro normalmente empatado em desperdício, hoje invisível mas muito significativo, e permitirá engrossar outros gastos mais importantes, fazer bons investimentos ou até mesmo acelerar a quitação de dívidas dominantes.

Veja só: no orçamento de uma típica família brasileira de classe média pelo menos 10% da renda mensal pode ser economizada e liberada com grande facilidade, apenas detectando e eliminando gastos de má qualidade financeira, que hoje não estão agregando prosperidade para você e sua família mas que, apesar disso, têm levado um bom dinheiro embora!

Ferramentas digitais => ECONÔMETRO®, POUPÔMETRO® e COMPRÔMETRO®

VAMOS PROSPERAR! COMO EXPLORAR O CONTEÚDO DESTE LIVRO

Para facilitar a exploração do vasto conteúdo deste livro, organizei seus capítulos em quatro partes sequenciais:

- **Preparação | A Tríade da Multiplicação do Dinheiro®**
- **Técnica I | Investimentos Mais Dinâmicos**
- **Técnica II | Dívidas Mais Prudentes**
- **Técnica III | Gastos Mais Econômicos**

Essas quatro seções poderão ser exploradas na ordem que melhor se encaixar em suas necessidades e expectativas. Normalmente, começamos a leitura de um guia utilitário por onde "o calo aperta mais", e não há nada de errado com isso, muito pelo contrário. As quatro partes desta obra estão dispostas de forma modular para que, em *qualquer ordem* que você decida navegar entre elas, sua compreensão seja fácil e imediata, sem perder "o fio da meada" do conjunto da obra. Mas posso apostar que você desejará "devorar" tudo! Assim espero: seu trajeto de prosperidade nesta vida agradece!

PREPARAÇÃO
A TRÍADE DA MULTIPLICAÇÃO DO DINHEIRO®

Explore o poder dos juros compostos para prosperar.

capítulo 1

GANHE JUROS E FORTIFIQUE SEU PODER DE COMPRA

Qual o "segredo" do grande potencial que essa **Tríade da Multiplicação do Dinheiro**® apresenta para fazer você prosperar?

Juros! Quando você se esforça para evitar em seu orçamento os *gastos inchados e descontrolados*, consegue se manter afastado das *dívidas imprudentes*, que sempre lhe tomam muito dinheiro por causa dos *juros pagos*. Como consequência, também consegue realizar *bons investimentos*, que sempre lhe põem mais dinheiro no bolso na forma de *juros ganhos* (aliás, juros compostos). Aí está o "segredo" dessa tríade de técnicas para a prosperidade: colocar *o poder enriquecedor dos juros do dinheiro* para multiplicar sua grana!

Alavanca de prosperidade. Quando se conhece e se compreende o mecanismo dos *juros compostos*, e quando se coloca tal mecanismo para funcionar do lado certo da sua vida financeira, para *ganhar* juros nos seus *investimentos*, em vezes de *pagá-los* em suas *dívidas*, você amplia em muito o *poder de compra* da sua renda mensal. Poucos conhecem e empregam essa chave de acesso rápido à prosperidade, porém os ricos modernos reconhecem seu valor e jamais deixam de usá-la. E, melhor: não custa nada, basta o esforço de aprender a lidar com os juros do dinheiro e colocar esse aprendizado em prática o quanto antes. Você sairá na frente da massa financeiramente ignorante se, a partir de agora, fizer bom uso da incrível energia enriquecedora dos juros compostos, colocando-os para atuar positivamente em sua vida financeira!

PASSE JÁ PARA O LADO DE QUEM GANHA JUROS

Sonhos. Realizar seus grandes sonhos de compra e consumo é sempre bom. Melhor ainda é conquistar cada um deles pagando-os sempre à vista e com desconto. Isso é inquestionavelmente mais vantajoso do ponto de vista financeiro, pois na prática tudo ficará muito mais barato para você. No final das contas, seu dinheiro, aquela mesma renda mensal do seu amigo que não abraçou a reeducação financeira, estará podendo mais; o que representa, na prática, um enriquecimento concreto. E não há prazer de consumo que se compare à satisfação de levar para casa algo que está completamente pago, sem nenhuma dívida pendurada!

Conquistas. Agora tem um detalhe: conseguir isso parece cada vez mais difícil... Juntar o suficiente para pagar aquela megaviagem à vista? Para comprar um carro com dinheiro pronto? Um imóvel com puro *cash*? Para bancar suas maiores conquistas à vista e com desconto, você terá de dispor de *expressivas reservas financeiras*, uma para cada um dos seus grandes sonhos. Reservas de valor substancial não se formam num estalar de dedos: elas têm de ser construídas *progressivamente*, por meio de aportes financeiros mensais consecutivos. Para chegar lá, os investimentos devem ser frequentes e cumulativos, destinados a boas aplicações realizadas todo santo mês, com disciplina e perseverança, por meses e meses a fio, até se atingir o prazo final planejado para acumular aquela grande soma totalizada, que irá finalmente cacifar seu sonho à vista e com desconto.

A conta certa. Parece um caminho penoso, e você pode questionar se realmente vale a pena... se por acaso não será mais fácil logo apelar para compras parceladas/financiadas. Então eu lhe sugiro que faça agora algo que faremos persistentemente ao longo deste livro: pergunte à ponta do lápis. Nada como a conta certa para nos clarear o raciocínio e desatar nós em nossa vida financeira.

Na ponta do lápis. Com uma reserva estratégica de R$ 45 mil, você compra aquele tão sonhado carro zero à vista. Tal carro custa R$ 50 mil na tabela, mas você o levará com um desconto de R$ 5 mil, justamente porque pagará à vista. Um bom negócio e uma transação financeira que irá deixá-lo R$ 5 mil mais rico, porque *dinheiro não gasto com bobagem* (= dinheiro salvo com reeducação financeira) é igual a *dinheiro ganho*!

Plano. Mas... de onde terá vindo essa bela bolada de R$ 45 mil para viabilizar esse negócio dessa forma? Eu sei o caminho e fiz a conta certa para você: caso aplique R$ 1.111,00 a cada 30 dias, regularmente, durante 36 meses, numa modalidade de investimento segura e acessível conhecida por Tesouro Direto, terá acumulado a reserva de R$ 45 mil, quantia suficiente para arrematar o carro à vista, permitindo-lhe realizar esse seu sonho de quatro rodas em grande estilo financeiro, com zero de dívida, pagando zero de juros, e ainda por cima com um bom desconto, embolsando a bela quantia economizada.

Belezinha. Agora, repare bem o seguinte: fazendo mais algumas continhas na ponta do lápis, apuramos que 36 mensais X R$ 1.111,00 equivalem a R$ 40 mil, bem menos que os R$ 50 mil pedidos na concessionária pelo carro. Por acaso minha conta inicial está errada? Não, aqui está justamente a beleza da multiplicação do dinheiro bem planejado e gerenciado com competência:

1º Efeito multiplicador do dinheiro: R$ 5 mil a menos equivalem ao tamanho do **desconto** (de 10% sobre o valor de tabela do auto), que você terá conseguido pelo fato de ter a reserva total necessária para quitar a compra integralmente à vista.

2º Efeito multiplicador do dinheiro: os outros R$ 5 mil *off* equivalem aos **juros ganhos sobre juros** nos três anos de aplicação financeira via Tesouro Direto (mais à frente você aprenderá exatamente como fazê-lo por conta própria).

Poder de compra. Trata-se do seu dinheiro ganhando *mais dinheiro* para você e enriquecendo sua vida. Para a maioria das pessoas financeiramente mal educadas, o carro custa R$ 50 mil. Já para você, que adota técnicas inovadoras de prosperidade, ele terá saído por R$ 40 mil, portanto R$ 10 mil mais barato. Agindo dessa forma, você terá ampliado seu poder de compra em R$ 10 mil! Ora, R$ 10 mil como proporção de R$ 40 mil dá 25% de ganho sobre o valor pago pelo carro, um belo efeito multiplicador financeiro, não? Com R$10 mil se faz, por exemplo, uma belíssima viagem pelo país com a família!

Dívida. De outro lado, imagine alguém que terá optado pelo *financiamento* do mesmo carro em 60 prestações, com zero de entrada e juros de 1,69% ao mês. Essas são condições relativamente comuns no mercado, e seriam normalmente interpretadas pela maioria das pessoas como vantajosas e convidativas. Pois nessas condições esse automóvel terá custado 60 X R$ 1.333,00 = R$ 80 mil!

Uau! Não se assuste com esta constatação: para o comprador que optou pela via da *dívida* do financiamento, o automóvel custou precisamente *o dobro*. Já para você, que tem uma **mentalidade próspera**, saiu por R$ 40 mil, *me-ta-de do pre-ço*! Estamos falando de *50% off* de verdade, um megadesconto ganho por você na ponta do lápis! Comparando-se com a pessoa que escolheu a dívida, você pode afirmar sem nenhum exagero que sua decisão diferenciada o fez duas vezes mais próspero nesse momento, mesmo que ambos ganhem o mesmo salário. Não terá sido a renda que fez a diferença para a prosperidade, nesse caso, mas a *mentalidade financeira* de cada um!

Questão de mentalidade. Enquanto o consumidor que prioriza a *dívida* consegue adquirir *apenas um* carro, você consegue comprar *dois*, com exatamente o mesmo esforço financeiro mensal, só que direcionando esse esforço para *boas aplicações financeiras*, em vez de empatá-lo nas parcelas de um financiamento. Você quer enriquecer a instituição financeira...ou sua própria vida? Isso não é *mágica*; trata-se apenas do *efeito multiplicador dos juros ganhos sobre juros* dando-lhe *empoderamento financeiro* e atuando a favor da conquista da sua prosperidade sustentável e duradoura. Porque, se é bom desse jeito, você optará por fazer sempre dessa forma, e terá prosperidade sem fim!

Bem diferente. Para os ricos e milionários, a força dos juros sobre juros não é exatamente um *segredo*, mas uma *certeza*, uma convicção prática que acaba lhes servindo como uma de suas principais alavancas para a riqueza, fazendo seu dinheiro se multiplicar continuamente. *Dinheiro chama dinheiro*, e quem tem dinheiro, colocando em prática boas técnicas para lidar com ele, sabe muito bem disso. Agora pense: quem financia essa dinâmica, na outra ponta? Os de *mentalidade empobrecedora*, os consumidores afoitos, ansiosos, gente quem tem pressa demais e acaba se deixando levar pelo desejo incontrolável de ter um bem que *hoje* ainda não poderia comprar à vista com desconto, sujeitando-se então a pagar elevados juros por causa de sua precipitação. Lembre-se da fórmula da *mentalidade empobrecedora*: pensa pobre + age pobre = vive pobre.

Você quer saber mais a respeito do mecanismo dos juros sobre juros e como ele pode lhe ajudar a prosperar a partir de agora? Mas que pergunta... risos! Vamos adiante.

SEU PODER DE COMPRA: VOCÊ DECIDE!

Afinal de contas, qual é a decisão mais importante que você terá de tomar na sua vida financeira, aquela que mais irá aproximá-lo – ou afastá-lo – de viver bem no dia a dia e ainda realizar seus grandes sonhos de compra e consumo? Sua primeira resposta talvez seja "minha escolha profissional". Sem dúvida, a escolha de sua carreira no mundo corporativo – ou a escolha de seu negócio próprio – será uma decisão importante, que terá realmente muito a ver com a quantidade de dinheiro que entrará no seu bolso por meio do seu trabalho ao longo de toda a sua vida profissional.

Grandes escolhas. A escolha mais crucial, do ponto de vista do impacto sobre seu poder de compra e prosperidade, será a seguinte: de que lado você se posicionará com relação aos *juros do dinheiro*? Você *quer* (e, portanto, *decide*) estar do lado de quem *ganha* juros e *enriquece*, ou do lado de quem *paga* juros e *empobrece*? Pois se você não planejar e não gerir suas finanças para poder investir regularmente, ganhar juros, enriquecer e acumular reservas expressivas para conquistar seus sonhos à vista e com desconto... esqueça! Se você deixar desandar seus gastos e contrair uma série de dívidas nocivas no afã de realizar suas conquistas de qualquer modo, na base de ignorância financeira, permanecerá sempre *pagando juros* sobre o dinheiro emprestado de terceiros e jamais terá como sair vitorioso dessa história. Esqueça!

Exemplo. Para ilustrar o efeito dos *juros pagos* X dos *juros ganhos* sobre seu poder de compra, vou me valer de um conjunto muito simples de diagramas. Para começar, imagine que o *atual poder de compra* de um indivíduo, aquele R$ X de dinheiro que a pessoa ganha com seu salário, ou com lucros do seu negócio próprio ao longo de um mês, possa ser representado pelas moedinhas enfileiradas abaixo. Esse R$ X é hoje o tamanho exato do seu *poder de compra mensal*. Vamos imaginar que esse R$ X se trate de R$ 6 mil do seu salário líquido mensal, já abatidos impostos e descontos obrigatórios (cada uma das moedinhas abaixo representa R$ 1.000,00).

R$ X
SEU PODER AQUISITIVO
OU PODER DE COMPRA & CONSUMO

Quero mais! Naturalmente, a pessoa imagina que seria ótimo se esses R$ 6 mil fossem R$ 7 mil, talvez R$ 8 mil, idealmente R$ 10 mil ou, já que é para sonhar, por que não logo *o dobro*, R$ 12 mil? Como seria melhor a vida ganhando todos os meses o dobro do que se ganha hoje... O sujeito certamente se sentiria um tanto quanto enriquecido diante de sua condição atual! O sonho de qualquer pessoa é ver seu R$ X crescer. Nós já estamos acertados que, por meio do seu trabalho (emprego ou negócio próprio), raramente haverá como fazer seu ganho espichar muito de uma hora para a outra. Infelizmente, essa é a realidade. Também já entramos em acordo de que não há fórmulas mágicas para fazer essa multiplicação acontecer repentinamente.

Pois é justamente aí que entra a importantíssima escolha de *revalorizar seu dinheiro* e posicionar-se diante dos *juros do dinheiro*: *ganhá-los* X *pagá-los*, pensando no provável impacto que sua escolha terá em termos de *encolhimento* ou *expansão* imediata do poder de compra do seu dinheiro.

DÍVIDAS COBRAM JUROS... E ACHATAM SEU PODER DE COMPRA

Dividismo. Vamos imaginar que, insatisfeito e frustrado com o tamanho do R$ X, consciente de que ele seja insuficiente para pagar suas contas do mês a mês, e ainda bancar todos os seus grandes sonhos, *pensando pobre* o sujeito resolva então fazer *dívidas* para viabilizar suas aquisições de maior valor, como casa e carro, por exemplo. Pior ainda: ele decide até mesmo apelar para as dívidas para cobrir inclusive as compras e gastos de menor valor, despesas comuns do dia a dia, como pagar a compra de supermercado e até o combustível do carro!

Triste. Este é justamente o argumento que eu mais ouço das pessoas que optam quase automaticamente pelo caminho das dívidas para tentar "defender" (sim, elas usam esse termo!) seu poder de compra: "Como não tinha o suficiente, o único jeito de conseguir as coisas foi recorrer às dívidas"! O curioso (e mais triste) dessa história é que, fatalmente, esse é um tiro que acabará saindo pela culatra: as mesmas dívidas que foram feitas em um primeiro momento sob a alegação de "reforçar seu poder aquisitivo", em um segundo momento (e daí por diante, por anos e anos a fio!), provocarão um grave *enfraquecimento* no poder aquisitivo dos seus ganhos mensais. Em uma palavra: *empobrecimento*!

Juros pagos = dinheiro perdido. A coisa ficará mais clara se você observar o próximo gráfico: ao decidir destinar uma parte dos seus ganhos mensais para as *dívidas*, a pessoa imediatamente terá tomado a decisão simétrica de destinar uma parte substancial do seu atual poder aquisitivo para o *pagamento de juros*. O dinheiro que se gasta com juros pagos é um dinheiro que não se poderá gastar com *nada de mais concreto e impactante* para sua qualidade de vida. O expressivo pedaço do R$ X condenado ao pagamento de juros é uma parte que será efetivamente *subtraída* do seu poder aquisitivo, enfraquecendo esse poder na prática, fazendo-o encolher e ficar ainda menor que aquele "pouco" que seu dono reclamava que ele já era. Em uma palavra: *empobrecimento*!

De volta ao exemplo. Daquela renda mensal de R$ 6 mil, a pessoa financeiramente mal educada acabou arranjando dívidas de prazos variados, do curto ao longo prazo, que somadas atingem o valor de R$ 2 mil, com juros embutidos de R$ 1.000,00. Sei que lhe parece muito só de juros, mas fazendo a conta na ponta do lápis é que nos damos conta de que a parte dos juros pode perfeitamente chegar a ser mais da metade do peso das suas dívidas no orçamento pessoal e familiar! No final das contas, seu poder de compra *efetivo* (aquele que conta para sua prosperidade!) terá ficado em apenas R$ 5 mil, portanto quase 20% mais baixo que antes, quando ainda não existiam as dívidas (e a pessoa já se queixava da "renda achatada", do "salário baixo", dos "ganhos mirrados"...).

Pior! O poder aquisitivo da renda mensal que ficou *livre*, ou seja, aquele dinheiro que continua à disposição a cada mês para gastar com tudo o que se julga mais importante para um vida próspera, terá caído para apenas R$ 4 mil, somente 2/3 da condição inicial de R$ 6 mil, uma vez que R$ 2 mil terão sido *sacrificados* com dívidas, não estando disponíveis para absolutamente mais nenhum gasto ou investimento que agregue qualidade de vida à família.

R$ X - R$ Y
SEU NOVO PODER AQUISITIVO <u>ACHATADO</u>

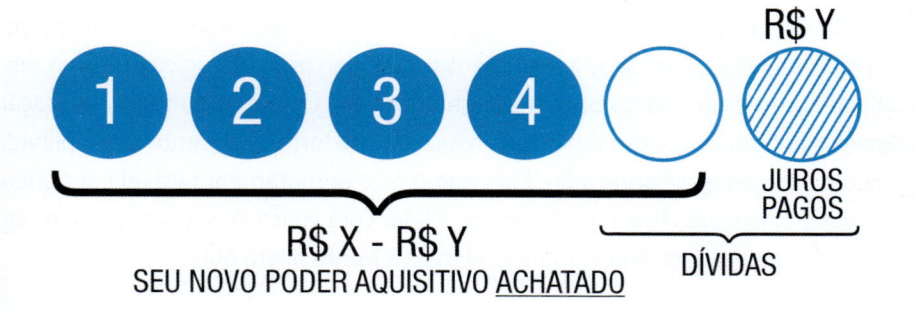

R$ Y JUROS PAGOS

DÍVIDAS

Guinada à direita! Agora imagine outro caminho radicalmente diferente desse das dívidas: uma vida pautada pela boa reeducação financeira, focada em *planejar e gerenciar melhor seu orçamento familiar* para poder:

- Gastar direito, evitar desperdícios e viver bem com apenas uma parte do R$ X que está a seu dispor todos os meses.
- Dar uma melhor destinação àquela parcela que seria sacrificada com dívidas imprudentes, redirecionando-a para investimentos dinâmicos, que colocarão dinheiro a mais no seu bolso e permitirão realizar sonhos mais à frente.

INVESTIMENTOS PAGAM JUROS E AMPLIAM SEU PODER AQUISITIVO

Mentalidade próspera! Veja no gráfico abaixo como, nesse caso, o poder aquisitivo da pessoa, além de *não diminuir* com o pagamento de juros de dívidas, acaba efetivamente *crescendo*, porque se estará ganhando juros com seus investimentos. Em uma palavra: *enriquecimento*!

De volta ao exemplo. Em vez de empatar R$ 2 mil em dívidas, a pessoa com uma consciência financeira evoluída planejou suas finanças corretamente e decidiu destinar essa parcela da renda mensal a boas aplicações, ganhando outros R$ 1.000,00 de juros (50% a mais de juros), com seus investimentos de longo prazo. É lógico que uma rentabilidade como essa não se obtém de uma hora para a outra com uma aplicação qualquer, mas com aplicações dinâmicas realizadas de forma frequente e disciplinada ao longo de meses e até anos a fio. Mas isso é algo perfeitamente viável para quem segue reeducando suas finanças e aprende a lidar com aplicações acessíveis e muito diferenciadas que eu indicarei (e explicarei) mais à frente nesta obra.

Cresceu! No final das contas (das contas na ponta do lápis), seu poder aquisitivo terá se ampliado para R$ 7 mil, o que dá 40% a mais do que na situação anterior, comparando com aquele outro indivíduo que fez sua opção pelo caminho das dívidas (poder aquisitivo = R$ 5 mil)! E ninguém falou aqui em aumento de salário ou de ganhos do negócio, que continua rigorosamente o mesmo para ambos. Manipular seu dinheiro dessa forma não lhe parece uma excelente maneira de multiplicar sua grana e *ampliar* seu poder de compra?

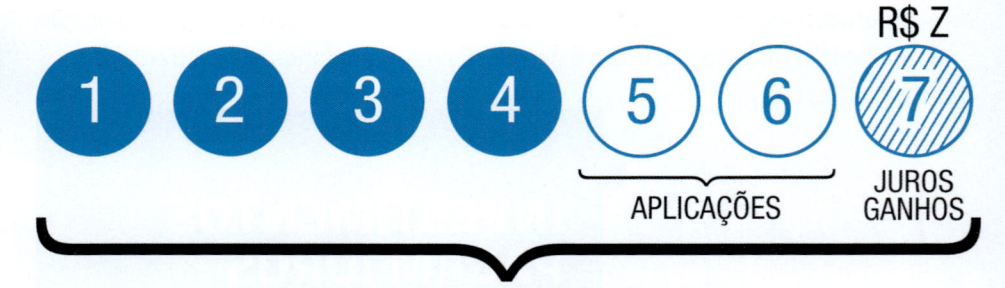

①②③④ ⑤⑥ ⑦ R$ Z

APLICAÇÕES — JUROS GANHOS

SEU NOVO PODER DE COMPRA AMPLIADO

Chocante! Veja a enorme vantagem de *ampliação de poder aquisitivo* que a pessoa que optou pelo caminho dos *investimentos* terá com relação àquela que optou pela via das *dívidas*! Tudo por causa de sua sábia decisão de *ganhar juros*, em vez de *pagar juros*! Não se esqueça de que estamos comparando dois indivíduos que ganham exatamente a mesma coisa por mês, ou seja, têm exatamente o mesmo R$ X de dinheiro à sua disposição a cada mês para fazerem cada um o que bem entenderem. Eles poderiam viver igualmente muito bem...mas não vivem!

Pensar e agir diferente! A explicação da tremenda diferença no poder aquisitivo dos dois não vem da sua renda mensal idêntica, mas da sua mentalidade financeira diferenciada, da forma distinta de *pensar* e *agir* em sua vida financeira. Enquanto o primeiro, mesmo sem querer, acabou fazendo desaforo a seu dinheiro, ao optar pelas *dívidas* e por *pagar juros*, o segundo, disciplinado e dotado de *bons hábitos financeiros*, escolheu o caminho dos *investimentos*, para *ganhar juros*. Pois foram suas escolhas opostas que selaram o destino de prosperidade de cada um: o empobrecimento X o enriquecimento. Partindo do mesmo salário...

COMPRE À VISTA, PEÇA BONS DESCONTOS E AMPLIFIQUE SEU PODER AQUISITIVO

O impressionante *efeito multiplicador do dinheiro* obtido ao optar por *investimentos*, em vez de por *dívidas*, não fica por aí. É sabido que, quando se vai comprar um bem de valor mais elevado através de um parcelamento (de uma dívida), o que é levado em conta para calcular o valor das parcelas é o *valor de tabela do bem*, sempre mais alto, sobre o qual incidirão adicionalmente os juros da dívida (embutidos ou não, ou seja, juros adicionados de forma disfarçada ou explícita: tanto faz, eles sempre estarão lá)!

Enriquecimento. Já quando você se planeja para poupar, investir, ganhar juros e ter a *grana viva em mãos para comprar à vista*, fazendo uma boa pesquisa de mercado (sempre indispensável para realizar boas aquisições), você conseguirá um *belo desconto à vista sobre o valor de tabela*, o que amplificará ainda mais, na prática, o poder de compra do seu dinheiro. Gastando *menos dinheiro*, você conseguirá *comprar a mesma coisa*, o que equivale a dizer que, *com uma mesma renda mensal*, você conseguirá *comprar ainda mais* (= terá enriquecido!), como mostra o gráfico logo adiante.

Novamente, nosso exemplo! Os R$ 7 mil do sujeito bem educado financeiramente, por estarem sempre disponíveis para compras à vista e com desconto, nas mãos de um bom negociador poderão garantir descontos médios de 10%, considerando a média das diversas negociações de compras realizadas no dia a dia. Ora, 10% de desconto médio nas despesas de uma renda mensal de R$ 7 mil dá R$ 700,00. Isso significa que seu poder de compra efetivo sobe para R$ 7.700,00 (quase R$ 8 mil), portanto quase *o dobro* do poder aquisitivo *livre*, comparado àquele sujeito que, pensando e agindo pobre, terá optado pelas dívidas (R$ 4 mil)! Esse é o grande estímulo para o desenvolvimento de uma *mentalidade poupadora e próspera*. Uma vez que a pessoa compreende essa incrível força enriquecedora dos juros ganhos sobre juros, já não consegue pensar e agir de outra forma, e não apelará precipitadamente para as dívidas, como insiste em fazer a maioria de mente empobrecida.

COMPRAS À VISTA COM DESCONTO DE 10%

1 2 3 4 5 6 7 + 700

R$ Z^2: SEU NOVO PODER DE COMPRA AINDA MAIS AMPLIADO

PRIORIZE GASTOS MAIS ECONÔMICOS E POTENCIALIZE SEU PODER AQUISITIVO

Além disso, se você for um comprador criterioso e um consumidor consciente, na hora de gastar seu dinheiro, só o destinará a itens de compra e consumo que lhe tragam o *maior teor possível de qualidade de vida*, evitando o desperdício do dinheiro gasto com coisas que não lhe agregam. Isso será perfeitamente possível se você planejar bem e gerenciar com competência seu orçamento pessoal e familiar.

Erramos. Quando me refiro a manter-se longe do desperdício, estou falando de evitar bobagens que consomem dinheiro bom do seu bolso. Essas más decisões de gastos, muito comuns de se ver por aí, geram pequenos (mas fatais) erros cotidianos no trato com o dinheiro, e podemos traduzi-los em enganos do tipo:

- Para que pedir duas *pizzas* e acabar deixando mais de meia?
- Para que pagar o condomínio atrasado, com multa e juros?
- Para que fazer plano em academia, se não está mesmo podendo frequentar?
- Para que pagar a lavanderia por peça avulsa, quando um pacote de serviços sairia bem mais barato?
- Para que pagar seguro de carro mensal, quando o anual sairia bem mais em conta?
- Para que parcelar o IPTU da casa ou IPVA do carro, quando o pagamento à vista com desconto seria bem mais vantajoso?
- Para que parcelar em 3, 6, 10 ou 12 vezes, se insistindo em um desconto à vista você poderia embolsar um belo valor (se ao menos tiver a grana pronta para cacifar esse bom negócio)?

Decida-se! Está fácil ganhar dinheiro (honesto)? Por que deixá-lo escorrer pelas mãos rumo ao ralo? Você deseja *dividir* ou *multiplicar* seu precioso dinheiro? Quer *empobrecer* ou *enriquecer*? Ora, até para desfazer-se do seu dinheiro, só se for para lhe trazer de volta boas doses de qualidade de vida, centavo por centavo! Tomando esse cuidado, você poderá *potencializar ainda mais o efeito multiplicador dos juros do dinheiro sobre seu poder aquisitivo*, com tremendo impacto positivo para sua prosperidade.

Exemplo. Compare a situação do gráfico a seguir com a dos gráficos anteriores, e verá o tamanho do "milagre" que acabou realizando com seu poder de compra ao evitar as dívidas, realizar bons investimentos e esforçar-se para fazer bons negócios, prezando as boas compras e os gastos sensatos. (E lembre-se: tudo isso considerando sempre um mesmo salário!)

$1 + 2 + 3 + 4 + 5 + 6 + 7 + 700 = 12$

→ COMPRAS E GASTOS CRITERIOSOS, FOCADOS EM QUALIDADE DE VIDA

R$ Z^3: SEU NOVO PODER DE COMPRA POTENCIALIZADO AO MÁXIMO!

Renato X Fausto: lembra? Os tais R$ 7.700,00 contarão bem mais para sua qualidade de vida do que "apenas" esse valor poderia lhe indicar, porque serão *bem gastos*. Essa pessoa poderá viver tão bem quanto (ou até melhor que) alguém que ganha bem mais, digamos R$ 12 mil (o dobro dos R$ 6 mil!), principalmente se a pessoa com o salário mais alto resolver pautar sua vida em um ou mais daqueles típicos *vícios financeiros* que empobrecem tanta gente por aí:

- Apelar recorrentemente para as *dívidas*, pagando juros.
- Evitar os *investimentos*, privando-se de ganhar juros.
- Privar-se também de aproveitar *bons descontos* nas compras à vista, por não se planejar e nunca ter o dinheiro pronto.
- Gastar seu dinheiro de forma solta e relapsa, sem bons focos, com menor teor de qualidade de vida, desperdiçando boa parte do poder de compra efetivo da sua renda mensal.

Dica de sabedoria financeira. Isso tudo explicado, sugiro que você *memorize* e, de hoje em diante, *jamais esqueça* o mais importante princípio financeiro que deve colocar em prática para dar uma virada na sua vida financeira e desenvolver uma **mentalidade próspera**, conseguindo *multiplicar seu dinheiro* e assim *reforçar o poder de compra dos seus ganhos mensais* para prosperar. Ou seja, enriquecendo concretamente a partir de suas verdadeiras possibilidades (e não de ideias mirabolantes ou ilusórias):

> Juros <u>ganhos</u> nos investimentos <u>aumentam</u> seu poder de compra
>
> X
>
> Juros <u>pagos</u> nas suas dívidas <u>diminuem</u> seu poder de compra

capítulo 2

PARA MULTIPLICAR E PROSPERAR, JUROS COMPOSTOS!

Agora que você já sabe da importância de *ganhar juros*, em vez de *pagar juros*, está na hora de conhecer melhor o *princípio dos juros compostos*, esse poderoso "fermento financeiro" para ampliar ainda mais seu poder aquisitivo e enriquecer sua vida. Pouca gente entende o conteúdo que você, com muita facilidade, absorverá agora. Por isso tanta gente trabalha, trabalha, trabalha... e não prospera!

GANHAR JUROS SOBRE JUROS É IGUALZINHO A PLANTAR MILHO

Vamos pensar em um agricultor que tenha trabalhado para determinado fazendeiro e, como pagamento por seu trabalho, tenha recebido *duas espigas de milho*. O que ele deve fazer com essas duas espigas que estão hoje em suas mãos? "Isso não vale nada, não dá para nada! Coma logo esta sua merreca e corra para o banco fazer um empréstimo!", recomendou-lhe certo "amigo". Felizmente para ele, não se trata de um sujeito afoito: ele quer primeiro *pensar*, consultar sua *mentalidade*, para depois *agir*.

Escolhas. Por um lado, ele sabe que pode *comer as duas espigas*. E, depois de se fartar plenamente, a ele restará apenas esperar morrer de fome, já que seu milho terá acabado por completo no começo da história! Não, isso não lhe parece sábio. De outro lado, ele pode pensar em *plantar as duas espigas*. Mas daí não terá nada para comer hoje e morrerá de fome antes de poder fazer sua colheita! Assim também não funciona.

Sabedoria. Daí esse inteligente agricultor se lembra de duas coisas que seu sábio pai costumava lhe dizer: "Filho, Deus nos permite plantar para podermos comer e viver bem", mas também: "Filho, quem planta, colhe". O mais indicado, portanto, acaba lhe parecendo *comer uma espiga*, para o seu sustento presente, e *plantar a outra espiga*, para poder colher mais milho adiante. Raciocinando com sabedoria, ele procede dessa forma aparentemente muito equilibrada.

Dobrou! Responsável que é, tal agricultor arrenda uma boa terra, planta sua espiga com confiança no futuro, espanta os corvos que ameaçam levá-la embora, dá tempo ao tempo e, passados os meses previstos da safra, esse dedicado trabalhador do campo colherá de volta, digamos, duas espigas. (A gente sabe que dá bem mais, mas, para os propósitos didáticos deste raciocínio, vamos imaginar que a cada safra o volume de milho dobre.)

Mentalidade multiplicadora. "Ah, sim! Agora estou satisfeito com meu esforço! Recuperei a espiga que havia plantado e ainda por cima ganhei outra *extra*. Estou gostando dessa história! Quer saber? Ainda não sinto fome e, em vez de comer uma espiga agora e plantar a outra, vou logo replantar as duas!". Pois está aí um sujeito que sabe fazer conta e enxergar a vantagem de se fazer uma "boa aposta" no futuro, cultivando também a disciplina para realmente aproveitar essa oportunidade!

Quem planta, colhe! Essa é uma história de visão diferenciada, de iniciativa e de perseverança acima da média, um legítimo caso de *prosperidade*! Agora eu lhe pergunto: quantas espigas ele esperará colher daqui a alguns meses, no tempo certo da safra? *Duas*? Não, obviamente ele desejará colher *quatro*, valendo-se do mesmo *efeito multiplicador* do qual ele havia se beneficiado da primeira vez. "Veja que beleza: recuperei aquela uma espiga que eu tinha lá no início, recuperei também aquela outra extra que eu havia colhido da primeira vez, e ainda consegui mais *duas extras*!" Animado com seu enriquecimento, o próspero agricultor parte para uma nova rodada de plantio e colheita.

Transformação. Passado o tempo certo, ele acaba colhendo 8 espigas. Mais uma safra, e ele vai de 8 para 16 espigas. Mais três frutíferas tentativas, e alcançará 32, 64 e 128 espigas! E assim essa história prosseguirá para todo o sempre, enquanto ele continuar fazendo a escolha certa, até se tornar aquilo que se pode chamar de um megaprodutor agrícola, próspero e, naturalmente, muito rico. "Pois veja só que maravilha: hoje tenho um enorme milharal, com milhares de hectares produtivos! Posso comer quanto "milho" quiser, e ainda me sobrará uma imensidão! Tornei-me conhecido como o Rei do Milho! E pensar que tudo começou com uma única espiga..."

Sucesso! Este sábio agricultor conseguiu tornar-se dono de uma vasta propriedade produtiva, tendo começado quase "do nada". E não foi por nenhuma via mirabolante, muito menos por acaso. Baseado em uma inegável lei de prosperidade da natureza (quem planta, colhe), tal agricultor edificou uma série de acertos que o levaram ao próspero resultado de sua iniciativa plantadora:

1. Ele não desvalorizou seu pouco, não pensou pobre!
2. Ele abriu mão de consumir a totalidade de seus recursos na hora em que os recebeu em mãos, logo no começo do processo / soube poupar.
3. Ele decidiu apostar proativamente no futuro / decidiu aplicar.

4. Ele escolheu uma terra boa e fértil para plantar / selecionou uma aplicação sólida e rentável para direcionar seu dinheiro.
5. Ele espantou os corvos / evitou os riscos desnecessários, prezando a segurança de sua aplicação.
6. Ele foi paciente, esperou o tempo passar / soube dar o devido tempo para o mecanismo dos juros sobre juros atuar.
7. Ele replantou os frutos de suas colheitas / deu-se a oportunidade de colher juros sobre juros, e sobre juros, e sobre juros... beneficiando-se continuamente dos juros compostos!

JÁ QUE A NATUREZA GARANTE, QUE TAL "PLANTAR" DINHEIRO?

Espigas X moedas. Esse exemplo de bom planejamento e gestão competente daquilo que se tem em mãos teria o mesmo sucesso se, em vez de espigas, estivéssemos falando de moedas de *dinheiro de verdade*, continuamente investidas e reinvestidas para se gerar mais e mais dinheiro, permitindo ao sujeito enriquecer e acumular uma grande reserva financeira! O "segredo" do efeito multiplicador é o mesmo.

Veja, na figura a seguir, o verdadeiro "milagre" que esse inteligente trabalhador do campo conseguiu realizar, e que está acessível a você, a mim, a qualquer pessoa disposta a servir-se da boa *reeducação financeira*, sabendo tirar proveito de bons investimentos para enriquecer, acumular reservas financeiras expressivas e assim poder conquistar seus maiores sonhos de compra e consumo:

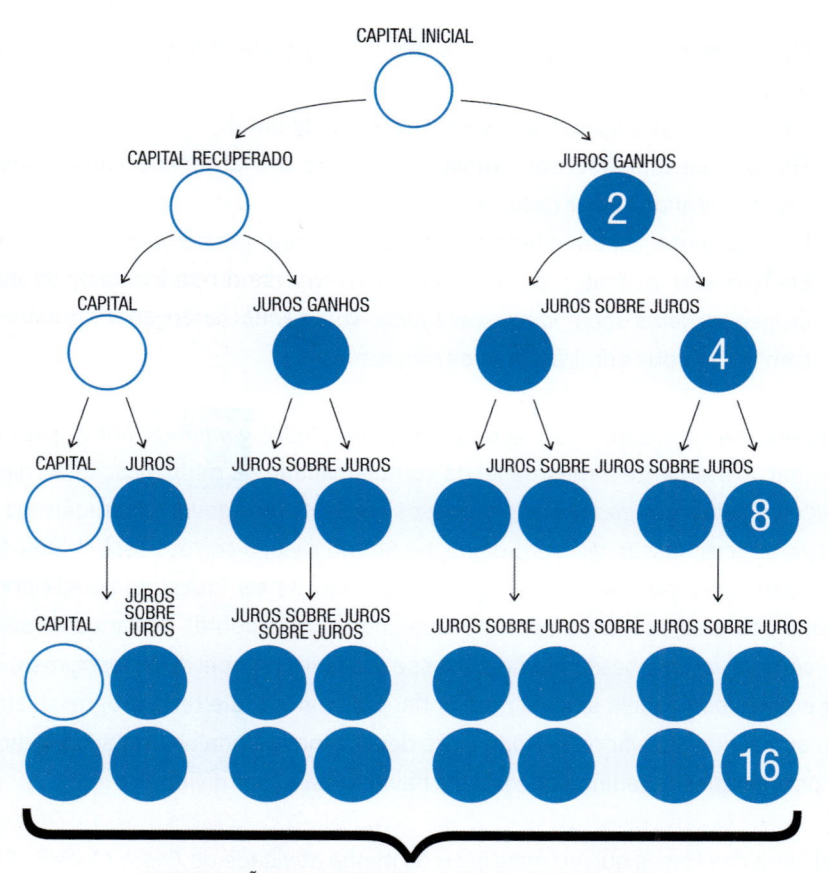

MULTIPLICAÇÃO DOS GANHOS PELA "LEI" DOS JUROS COMPOSTOS

Quem planta, colhe. E colhe mais do que plantou! E colhe cada vez mais com o passar do tempo! A mesma lei da natureza, que vale para o milho, para a soja, para o arroz ou para o café, para a criação de gado e tudo quanto for atividade multiplicadora, aplica-se igualmente ao dinheiro. Embasado nessa mesma infalível lei da natureza, o bom investidor providencia para seu dinheiro uma série de acertos que o levam ao inevitável sucesso de sua iniciativa investidora:

1. Ele não desanima com o salário "baixo", ou com os "pequenos ganhos" de seu negócio próprio, pois sabe que hoje está fazendo seu melhor na área do trabalho e que tem de tratar com dignidade os frutos financeiros desse trabalho para conseguir prosperar!
2. Ele abre mão de consumir todo o dinheiro quando o recebe, ou seja, sabe *economizar e poupar*.

3. Ele decide corajosamente apostar na prosperidade, optando por *aplicar* parte do seu "pouco" dinheiro.
4. Ele escolhe uma *aplicação dinâmica* (ou mais de uma).
5. Ele aprende sobre investimentos, se informa e se mantém de olho em sua aplicação, evitando correr *riscos desnecessários*.
6. Ele é paciente, espera o tempo passar, para poder ganhar *juros sobre juros*.
7. Ele reinveste os frutos de seus investimentos, dando-se a bela oportunidade de ganhar *juros sobre juros, sobre juros, sobre juros, sobre juros*... prosperando com a força dos admiráveis *juros compostos*!

Admiráveis. Sempre são, mas... apenas se for para você *ganhá-los*, nunca para *pagá-los*! Afinal, exatamente a mesma lei da cumulatividade na multiplicação do dinheiro que rege os juros que *ganhamos* em nossos *investimentos* governa também os juros que *pagamos* em nossas *dívidas*. Só que, no último caso, o correto será chamá-los de (tremendamente) *lamentáveis*... Imagine se, em vez de ter investido aquela primeira moeda, o pobre sujeito (pensa pobre + age pobre = vive pobre), deixando de se posicionar como *investidor* nessa história, tivesse escolhido o papel de *devedor*, resolvendo *tomar emprestada* aquela singela moedinha. Em seguida, ele teria progressivamente rolado sua dívida por vários períodos, até dever uma fortuna acumulada em bola de neve, pela simples moedinha que um dia havia tomado por dívida...

Triste! Uma das frases que eu mais ouço na minha atividade de *Coach Money*®: "Eu não faço a menor ideia de como cheguei a acumular essa dívida! Juro que eu nunca gastei esse dinheiro todo! Essa conta deve estar errada"! Não... normalmente a conta não está errada: certamente a pessoa não terá gasto esse dinheiro todo com coisas que lhe agregaram qualidade de vida, lógico, mas torrou a bolada com juros pagos, inclusive juros sobre juros!

Abusivos? Eu ainda vejo muita gente se queixando dos *juros compostos*. Na realidade, eu sei bem o porquê. A pessoa toma emprestado R$ 1.000,00 no cheque especial, vai rolando essa dívida mês após mês, vai deixando acumular os juros sobre juros (à base de 8% ao mês) e assim, depois de apenas dez meses, mesmo que não tenha tomado sequer um centavo adicional do especial, já estará devendo R$ 2 mil. A dívida terá dobrado de valor em menos de um ano, e a explicação estará justamente nos juros compostos, os juros que foram devidos, mas que não foram pagos ao longo do tempo, e assim se acumularam uns sobre os outros e fizeram a dívida dobrar por inércia

BOAS AMIZADES SEMPRE AJUDAM: FAÇA AS PAZES COM OS JUROS COMPOSTOS!

Indecentes? Questione a taxa de juros de 8% ao mês do cheque especial, se quiser (de fato, é elevadíssima, mas só paga quem usa). Agora, por gentileza, não jogue juntamente com a água suja do banho também o seu lindo bebê: questione (conteste!) a taxa, mas não faça a bobagem de questionar o *princípio dos juros compostos* que rege a dinâmica cumulativa dessa dívida (ou de *qualquer* dívida)! Não se esqueça de que tal princípio vale para as *dívidas*, mas vale também para os *investimentos* e para *qualquer conta* envolvendo *dinheiro*! Se você aplicar R$ 1.000,00 hoje na Caderneta de Poupança, e não depositar mais nada lá, somente por conta dos juros acumulados sobre juros, terá direito a resgatar R$ 2 mil daqui a dez anos (imaginando uma taxa de juros ganhos de 0,58% ao mês, por exemplo).

Mas, então, que injustiça! Neste momento você pode questionar: "Se fico devendo R$ 1.000,00 hoje no especial, vou ter que pagar R$ 2 mil em menos de um ano! Mas se invisto R$ 1.000,00 levarei dez anos para ter R$ 2 mil!". Ok, concordo que há uma lamentável desproporção nos dois lados dessa moeda, mas cabem aqui dois raciocínios:

1. Uma vez que é assim, na pele de quem você prefere estar? Na esfolada pele do *devedor*, que sofre com o efeito devastador dos juros sobre juros de uma taxa elevada, espremendo seu dinheiro, enfraquecendo seu poder de compra, ou na pele do *investidor*, que se beneficia paulatinamente (mas se beneficia) de uma taxa que, mesmo não sendo nenhuma maravilha de outro mundo, *põe mais dinheiro* no bolso ao longo do tempo?
2. Outra coisa: se você não gosta da Poupança e de sua rentabilidade pouco atraente, pode muito bem tentar uma aplicação *mais dinâmica*, perfeitamente acessível, até mesmo para pequenos aplicadores. Os mesmos R$ 1.000,00 investidos em uma ação de uma boa empresa brasileira, comprada pela internet

através do sistema *home broker* da BM&FBovespa, teriam provavelmente se transformado em algo próximo de R$ 2 mil após apenas *sete* anos, portanto *três* anos antes do que o investidor levaria na Caderneta (supondo uma rentabilidade líquida projetada em torno de 1% ao mês, algo perfeitamente possível de se esperar quando se investe no longo prazo – cinco anos ou mais – em ações de empresas de primeira linha).

Foco! Então, ficamos acertados: não perca seu tempo reclamando dos juros sobre juros. Você jamais terá como revogar essa inescapável lei da natureza das finanças. Do contrário, alegre-se porque ela existe, porque ela pode ajudar você a enriquecer sua vida, de fato. Basta se planejar para ter *gastos mais econômicos*, *dívidas mais prudentes* e *investimentos mais dinâmicos*, colocando a inegável força dos juros compostos para trabalhar a favor da sua prosperidade, sempre!

MATEMÁTICA FINANCEIRA? FÁCIL, EXTREMAMENTE FÁCIL!

Você já conhece a incrível *força enriquecedora* dos juros *ganhos* sobre juros, de um lado, e a terrível *ameaça empobrecedora* dos juros compostos, de outro. Você já enxerga claramente que os juros compostos podem atuar decisivamente *a favor* da sua meta de prosperar ou terrivelmente *contra* seu objetivo de enriquecer a vida! Então, não há como escapar do seguinte: *você tem que tornar-se um craque em fazer contas com juros compostos!* Você simplesmente *precisa* dominar essa disciplina que, nas faculdades de Administração, Economia, Contabilidade e afins se conhece por *Matemática Financeira*, a interessante (e preciosa!) *matemática do dinheiro*.

Para quem? Até este ponto eu lhe apresentei os resultados de uma série de contas que fiz em minha surrada calculadora financeira (cuja bateria, no entanto, está novinha em folha, porque vivo trocando). Desde que ingressei no curso de Economia nos idos de

1986, beneficiando-me então das impagáveis aulas do prof. Valente, essas contas passaram a fazer parte da minha vida financeira, e eu posso testemunhar a você que elas sempre me ajudaram de forma decisiva nas decisões mais críticas envolvendo meu caminho de prosperidade. Dou graças ao bom Deus por ter tido acesso a esse tipo de conhecimento logo cedo em minha vida financeira. Isso me permitiu prosperar de forma tranquila, gradativa, sem sofrer na mão do dinheiro (e sem idolatrá-lo). Agora me responda: não seria importante também para você aprender a fazer esse tipo de conta? Será que isso está ao alcance do seu intelecto? Pois muita gente pode pensar: "Ah, professor! Você é economista, tem especialização em finanças, para você isso tudo é muito fácil! Mas eu? Sou arquiteto / dentista / médico / etc., não sei dessas coisas".

Pare de chorar e venha comigo! Antes que pense em pular fora dessa, com satisfação eu devo lhe dizer (lhe prometer!) que matemática financeira não é *nada complicado*! Com uma base muito simples, que lhe darei nas próximas páginas, você conseguirá resolver essas questões rapidamente e tomar decisões prósperas sempre que o seu dinheiro estiver envolvido. Prossiga com a leitura do próximo capítulo, pois aposto que você irá se surpreender com a *incrível facilidade* e a *utilidade prática* da coisa toda! O mais interessante: você não precisará gastar um centavo comprando uma *calculadora financeira*, pois junto com este livro receberá uma supercalculadora financeira, completa e facílima de operar, que desenvolvi especialmente para que você possa aprender e utilizar de imediato: o **DINHEIRÔMETRO®** (sim, para "medir" o que está acontecendo com seu dinheiro nas compras, nas dívidas e nos investimentos).

capítulo 3

FAÇA A CONTA CERTA PELA MATEMÁTICA DO DINHEIRO

De todos os exemplos e situações que vimos até aqui, você já pôde perceber que esse negócio de *saber fazer a conta certa* com juros compostos é fundamental para se dar bem com o dinheiro. Por isso, vou me valer deste capítulo para lhe ensinar a fazer seus próprios cálculos financeiros, com muita facilidade e praticidade. Peço que, neste momento, *não pense pobre*: a *matemática financeira* é uma ferramenta indispensável para o *empoderamento financeiro* de todas as pessoas com vida financeira ativa, ou seja, quem *ganha, gasta*, faz *compras*, faz *dívidas* e faz (ou quer fazer) *investimentos*. E pode ser algo totalmente *descomplicado*, se for ensinado de forma descontraída e prática, como pretendo fazê-lo a seguir!

Aprenda… e ganhe. Você aprenderá a utilizar a *matemática do dinheiro* aplicada às circunstâncias e decisões particulares da sua vida financeira, para responder com segurança a uma série de dúvidas que, se bem resolvidas, podem aproximar você (e muito!) da prosperidade sustentável e duradoura:

"Pago à vista ou parcelado?"

"Quanto devo pedir de desconto para ser vantajoso?"

"Melhor parcelar em quantas vezes?"

"Tem mesmo "juro zero", ou há juro embutido aí? De quanto?"

"Quanto pagarei a mais numa dívida por causa dos juros?"

"Este financiamento tem condições vantajosas?"

"Se aplicar meu dinheiro, quanto posso esperar ganhar?"

"Se escolher uma aplicação melhor, quanto ganharei a mais?"

APRENDA A "FALAR CALCULADORÊS" — A MAIS FÁCIL DAS LÍNGUAS ESTRANGEIRAS

Antes de prosseguirmos, um aviso: você não precisa ser bom em matemática, não precisa *saber fazer conta* de cabeça (nem no papel): bastará aprender a usar a calculadora financeira superprática que incluí neste livro, o nosso **DINHEIRÔMETRO®**. Isso é bem mais simples do que imagina; basta aprender a *falar a linguagem da calculadora*, e logo você se tornará um verdadeiro craque na *matemática do dinheiro*!

Calculadorês. Em resumo, existem cinco expressões básicas para resolver 95% dos problemas com uma boa calculadora financeira. É como se você fosse aprender uma língua estrangeira na qual, sabendo apenas cinco expressões, você já adquire 95% de fluência. Fácil, não?!

- Valor Presente
- Valor Futuro
- Número de períodos
- Taxa de juros
- Pagamento periódico

Calma! Se você ainda não tem nenhuma familiaridade com esses termos (como é bem provável), talvez eles lhe pareçam um tanto enigmáticos, como a língua estranha de algum país longínquo. Peço-lhe um pouquinho de paciência e perseverança: o significado exato dessas expressões e como utilizá-las de forma descomplicada é o que veremos a seguir. Você apenas precisará compreender o significado desses poucos termos acima, as cinco palavrinhas mágicas do "calculadorês", porque depois a calculadora fará todo o trabalho praticamente sozinha, você verá!

PARA APRENDER CALCULADORÊS, VAMOS FAZER NEGÓCIO!

Visando facilitar seu aprendizado prático, vou me valer de uma *operação de matemática financeira* que lhe proponho fazermos nós dois, eu e você. Na realidade, trata-se de uma *dívida* que eu pretendo contrair com sua pessoa, ou melhor, com o seu bolso. (Claro que se trata de uma situação imaginária, apenas para fins didáticos, porque só de pronunciar a palavra *dívida* já sinto calafrios... risos)!

Empresta? Um passarinho azul me contou que, guardadinhos lá no fundo do seu baú, existem hoje R$ 1.000,00 livres, um dinheiro que você não pretende gastar tão cedo, certa reserva financeira que você tem. Digamos que eu esteja "no aperto" e resolva lhe pedir emprestada essa sua grana. Fique tranquilo, não é doação, apenas um "pequeno" empréstimo. Entre amigos. Eu lhe asseguro restituir o dinheiro no prazo de um ano a contar daqui e, para minha sorte, na sua particular análise de crédito, você acaba não tendo dúvida sobre minha firme intenção de lhe devolver essa soma no tempo combinado. No entanto, mesmo assim você não está exatamente satisfeito com minha proposta original e propõe que adicionemos alguma coisa por conta de juros sobre minha proposta inicial de devolução dos mesmos R$ 1.000,00.

Juros! Ok, sem problemas. É justo você me cobrar juros porque, afinal de contas, ao me emprestar a soma, estará abrindo mão de investi-la em alguma boa aplicação financeira, e com ela ganhar juros. A questão agora está em *quanto* você me cobrará de juros, o que não deixa de ser uma dúvida cruel. Seu bolso quer pedir juros tremendamente lucrativos, mas, ao mesmo tempo, sua ética deseja algo que seja justo para ambas as partes. Você não deseja esfolar minhas finanças, cobrando a mesma taxa de um cheque especial qualquer, mas também não quer pedir menos do que aquela porcentagem que ganharia se mantivesse esses R$ 1.000,00 aplicados, por exemplo, na Caderneta de Poupança, quem sabe no Tesouro Direto ou até mesmo em ações da BM&FBovespa.

Proposta. Sem ter certeza do que pedir, você acaba dando um chute, propondo a devolução de R$ 1.500,00 daqui a 12 meses. Dou uma choradinha... e você diz que tira "o dinheiro do lanche", desconta R$ 20,00, baixando o valor a ser devolvido para R$ 1.480,00. Bem, essa foi uma ideia que lhe ocorreu, mas, na verdade, você não está certo de ter me feito uma proposta adequada do ponto de vista do meu bolso, muito menos do seu. "Puxa – penso eu com meus botões – R$ 480,00 de juros em um ano"! Fazendo as contas de cabeça: (R$ 480,00 / R$ 1.000,00) X 100 = 48%. Pagar 48% de juros acumulados em um ano não me parece pouco... De outro lado, eu sei que estou precisando do dinheiro. Também eu acabei ficando em dúvida: será que se eu pedisse esse dinheiro emprestado no banco pagaria uma taxa maior? Penso em você: será que se você aplicasse esse dinheiro em um fundo de investimentos acabaria talvez ganhando mais? Meu pobre bolso quer muito pedir a taxa mais baixa possível, mas minha ética de amigo não admite que eu possa estar prejudicando sua prosperidade.

Precisamos calcular. Matematicamente falando, minha dúvida e a sua é exatamente a mesma: esses R$ 480,00 ou 48% de juros acumulados em 12 meses, quanto isso dá em termos de uma *porcentagem de juros ao mês*? Sim, porque tendo a taxa mensal correta em mãos poderemos ambos compará-la com referenciais de mercado (outras fontes de crédito para mim X outras possibilidades de aplicação para você) e concluir se estamos fazendo uma operação justa, equilibrada e lucrativa para os dois lados. Então, para chegar ao número da *taxa mensal*, sua primeira intuição é dividir os 48% por 12 meses, chegando a uma taxa ao mês de 4%. Só que essa conta não está correta, porque esses 48% no final dos 12 meses terão sido compostos pelo *princípio dos juros sobre juros*, ou seja, juros *multiplicados* por juros, e não somente juros *somados* a juros.

Progressão. Na linguagem da matemática, dizemos que os 48% de juros foram acumulados em 12 meses, mês após mês, por uma *progressão geométrica* das taxas de juros mensais (n% X n% X n% X n%...), e não por uma simples *progressão aritmética* (n% + n% + n% + n%...). As equações de progressão geométrica envolvem cálculos com logaritmos, algo muito complicado para a maior parte de nós (confesso ser chatinho até para mim mesmo, que me formei em Economia e tive excelentes professores de cálculo)! Mas fique tranquilo: este é o momento de nos prepararmos para colocar em ação nossa supercalculadora financeira: o **DINHEIRÔMETRO**®! Vamos deixar para ela a parte chata do trabalho. Nosso desafio será unicamente aprender os termos do "calculadorês", para "conversarmos" direito com nossa calculadora, contando a ela, da forma correta, o problema financeiro que temos em mãos. Se o fizermos direitinho, ela irá então, de posse dos dados fornecidos, utilizar as equações logarítmicas registradas em seu processador para resolver tal problema e nos dar a resposta correta em um piscar de olhos!

MATEMÁTICA FINANCEIRA, O PRESENTE: VALOR PRESENTE (PV)

Diga-me uma coisa: nessa operação financeira que estamos realizando, quanto valem *hoje* esses R$ 1.000,00 que eu estou lhe pedindo emprestado *hoje*? Sim, a resposta parece óbvia: esses R$ 1.000,00 valem hoje R$ 1.000,00! Pois esse é justamente o **VALOR PRESENTE** dessa operação financeira que estamos realizando.

Valor Presente (VP) X Present Value (PV). Na maior parte das calculadoras financeiras, assim como na famosa HP 12C (a calculadora financeira portátil mais utilizada nas últimas quatro décadas, presente na mesa de todo gerente de banco), os termos aparecem em *inglês*. Pois quem teorizou a Matemática Financeira foi um reverendo anglicano do século XVIII chamado Richard Price (sim, o criador da famosa Tabela Price), e ele naturalmente batizou os termos em inglês. Vou aqui manter as abreviações como no inglês para que você saiba resolver essas questões em qualquer calculadora financeira, em qualquer contexto, para que não se sinta intimidado pela calculadora do gerente do banco ou da financeira, achando que conhece menos de finanças e da matemática do dinheiro do que esse profissional (o que *certamente* não será verdade depois da leitura deste livro, muito pelo contrário)! O melhor: você não precisa saber falar/escrever inglês para memorizar tais termos, porque são felizmente muito parecidos com o nosso português, começando pelo Valor Presente (*Present Value*), que abreviaremos por **PV**.

PV

VALOR PRESENTE
PRESENT VALUE
(- ou +)

Então estamos acertados que nessa nossa operação financeira (de empréstimo dos R$ 1.000,00 do seu bolso para o meu), **PV = 1.000**. Agora eu lhe pergunto: seriam "mais" mil reais ou "menos" mil reais? Qual o sinal matemático desses R$ 1.000,00? Sinal *positivo*, como em **+R$ 1.000,00**, ou sinal *negativo*, como em **-R$ 1.000,00**? Em matemática financeira, o sinal que um valor recebe é muito importante, porque o sinal matemático mostra se o dinheiro está *entrando* ou *saindo* do bolso:

- Quando o dinheiro está **saindo**, o sinal é **negativo**.
- Quanto o dinheiro está **entrando**, o sinal é **positivo**.
- Em matemática financeira é assim: se tem *cifrão*, tem *sinal*!

Nosso exemplo. Do ponto de vista do *seu* bolso, podemos dizer que PV = −1.000 (com sinal negativo), pois essa quantia estará hoje *saindo* da sua carteira, certo? Já do ponto de vista das *minhas* finanças, serão +R$ 1.000,00 (com sinal positivo que, normalmente, não é escrito; então ficam R$ 1.000,00), porque essa soma estará hoje *entrando* no meu bolso no momento presente. Mas prossigamos olhando as contas do *seu* ponto de vista financeiro: então **PV = −1.000**.

MATEMÁTICA FINANCEIRA, O FUTURO: VALOR FUTURO (FV)

Muito bem, outra informação necessária: o valor dessa soma que vale hoje R$ 1.000,00, projetada para daqui a 12 meses, serão esses mesmos R$ 1.000,00? Não, porque você não topou que eu lhe devolvesse somente R$ 1.000,00 depois de um ano, mas me propôs que eu lhe restituísse R$ 1.480,00. Assim, podemos dizer que o **VALOR FUTURO (FV)** nessa nossa operação financeira é **FV = 1.480,00**. Quer dizer: +R$ 1.480,00 do *seu* ponto de vista, porque a grana *entrará* no seu bolso daqui a 12 meses. (De maneira contrária, seriam −R$ 1.480,00 olhando do *meu* ponto de vista, porque esse dinheiro *sairá* do meu bolso daqui a um ano. Mas fiquemos, por ora, com o *seu* ponto de vista, fazendo as contas coerentemente com base nele.)

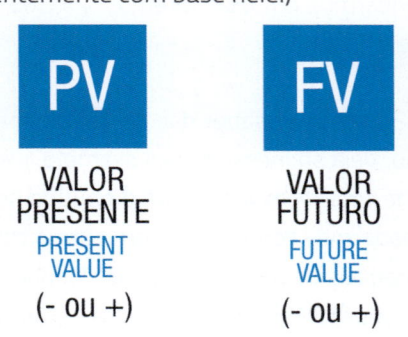

PV	FV
VALOR PRESENTE	VALOR FUTURO
PRESENT VALUE	FUTURE VALUE
(− ou +)	(− ou +)

Inversão! Você reparou que os sinais foram *invertidos* com o passar do tempo? Do meu ponto de vista, os +R$ 1.000,00 que haviam *entrado* se transformaram em − R$ 1.480,00 *saindo* 12 meses depois. Já partindo do seu olhar financeiro, os −R$ 1.000,00 que tinham *saído* há um ano resultaram em + R$ 1.480,00 *entrando* 12 meses depois. Afinal, assim como na vida, também nas finanças pessoais **tudo o que entra, sai** (ou seja, tudo o que é *positivo*, depois fica *negativo*). E vice-versa. Não se esqueça, portanto, de utilizar os sinais corretos conforme o ponto de vista que você quer retratar nas suas contas, o do *tomador* do empréstimo (quem recebe o dinheiro, nesse caso eu) ou o do *credor* (quem cede o dinheiro, nesse caso você). E repito:

- Quando o dinheiro está **saindo**, o sinal é **negativo**.
- Quanto o dinheiro está **entrando**, o sinal é **positivo**.
- Em matemática financeira é assim: se tem *cifrão*, tem *sinal*!

MATEMÁTICA FINANCEIRA, O TEMPO: NÚMERO DE PERÍODOS (n)

Agora só falta mais uma informação: o *prazo*, que será sempre medido em **NÚMERO DE PERÍODOS (n)**, representado pela letra *ene* minúscula, conquanto possamos tomar como referência qualquer tipo de período que desejarmos. Por exemplo, se estivermos falando em *anos*, o número será n = 1. Se pensarmos em *meses*, teremos n = 12. E, por fim, se pensarmos em *dias*, teremos n = 365 (ano calendário) ou 360 (chamado de ano comercial).

Meses. Normalmente, a gente quer saber das contas de matemática financeira em termos de *meses*, mesmo. Veja só: nesse nosso exemplo, justamente o que precisamos saber é qual a *taxa de juros mensal* que está embutida nessa operação que estamos combinando, para podermos compará-la com outras *taxas mensais de referência* (por exemplo, as taxas mensais de rentabilidade da Poupança, dos Fundos de Investimento Financeiro, do Tesouro Direto, de ações X as taxas cobradas no empréstimo pessoal bancário, no cheque especial e em outras modalidades de crédito). Portanto, vamos ficar com **n = 12** (subentendido aqui que se trata de *meses*).

Bem, dessa forma já dispomos da seguinte informação para "contar" à nossa calculadora financeira (vamos aqui apresentar os sinais do *seu* ponto de vista):

$$PV = -1.000 \qquad FV = +1.480 \qquad n = 12 \text{ (meses)}$$

PV	**n**	**FV**
VALOR PRESENTE	NÚMERO DE PERÍODOS	VALOR FUTURO
PRESENT VALUE	number	FUTURE VALUE
(- ou +)	meses... dias... períodos	(- ou +)
	(nº simples)	

Mas o que desejamos saber da calculadora financeira, então? A **TAXA DE JUROS mensal** embutida na operação, sempre *em porcentagem*. Em "calculadorês", vamos chamar essa taxa de **(i)**, representada pela letra *i* minúscula. Seguiremos adotando o padrão em inglês (que é para você fazer suas contas com conhecimento e segurança em qualquer lugar do mundo globalizado, com qualquer calculadora financeira que tiver em mãos). Em inglês, o termo para *juros* é *interest*, que se pode traduzir para o português como "interesse". Curioso isso, não?! Pensando bem, esse nome de batismo dos juros na língua inglesa até que faz bastante sentido. Afora a amizade entre nós, que *interesse financeiro* você teria em me emprestar os R$ 1.000,00? Certamente o interesse dos *juros* que poderá ganhar! E eu também deveria ter especial *interesse financeiro* nesse número: afinal, eu terei de pagá-lo a você, faça chuva, faça sol. É um compromisso financeiro que estou assumindo, oras!

Assim ficamos com nossa operação de matemática financeira montada desta forma:

$$PV = -1.000 \quad FV = +1.480 \quad n = 12 \text{ (meses)} \quad i = ? \, (\%)$$

(Obs.: repare que no diagrama seguinte há um espaço. É proposital, não se preocupe; daqui a pouco iremos preenchê-lo com o termo correto do calculadorês, o "quinto elemento". Por ora, contenha sua natural curiosidade a respeito e vamos adiante.)

PV	**i**	**n**	**FV**
VALOR PRESENTE	**TAXA DE JUROS**	**NÚMERO DE PERÍODOS**	**VALOR FUTURO**
PRESENT VALUE	interest	number	FUTURE VALUE
(- ou +)	ao mês... ao dia... ao período (em %)	meses... dias... períodos (nº simples)	(- ou +)

SEU DINHEIRO PEDE A CONTA CERTA, COM TOTAL VISIBILIDADE FINANCEIRA

Agora você já está com o devido preparo para eu lhe apresentar nosso **DINHEIRÔ-METRO®** | **Calculadora de Matemática Financeira** (ferramenta digital integrante da Metodologia PROFE® | Programa de Reeducação e Orientação Financeira e Empreendedora). Por gentileza, faça o *download* aberto e gratuito dessa ferramenta acessando a área PLANEJAR AS FINANÇAS do *site* **www.educarparaprosperar.com.br**. Essa calculadora foi desenvolvida com base no programa Microsoft Excel: você não precisa ter conhecimentos desse programa para utilizar o DINHEIRÔMETRO®; basta seguir as instruções aqui apresentadas, embora precise ter o programa instalado em seu computador para utilizá-la.

Multiuso. Você poderá notar que o DINHEIRÔMETRO® tem cinco diferentes áreas, que, na realidade, equivalem a cinco diferentes calculadoras financeiras em uma só. Feito canivete suíço, com várias funções em uma só ferramenta.

DINHEIRÔMETRO ®

CALCULADORA DE MATEMÁTICA FINANCEIRA

Preencha os campos em branco abaixo, para ver os resultados nos campos em cinza.
Lembre-se: quando o valor for R$ 0 ou 0%, mesmo assim você terá que digitá-lo.

1. PV — VALOR PRESENTE

Campo	Valor	Campo	Valor
PV	R$ 0,00	PMT	
i		FV	
n		FIM END	COMEÇO BEG

2. i — TAXA DE JUROS

Campo	Valor	Campo	Valor
PV		PMT	
i	0,00%	FV	
n		FIM END	COMEÇO BEG

3. n — NÚMERO DE PERÍODOS

Campo	Valor	Campo	Valor
PV		PMT	
i		FV	
n	0,0 períodos	FIM END	COMEÇO BEG

4. PMT — PAGAMENTO PERIÓDICO

Campo	Valor	Campo	Valor
PV		PMT	R$ 0,00
i		FV	
n		FIM END	COMEÇO BEG

5. FV — VALOR FUTURO

Campo	Valor	Campo	Valor
PV		PMT	
i		FV	R$ 0,00
n		FIM END	COMEÇO BEG

SMARTCALCS® por PROF. MARCOS SILVESTRE para www.coachingmoney.com.br
PROFE® Programa de Reeducação e Orientação Financeira e Empreendedora

Obs.: essa ferramenta é uma *cortesia* do autor, de oferecimento gratuito, não está inclusa no preço do livro, e sua disponibilização para *download* poderá ser suspensa a qualquer tempo, sem prévio aviso.

Parecidas... só que não! Repare que todos os campos de cada uma das cinco diferentes áreas são iguais: o que varia é apenas o campo destacado em *fundo cinza-claro*, sinalizando ser justamente essa a variável que desejamos descobrir em cada caso. Neste exato momento do nosso exercício didático, nós iremos utilizar apenas a ÁREA **2**, contando de cima para baixo, aquela que equivale à calculadora de **TAXA DE JUROS (i)**. Nessa área do DINHEIRÔMETRO®, o campo correspondente a **TAXA DE JUROS (i)** está destacado com fundo cinza claro. Os demais campos estão com *fundo branco*, sinalizando que eles pedem para serem preenchidos.

Mãos à obra! Baixe e abra sua calculadora. Coloque nos campos adequados da **ÁREA 2** as informações de que nós já dispomos até o momento sobre nossa operação financeira de exemplo.

$$PV = -1.000 \qquad FV = +1.480 \qquad n = 12 \text{ (meses)} \qquad i = ? \text{ (\%)}$$

Você verá que imediatamente após a inserção dos dados aparece o resultado para **(i) TAXA DE JUROS**. Um pequeno alerta: como você ainda não sabe o que é PMT, e também desconhece de que se trata os campos FIM (END) e COMEÇO (BEG), simplesmente deixe-os em branco. Então você poderá notar que, terminado o preenchimento dos campos em branco (PV), (FV) e (n), o campo de resposta **(i)**, destacado com fundo cinza-claro, mostrará a informação correta: 3,32%.

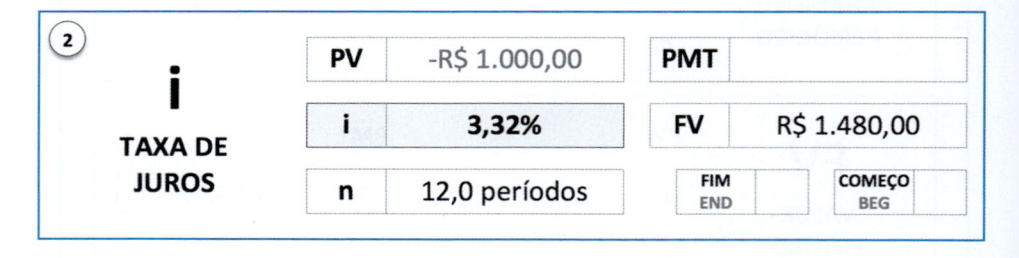

② **i** TAXA DE JUROS			
PV	-R$ 1.000,00	**PMT**	
i	3,32%	**FV**	R$ 1.480,00
n	12,0 períodos	**FIM END**	**COMEÇO BEG**

Sinais. Para inserir as informações de maneira adequada na calculadora, basta você começar digitando o sinal correto (digitar somente quando for *sinal de menos*, pois quando for *sinal de mais* não precisará colocar sinal algum, já que o programa entende automaticamente que se trata de um número com valor positivo), digitando após o sinal o respectivo número simples, sem cifrões ou pontos (a calculadora já foi programada para fazer a formatação dos valores corretamente por você). Se, por engano, você acabar inserindo nos campos abertos (em branco) alguma outra coisa além do número simples com o sinal correto, ela apresentará erro no campo de resultado. Nesse caso, apague tudo e insira novamente as informações solicitadas. É como se, ao "contar sua história" para a calculadora, você sem querer começasse a falar uma língua diferente da que ela entende, deixando-a temporariamente confusa. Pois bastará apagar tudo e começar de novo.

Valor negativo. Quando inserir um valor negativo, para facilitar sua visualização, note que a calculadora lhe apresentará visualmente tal valor destacado em *letras vermelhas* (lembrando que é um dinheiro que está *saindo* e, de certa forma, está "sangrando" seu bolso).

Campos livres X protegidos. Não se preocupe: os campos que contêm fórmulas e formatações necessárias (fundo cinza) estão devidamente protegidos, para que você não apague ou altere involuntariamente essas formatações e acabe estragando sua calculadora. **Atenção: você não precisará de qualquer senha para desbloquear os campos livres (fundo branco) de seu DINHEIRÔMETRO®; eles já vem devidamente desbloqueados.**

Ponto de vista. Diante do resultado **i = 3,32%,** e se tivéssemos feito todos esses cálculos do *meu* ponto de vista, em vez do *seu*? Por acaso deveria mudar o resultado da taxa de juros embutida na operação, essa porcentagem obtida como resultado da conta feita pela calculadora? Não, em absoluto, a taxa seria exatamente a mesma, pois ela é a taxa *da operação*, qualquer que seja o prisma do qual a estejamos enxergando. Experimente também essa forma de ver as coisas, e você constatará. O mais importante é sempre escolher os sinais corretos do ponto de vista que resolveu utilizar para enxergar a situação:

- Quando o dinheiro está *saindo*, o sinal é *negativo*.
- Quanto o dinheiro está *entrando*, o sinal é *positivo*.
- Em matemática financeira é assim: se tem *cifrão*, tem *sinal*!

SABER LER, ENTENDER E USAR O RESULTADO DA CONTA CERTA

Voltando às contas do nosso exemplo, apuramos que o resultado correto de **TAXA DE JUROS mensal (i)** para essa nossa operação financeira é de **3,32%**.

$$PV = -1.000 \quad FV = +1.480 \quad n = 12 \text{ (meses)} \quad i = 3,32 \text{ (\%)}$$

Juros compostos. Você está vendo como o resultado da calculadora deu diferente daqueles 4% da simples divisão dos 48% de juros acumulados ao ano por 12 meses? Isso se explica justamente pelo princípio dos juros compostos, que sua calculadora financeira conhece melhor do que ninguém! Uma taxa de juros mensal de 3,32% acumulada durante 12 meses pelo princípio dos juros compostos *não* resulta na simples soma de 12 quantias iguais de 3,32% (o que daria 39,84% somados ao ano), mas sim em 48%, porque os juros terão sido acumulados *de forma composta* (uns sobre os outros), *não* em simples progressão *aritmética*, porém em progressão *geométrica*.

Relaxe. Uma vez que você já compreendeu o princípio da coisa, não precisa esquentar a cabeça com essa história de progressão aritmética X geométrica. É só "conversar direitinho" com sua calculadora, confiar nela e prestar bastante atenção no que ela irá lhe contar como resultado de seus cálculos precisos. Nesse caso, a calculadora nos contou que a taxa de juros mensal embutida na nossa operação financeira do empréstimo é de **i = 3,32%** ao mês. De fato, uma informação bastante útil, tanto para mim quanto para você. À luz dessa informação bem calculada é que iremos orientar nossas decisões financeiras a partir daqui.

Comparando. De meu lado, olhando essa taxa de juros mensal de 3,32%, posso concluir que você está me pedindo uma taxa de juros menor do que meu banco exigiria para me fazer um *empréstimo pessoal* tradicional (média de 5% de taxa de juros ao mês). No entanto, isso é mais do que me pediriam em um *empréstimo consignado com desconto em folha de pagamento* (média de 2,50% ao mês), e bem mais do que poderiam me pedir para me emprestarem a mesma quantia de R$ 1.000,00 no *cheque especial* (média de 8% de juros ao mês). Enxergando dessa forma, com a conta certa na mão, concluo que sua proposta não está assim tão ruim para o meu lado... mas ela poderia ser um pouco mais generosa.

Sua análise. De seu lado, você conclui que, até que está sendo legal comigo, porque, se eu tentasse pegar o mesmo dinheiro emprestado do *crédito rotativo do cartão de crédito*, pagaria várias vezes esse valor (média de 12% de taxa de juros mensal). E, por outro lado, você ganhará nada menos que *seis vezes* o que lhe paga hoje a Caderneta de Poupança. Ter a conta certa em mãos terá permitido a você concluir que não é um agiota sem coração... mas sabe muito bem puxar um bom retorno para seu capital!

NEM TUDO O QUE RELUZ É OURO: A CONTA CERTA SEPARA O JOIO DO TRIGO

Animado com esse rendimento tão diferenciado, você quer prosseguir com o empréstimo. Lembre-se: investir dinheiro, ganhar juros sobre juros e prosperar é o seu objetivo. Mas daí você percebe que eu estou cabisbaixo, preocupado, incerto de que esse seria mesmo o melhor negócio financeiro para mim nesse momento. Então, sua brilhante mente financeira acaba concebendo uma forma superinteligente de trazer-me de volta para esse negócio do empréstimo! (Quer dizer, superinteligente *para você*, conforme veremos a seguir.)

Contraproposta. "Bem, professor, como nós temos certa amizade, eu vou 'aliviar' a coisa para o seu lado, meu 'amigão'!" (Hum... estou desconfiando desse sorriso, desse papo...) "Em vez de me pagar R$ 1.480,00 daqui a 12 meses, você me pagará 'apenas' 12 parcelas de R$ 120,00 por mês. Assim ficará mais leve para o seu bolso, porque você irá quitando sua obrigação em suaves prestações. No mais, pode somar as prestações e constatar que a nova proposta vai lhe sair por um valor ainda menor do que antes: 12 X R$ 120,00 = R$ 1.440,00, ou seja, ainda estou lhe dando R$ 40,00 de desconto (dois lanches!) com relação aos R$ 1.480,00 da proposta original. É pegar ou largar!"

Cresceu o olho! Vendo os detalhes, meu coração se animou: você acaba de tornar esse negócio bem mais interessante para mim! Pelo menos essa é a impressão que tenho à primeira vista, pois me parece que vejo aí duas aparentes vantagens em comparação com a proposta inicial: a opção de pagamento em "suaves parcelas" e o desconto adicional de R$ 40,00. Mas... será mesmo que eu devo topar sua contraoferta? Na nossa vida financeira esta é uma das perguntas mais importantes que devemos sempre nos fazer, mas que não acontece muito na prática: "Será que devo topar? Devo assumir este compromisso? Será que *ganho* ou *perco* com estas condições? Será que *enriqueço* ou *empobreço* com as características desta proposta?". Quantas más decisões com o dinheiro poderíamos evitar se fizéssemos a nós mesmos com maior frequência essas indagações, buscando respostas sérias e competentes para elas!

Na ponta do lápis. Agora, também não adianta de nada fazer a si mesmo essas perguntas se não for para procurar a melhor resposta com números confiáveis, fazendo a conta certa no DINHEIRÔMETRO®! Assim como em outras áreas da vida da gente, também em nossa vida financeira as aparências podem enganar, mas os números jamais mentem. Uma bela proposta, com jeitão de "negócio imperdível", pode acabar revelando sua real natureza de proposta indecente, se for devidamente passada a limpo (desmascarada!) por uma boa calculadora financeira. Ciente disso, eu coleto essas suas novas condições, agradeço provisoriamente e peço-lhe "um minutinho" para primeiramente conversar com minha fiel e inseparável calculadora:

"Qual a verdadeira **TAXA DE JUROS mensal (i)** embutida nessa nova proposta?"

Para prosseguir fazendo a conta certa, precisaremos agora preencher aquela lacuna que estava faltando nos cinco termos do "calculadorês" mencionados anteriormente: o **PAGAMENTO periódico (PMT)**.

MATEMÁTICA FINANCEIRA, AS PARCELAS: PAGAMENTO PERIÓDICO (PMT)

PMT. Bem, o que você me oferece nessa sua contraproposta é anular o pagamento do VALOR FUTURO (FV), que originalmente era de R$ 1.480,00, e assim passará para R$ 0 (ou seja, minha dívida ficará totalmente quitada e você não receberá mais nada ao final de 12 meses, após os quais eu não lhe deverei mais coisa alguma), em troca de um PAGAMENTO periódico mensal de R$ 120,00, enfim, uma *parcela mensal* nesse valor durante os próximos 12 meses.

$$PV = -1.000 \quad FV = 0 \quad n = 12 \quad PMT = +120 \quad i = ?$$

PV	i	n	PMT	FV
VALOR PRESENTE	TAXA DE JUROS	NÚMERO DE PERÍODOS	PAGAMENTO	VALOR FUTURO
PRESENT VALUE	interest	number	PAYMENT	FUTURE VALUE
(- ou +)	ao mês... ao dia... ao período	meses... dias... períodos	mensal... anual... por período	(- ou +)
	(em %)	(nº simples)	(sinal + ou -)	

Os novos números compensam para mim? Eis o que me responde minha sábia calculadora: o resultado correto é **TAXA DE JUROS mensal i = 6,11%**.

(2)

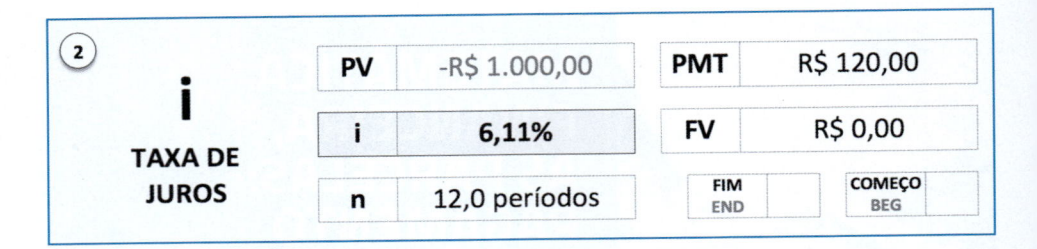

	i	PV	-R$ 1.000,00	PMT	R$ 120,00
	TAXA DE JUROS	i	6,11%	FV	R$ 0,00
		n	12,0 períodos	FIM END	COMEÇO BEG

Espanto! "Não posso acreditar! A nova taxa de juros mensal embutida nessa operação é quase o dobro da anterior (3,32%), mostrando claramente que essa operação é duas vezes pior para mim! Não é possível, essa conta só pode estar errada!", penso eu, com meus cabelos brancos ficando ainda mais pálidos. Pois é... a conta não está errada, *não*. O que estava errada era a minha impressão inicial sobre sua nova proposta de empréstimo. Mas, se a calculadora está mostrando que é bem pior para mim do ponto de vista financeiro, é melhor eu *acreditar* e procurar *entender* direito o porquê dessa piora. Somente esse entendimento me levará à decisão financeiramente próspera de lhe dizer um sonoro NÃO a essa contraproposta.

SE A TAXA AUMENTA, CUIDADO: TEM "COELHO NESSE MATO"!

Jogando uma luz. Sei que, neste ponto, talvez você esteja confuso: "Como algo que parecia tão melhor pode ter ficando tão pior?". Para desvendar e esclarecer essa aparente confusão, eu vou comparar essa operação financeira que estamos fazendo com a situação do *aluguel de uma casa*. Digamos que você encontre para alugar uma casa com 12 cômodos, pelo prazo de um ano inteiro, no valor total de R$ 14.800,00. Pela oferta inicial, você deverá pagar essa quantia ao locador de uma única vez, pelo ano todo, somente ao final desse período de 12 meses, mas você ainda está achando um pouco caro. O proprietário, querendo fechar o negócio a qualquer custo, apresenta-lhe esta contraproposta: para ficar mais leve para o seu bolso, ele sugere que você lhe pague um pouco todo mês, apenas *parcelas* mensais de R$ 1.200,00 (ficando isento de qualquer pagamento ao final dos 12 meses). E pode fazer a conta: 12 meses X R$ 1.200,00 = R$ 14.400,00! Então, na prática, o locador afirma que está lhe dando um *desconto* adicional de R$ 400,00.

Porém... Há um precondição aqui: a cada mês, juntamente com o aluguel devido, fica acertado que você terá de devolver um cômodo da casa: num mês devolverá um quarto, noutro um banheiro, noutro a sala, e por aí vai... A intenção do proprietário é poder ir alugando os cômodos devolvidos a qualquer outra pessoa que lhe interessar, e ganhar com isso. Achou vantajoso? Pois eu lhe pergunto: não é muito pior para você devolver a casa aos poucos, de forma "parcelada", do que devolvê-la inteirinha somente ao final do 365º dia? Esse "parcelamento" que o proprietário lhe propõe não está melhorando a sua vida de jeito algum; ele só está complicando, pois lhe agregará muito menos em qualidade de vida! Na prática, você usufruirá muito menos do imóvel nessa segunda proposta do que naquela primeira. Imagine: após seis meses você já terá devolvido metade da casa (que estaria inteiramente à sua disposição por um ano inteirinho, na situação anterior)! E terá uma redução pequena demais por isso na soma total.

Vantagem... para o outro! Então, apesar do desconto de R$ 400,00 na soma final das mensalidades, nessa segunda proposta você pagará proporcionalmente muito mais caro por metro quadrado alugado, porque a casa alugada lhe prestará seus serviços (sua utilidade para você) por muito menos tempo. E o proprietário, além de ganhar em cima de você, também lucrará com a mesma casa sobre os outros novos inquilinos dos cômodos avulsos. Para ele, sim, será muito mais lucrativo. Outra forma de dizer isso: a taxa de ganho para ele será muito maior dessa forma. Bem diferente disso seria ele lhe ter proposto parcelar o pagamento para *depois* do primeiro ano de usufruto do imóvel, mas ele lhe propôs tal parcelamento para *durante o primeiro ano*, garantindo-se assim, na prática, o direito de reaver seu imóvel todo em um prazo médio muito inferior ao da primeira proposta.

Nosso caso. Pois idêntica "maravilha" foi o que você, na prática, acabou me propondo nessa sua segunda oferta de empréstimo pessoal: restituir-lhe seu dinheiro todo em prazo médio bem inferior! Na primeira proposta, estava certo que eu "alugaria" seus R$ 1.000,00 por um ano inteirinho, utilizando-os integralmente durante 12 meses do jeito que bem entendesse, tendo somente a obrigação de restituir-lhe essa quantia, devidamente acrescida de R$ 480,00 de juros, apenas no final de 12 meses. Já na segunda proposta, olha só que "bondade" a sua: passados 30 dias eu estaria obrigado a lhe devolver precocemente R$ 120,00! Após mais 30 dias (passados 60 dias do empréstimo), eu seria forçado a lhe restituir mais R$ 120,00. E ao final de outros 90 dias (apenas três meses depois de tomar emprestada a grana), eu teria de lhe antecipar mais R$ 120,00, e assim por diante, sempre lhe devolvendo um tanto todo mês, tornando o esforço da devolução da grana muito mais acelerado para mim. Resultado: seu dinheiro ficará por muito menos tempo me servindo, me beneficiando!

Vantagem para quem? Se fosse mesmo para eu ter de disponibilizar R$ 120,00 ao final de cada mês, seria melhor para mim separar este valor aplicando em algum investimento financeiro e ganhar juros até o final de um ano, o que me ajudaria a pagar parte dos juros totais que eu estaria então lhe devendo ao final desses 12 meses. (E isso é justamente o que você pretende fazer com as parcelas recebidas precocemente!) Quer dizer, na realidade, apesar do desconto de R$ 40,00 no cômputo total dos juros devidos, eu acabaria lhe pagando *proporcionalmente* muito mais por cada R$ 1 "alugado", daí a taxa de juros calculada pelo DINHEIRÔMETRO® para essa segunda operação ser bem mais alta. Quanto ao seu lado dessa história, você espertamente pegaria cada uma das parcelas de R$ 120,00 que eu fosse lhe restituindo e imediatamente emprestaria a outrem, ganhando juros dessa pessoa também. Francamente, que negócio da China (para você)!

Mentalidade empobrecedora. Note que, se eu tivesse embarcado nessa, como certamente faria a maioria das pessoas que conhecemos, teria traído minha prosperidade por causa de duas "palavrinhas mágicas" que soam como doce música para os ouvidos (e os bolsos!) dos financeiramente mal educados: "parcelar" e "desconto". Quem disse que *parcelar* é sempre bom? Quem disse que *desconto* é sempre vantajoso? Bem, se quem diz isso é a conta certa feita na ponta do lápis, pode acreditar! Do contrário, caia fora, se não quiser empobrecer com esses "contos do vigário" em sua vida financeira!

> **A CONTA CERTA TAMBÉM PERMITE SEPARAR O QUE É RUIM DAQUILO QUE É AINDA PIOR!**

Imagine que eu não tivesse feito a conta certa e, iludido, tivesse topado de bate-pronto essa sua segunda proposta. Daí, para fechar com chave de ouro (para o seu lado, lógico!), você me viria com esta punhalada final: pagar-lhe em 12 parcelas de R$ 1.200,00, sim, só que... para me conceder esse privilégio, a primeira teria que ser paga de imediato, no ato do fechamento do negócio. Se eu não perguntar ao DINHEIRÔMETRO®, essa proposta me parece razoável, um "mero detalhe", com o qual eu concordaria sem pensar muito. Mas o pior cego financeiro é o que não quer enxergar o que vai dentro do seu bolso! Se eu tivesse utilizado minha calculadora financeira para essa terceira proposta (sim, financeiramente falando, existe de fato uma importante distinção!), perceberia que, quando algo está ruim para o seu bolso, pode ficar ainda pior.

Em princípio, a conta que deve ser feita nos parece exatamente a mesma:

$$PV = -1.000 \quad FV = 0 \quad n = 12 \quad PMT = +120 \quad i = ?$$

END ou BEG? Só que, há no DINHEIRÔMETRO® (bem como em qualquer calculadora financeira) dois campos especiais que ainda estão em branco: um que diz FIM (ou END, em inglês), e outro que diz COMEÇO (ou BEG, abreviação de BEGINNING). Esse importante detalhe diz respeito ao vencimento das parcelas: se o pagamento periódico (PMT) se dará no *começo* de cada período (por exemplo, no dia 1º de cada mês), ou no *final* de cada período (no dia 30 ou 31 de cada mês).

Raciocine! O que é mais sacrificante para mim: ter que devolver os R$ 120,00 mensais já no dia 1º de cada mês ou somente no dia 30º ou 31º? Isso, para *todos os meses*, não só para o primeiro! Quer dizer: quando você me fez essa terceira proposta, propondo adiantar a parcela 1/12, forçou também a antecipação do pagamento de *todas* as outras 11 parcelas daí em diante. Se a parcela 1/12 deve ser no ato, a mensalidade 2/12 não será somente daqui a 60 dias (dois meses), mas sim em 30 dias (um único mês), e a parcela 3/12 não será apenas para 90 dias (três meses), mas para 60 dias (dois meses), e por aí vai... Toda a carreira de 12 pagamentos periódicos (PMT) foi puxada um mês para a frente! Você duvida que, fazendo a conta certa, a taxa de juros embutida nessa nova operação vá aumentar perante, inclusive, aqueles 6,11% da segunda proposta?

BEG. Pois, para relatar corretamente essa terceira proposta à nossa calculadora, basta fazer um X no espaço de COMEÇO (BEG) do DINHEIRÔMETRO®, sinalizando que os pagamentos periódicos serão feitos sempre no *começo* do mês. Essa nossa calculadora de matemática financeira DINHEIRÔMETRO® foi programada para trabalhar sempre no modo FIM (END), que é o mais comum, para o caso de você se esquecer de assinalar um X no espaço correto. Se, por engano, marcar X tanto em FIM (END) quanto em COMEÇO (BEG), as contas serão feitas considerando o modo FIM (END), que é sempre o mais comum de se observar no mercado de crédito ou de investimentos.

Assim procedendo, veja o que a calculadora nos mostra:

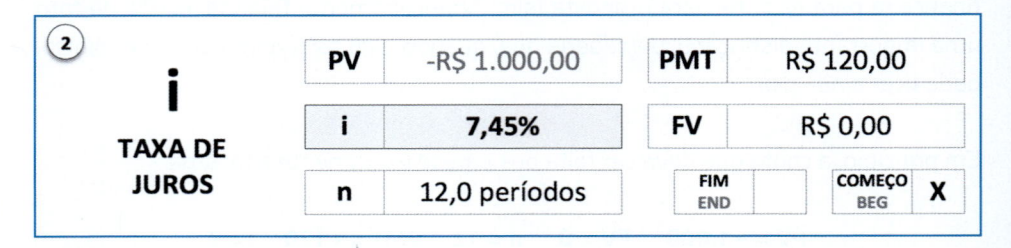

② **i** TAXA DE JUROS	PV	-R$ 1.000,00	PMT	R$ 120,00
	i	7,45%	FV	R$ 0,00
	n	12,0 períodos	FIM END	COMEÇO BEG X

O quê?! Mas 7,45% de taxa de juros mensal embutida? Ora, ora, meus "parabéns"! Ao bolar essa terceira operação financeira, você acaba de ser promovido de *talentoso agiota amador* a *gênio profissional das finanças*! Mas, pensando bem, nessa história você não tem culpa alguma, só está fazendo *a sua parte*, que é tentar ganhar *mais dinheiro* dentro das suas reais possibilidades. Você está tentando prosperar! Eu é que não posso deixar de também fazer *a minha parte*: a *conta certa*, utilizando corretamente a calculadora financeira, para mudar minha vida financeira e fugir de preconceitos empobrecedores, e assim tomar decisões prósperas, que dão o devido valor ao meu "pouco" dinheiro, jamais aceitando propostas financeiramente indecentes como essa!

Moral da história. Quem não sabe fazer as contas certas com seu dinheiro, nunca sabe se estará fazendo bom ou mau negócio, não sabe se estará enriquecendo ou empobrecendo a cada decisão. Afinal, qual das decisões mais expressivas em sua vida financeira, aquelas que verdadeiramente mexem com seu bolso, podem ser tomadas sem um bom cálculo prévio? Absolutamente nenhuma, sob pena de enfraquecer, em vez de reforçar, seu poder de compra de qualidade de vida! Por isso, em seguida, veremos outros exemplos didáticos de como utilizar os cálculos da matemática financeira para ajudar você a tomar a decisão financeiramente mais adequada em diferentes circunstâncias da sua vida: nas *compras*, nas *dívidas* e nos *investimentos*, contemplando cada aspecto das nossas finanças pessoais. Lembrando novamente que temos a nossa tríade como norteadora:

> **Tríade da Multiplicação do Dinheiro®:**
> I. Investimentos mais dinâmicos
> II. Dívidas mais prudentes
> III. Gastos mais econômicos.

A CONTA CERTA PARA AVALIAR A COMPRA DE UM NOVO AUTOMÓVEL

Talvez você esteja *precisando* comprar um automóvel e não tenha dinheiro para comprá-lo à vista e com desconto (como é sempre o ideal do ponto de vista financeiro). Mas vamos supor que, dessa vez, você ainda não tenha feito um bom plano de investimentos para realizar esse seu sonho da compra financeiramente próspera desse carro, sendo obrigado a apelar para uma nova *dívida*, no caso, um financiamento de automóvel. Se tem que ser assim, que seja dos males o menor. É sempre um péssimo negócio financeiro optar por um financiamento de automóveis com *prazo longo demais* porque, mesmo que a taxa de juros cobrada não lhe pareça das mais altas, os juros incidirão uns sobre os outros de forma cumulativa, resultando naquilo que já conhecemos como *juros compostos*, fazendo com que o montante total de juros pagos no financiamento resulte em uma enormidade.

Alerta. Meu objetivo agora é chamar sua atenção para o fato de que, se você for mesmo financiar um carro, além de pesquisar a *menor taxa* de juros disponível, também deverá se esforçar para financiar o veículo de *menor valor* possível, dando a *maior entrada* possível, e financiando o saldo pelo *prazo mais curto* possível. Todos esses cuidados servirão para pagar o mínimo de juros possível no cômputo geral desse financiamento.

Mentalidade empobrecedora (de novo!). Convenhamos, não é isso que um brasileiro típico faria: ele procuraria a menor taxa, sim, pois isso parece óbvio, mas provavelmente daria preferência pelo *maior valor* de financiamento que conseguisse (*"Puxa, estão me dando mais crédito!"*), com a *menor entrada* possível (*"Mal posso acreditar: sem entrada? Uau, isso é demais"!*), e pelo *prazo mais esticado* possível (*"Olha que maravilha: quanto mais longo for o prazo, mais suaves serão as parcelas, certo?"*). Quem raciocina dessa forma, certamente ainda não sabe fazer a conta certa, na ponta do lápis, não tem ideia do que seja um DINHEIRÔMETRO®. Isto é "apenas" a maioria, da qual você está tratando se desconectar com a leitura deste livro e a prática das técnicas aqui contidas!

Às contas! Suponhamos que você vá comprar um carro usado financiado no valor de R$ 25 mil. Você vai ao *shopping* de automóveis ou, quem sabe, àquela rua de comércio especializado lá do seu bairro que tem várias lojas de veículos usados. Em uma primeira loja, você já encontra o carro que está procurando, e ele custa os R$ 25 mil que está disposto a pagar. A proposta que lhe fazem é dar 20% de entrada, ou seja, R$ 5 mil no ato, financiando o saldo restante, de R$ 20 mil (PV = +25.000 − 5.000 = +20.000), em 24 parcelas (n = 24), a juros de 2,99% ao mês (i = 2,99).

Valor Presente (PV). Observe que o PV = +20.000 está com sinal positivo, certo? Mas, por quê? Do ponto de vista financeiro, essa é a soma de dinheiro que o banco ou financeira *fará entrar* no seu bolso através do financiamento. Afinal de contas, se já tivesse esses R$ 20 mil, você os juntaria aos R$ 5 mil que deverão ser desembolsados com a entrada e compraria o carro totalmente à vista, com desconto, pagando provavelmente algo entre R$ 23 mil e R$ 24 mil por ele. Então, se é verdade que esses R$ 20 mil, após entrarem no seu bolso, irão imediatamente sair, isso não tem a ver com a *operação financeira* do financiamento do automóvel em si (que está fazendo *entrar* dinheiro no seu bolso), mas com a *operação comercial* de compra do automóvel (que fará o dinheiro *sair* logo em seguida). Para a matemática *financeira*, o sinal que interessa é o sinal da operação *financeira*, e lembre-se:

- Quando o dinheiro está **saindo**, o sinal é **negativo**.
- Quanto o dinheiro está **entrando**, o sinal é **positivo**.
- Em matemática financeira é assim: se tem *cifrão*, tem *sinal*!

Importante! O FV deve ser naturalmente igual a *zero* porque, após ter quitado as 24 parcelas, o saldo adicional que você terá a pagar naquele momento futuro será exatamente zero (= sua dívida estará plenamente quitada após o pagamento de todas as parcelas, não sobrará nenhum valor residual a pagar).

PV = +20.000   FV = 0   n = 24   PMT = ?   i = 2,99

Essa é a *conta certa* e, para resolvê-la, vamos selecionar a calculadora de **(PMT) PAGAMENTO PERIÓDICO**, na ÁREA 4 do DINHEIRÔMETRO®:

4 PMT PAGAMENTO PERIÓDICO				
PV	R$ 20.000,00	PMT	-R$ 1.179,68
i	2,99%	FV	R$ 0,00
n	24,0 períodos	FIM END	COMEÇO BEG

Interessa? Fazendo a conta certa, apuramos que essa operação resultará em 24 parcelas mensais de **R$ 1.180,00** (promovendo aí um ligeiro arredondamento para cima). Pouco animado com essa oferta, você procura outra loja, com taxa mais baixa de 2,49% ao mês (i = 2,49). Parece um excelente começo! Essa segunda loja não lhe pede nada no ato, ou seja, lhe propõe zero de entrada, financiando portanto o valor integral do veículo a você (PV = +25.000), e ainda concorda em lhe parcelar no dobro do prazo da primeira loja, ou seja, em 48 vezes (n = 48). Um prato cheio para a massa consumidora de *mentalidade empobrecedora!* A conta montada para o DINHEIRÔMETRO® ficará desta forma:

PV = +25.000   FV = 0   n = 48   PMT = ?   i = 2,49

4 PMT PAGAMENTO PERIÓDICO				
PV	R$ 25.000,00	PMT	-R$ 898,41
i	2,49%	FV	R$ 0,00
n	48,0 períodos	FIM END	COMEÇO BEG

As parcelas, nesse caso, ficarão em um valor bem mais baixo que no caso anterior, cravando nos **R$ 898,00** mensais (comparativamente aos R$ 1.180,00 da primeira proposta). Então você sai dessa outra loja todo satisfeito! Afinal, conseguiu uma *taxa menor*, um *valor de empréstimo maior* e um *prazo mais longo*, com uma *prestação menor*! Parece o melhor dos mundos!

AS APARÊNCIAS PODEM ATÉ ENGANAR, MAS A CONTA CERTA JAMAIS MENTE!

Cuidado, eu já lhe disse que, na vida financeira da gente, as aparências enganam. Fazendo a conta certa *na ponta do lápis*, agora com o uso acessório de uma simples calculadora aritmética, eu apurei que você pagaria o seguinte na primeira proposta:

> 24 *prestações* X R$ 1.180,00 *cada* = R$ 28.320,00 *total das prestações*
> **R$ 28,3 mil *total pago* – R$ 20 mil *financiados* = R$ 8,3 mil juros**
> **(R$ 8,3 mil *juros* / R$ 20 mil *financiados*) X 100 = 42% *a mais***

Ao optar pela segunda oferta, no entanto, aquela que lhe parecia em princípio mais vantajosa, você acabou pagando muito mais de juros sobre juros. Veja só:

> 48 *prestações* X R$ 898,00 *cada* = R$ 43.104,00 *total das prestações*
> **R$ 43 mil *total pago* – R$ 25 mil *financiados* = R$ 18 mil *juros***
> **(R$ 18 mil *juros* / R$ 25 mil *financiados*) X 100 = 72% *a mais***

Observe o seguinte: na primeira opção, que lhe pareceu a princípio menos vantajosa, o carro lhe custará R$ 33.320,00:

> **R$ 5 mil *entrada* + R$ 28 mil *prestações* = R$ 33 mil *custo total***

Enquanto na segunda opção, aparentemente mais sedutora, o carro lhe custará nada menos que R$ 43.104,00:

> **R$ 0 *entrada* + R$ 43 mil *prestações* = R$ 43 mil *custo total***

Comparando. Na segunda opção, você pagará R$ 10 mil a mais pelo carro, que lhe custará 30% mais caro do que o valor total pago pelo veículo na primeira opção. Eu lhe disse: sem a conta certa, as aparências podem enganar. Isso acontece justamente por causa do mecanismo dos *juros sobre juros*, que fazem o *cômputo geral dos juros pagos* ser muito maior (quase 120% maior!) na segunda opção (juros totais de R$ 18 mil), que tem zero de entrada e o dobro de prazo, apesar da taxa menor. Os juros compostos também existem na primeira opção (juros totais de R$ 8 mil), com entrada de 20% e metade do prazo. Mas, apesar da taxa mais alta, os juros pagos serão bem mais baixos no cômputo geral, porque terão se acumulado por *menos tempo* e sobre um saldo financiado *menor*.

Moral financeira da história. Apenas a título de reforçar esse importante aprendizado sobre o dinheiro com que a matemática financeira acaba de nos presentear, no tocante a dívidas pessoais: quando for *financiar* qualquer bem, faça a conta certa e planeje-se financeiramente para conseguir:

- a *menor taxa*;
- a *maior entrada* = o menor saldo a financiar;
- o *menor prazo* = o menor número de prestações.

Pague menos juros! Essa será a única forma de garantir o menor pagamento possível de juros compostos no cômputo geral da operação de empréstimo. Se você não cuidar sempre de fazer a conta certa, usando e abusando dos seus preciosos conhecimentos de matemática financeira, acabará gastando muito mais com juros, sobrando muito menos para gastar com coisas que verdadeiramente lhe interessam, enfraquecendo seu poder aquisitivo de qualidade de vida e afastando-se da prosperidade sustentável e duradoura. Mas não: **você** está tratando de se apropriar do poder enriquecedor da **Tríade da Multiplicação do Dinheiro®.**

MELHOR QUE FAZER UMA DÍVIDA É INVESTIR PARA COMPRAR À VISTA!

Voltando à compra do carro. O objetivo era comprar um carro de R$ 25 mil. No financiamento em 48 prestações com zero de entrada, a parcela mensal sairia por R$ 898,00. Quem entra em uma dívida dessas, deve estar 100% seguro de que terá esses R$ 898,00 disponíveis em seu orçamento pessoal e familiar para honrá-la todos os meses, durante longos quatro anos. Do contrário, em determinado momento o sujeito poderá ficar inadimplente, perderá o carro, tudo o que pagou, e ainda terá de carregar uma dívida de um carro que não existe mais na sua vida, e talvez chegue ao extremo de, inclusive, perder seu bom nome e o crédito na praça.

Pense diferente... Se a pessoa tem de fato esses R$ 898,00 para dar todos os meses na prestação da dívida, não teria essa mesma quantia para *aplicar* todos os meses, com o objetivo de juntar o dinheiro necessário durante certo período, ganhando juros sobre juros, para daí então poder comprar o carro à vista e com desconto? Se tiver *disciplina financeira*, é lógico que sim! "Ah, mas disciplina é algo difícil de ter... Tendo a dívida, a gente se obriga a pagar, e a grana acaba aparecendo de algum modo. Já se a gente for se propor a aplicar o mesmo dinheiro todos os meses, é capaz de acabar gastando todo o valor antes de fazer a aplicação..."

Ok. Muita gente pensa assim. Pensa pobre e age pobre. Antes que você comprometa severamente seu processo de enriquecimento e sua conquista da prosperidade também "raciocinando" (o termo quase não se aplica!) dessa forma por toda uma vida, deixe-me fazer aqui mais algumas contas para lhe mostrar na ponta do lápis a enorme vantagem financeira de trocar uma *dívida* (na qual se *pagam* juros) por um *investimento* (no qual se *ganham* juros).

Vamos tentar descobrir quanto tempo a pessoa levaria para acumular os R$ 25 mil necessários para comprar o carro à vista (FV = +25.000), se optasse por investir R$ 898,00 todos os meses (PMT = −R$ 898) em um bom título da dívida pública brasileira adquirido através do canal Tesouro Direto. Essa opção de aplicação financeira dinâmica, da qual trataremos mais à frente, pode lhe proporcionar uma rentabilidade líquida de 0,75% ao mês (i = 0,75). Então, essa conta ficaria montada da seguinte maneira para o DINHEIRÔMETRO®:

PV = 0   FV = +25.000   n = ?   PMT = −898   i = 0,75

Importante! Lembre-se de que PV = 0 porque estamos supondo que, quando você começa a juntar sua reserva financeira, não terá absolutamente nada já previamente acumulado. E também vale notar que o PMT tem valor negativo porque, apesar de não se tratar propriamente de uma dívida, esse valor mensal de R$ 898,00 deverá *sair* do seu bolso todos os meses com destino à aplicação financeira selecionada. O objetivo é fazer esses pagamentos periódicos acumularem juros sobre juros e retornarem como um *valor cheio* de R$ 25 mil no momento futuro (por isso FV recebe valor positivo nessa conta).

Para resolver esse desafio, utilizaremos a **ÁREA 3** do DINHEIRÔMETRO®: **(n) NÚMERO DE PERÍODOS**:

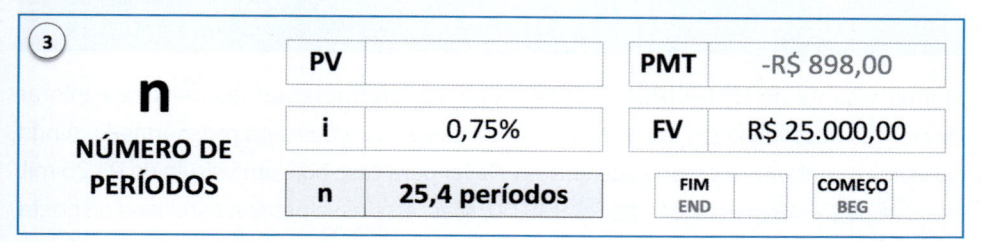

3 n NÚMERO DE PERÍODOS		
PV		
i	0,75%	
n	25,4 períodos	
PMT	-R$ 898,00	
FV	R$ 25.000,00	
FIM END		COMEÇO BEG

Compare. Eis o resultado: **n = 25,4 meses**. Isso dá pouco mais de *dois* anos, contra *quatro* anos pagando o mesmo valor todos os meses no financiamento! Pela via do *investimento*, você precisará desenvolver a cada mês o mesmo *sacrifício poupador e investidor*, só que levará apenas metade do tempo total que na via da dívida! Quer dizer, se você tiver os R$ 898,00 por mês durante quatro anos, optando pela via do investimento dará para comprar *dois* carros em vez de um único, desenvolvendo exatamente o mesmo esforço. Isso não lhe parece coisa de quem tem **mentalidade próspera**? Não é mágica, mas simplesmente a força dos juros sobre juros atuando a favor da sua prosperidade, conforme comprovado pela conta certa na ponta do lápis!

Considerações. Você pode até argumentar que, se comprar o carro já através de uma dívida, poderá desfrutá-lo desde agora. Isso é fato, mas também é verdade que, daqui a dois anos, esse carro será dois anos mais velho, ao passo que o automóvel adquirido com seus investimentos somente daqui a dois anos será dois anos mais novo, talvez até já do modelo novo. E ainda outro pensamento potencialmente empobrecedor que você pode ter: "O carro custa hoje R$ 25 mil, mas vai aumentar nos próximos dois anos, e daí corro o risco de não conseguir mais comprá-lo"! A primeira parte desse raciocínio (o carro vai subir) é verdadeira, mas a segunda (você não conseguirá comprá-lo com R$ 25 mil) é falsa. Talvez o carro vá para R$ 27,5 mil (alta de 10%) daqui a dois anos, mas com os R$ 25 mil em mãos você conseguirá um desconto na compra à vista que permitirá a você levá-lo tranquilamente para sua garagem? Compreendeu?

QUEM INVESTE E COMPRA À VISTA, VAI MAIS LONGE COM SEU DINHEIRO

O interessante do DINHEIRÔMETRO® é que essa ferramenta nos permite explorar diferentes possibilidades, pensando "fora da caixa" para buscar a prosperidade. Ainda no exemplo anterior, a pessoa que quisesse levar para casa hoje um veículo de R$ 25 mil, teria de pagar 48 prestações de R$ 898,00. Mas, e se essa pessoa estivesse disposta a esperar os mesmos 48 meses (n = 48), partindo do zero (PV = 0), aplicando os R$ 898,00 todos os meses no Tesouro Direto (PMT = –898), com juros líquidos de 0,75% ao mês (i = 0,75)? Quanto esse investidor teria ao final de quatro anos (FV = ?)? Que carro poderia comprar com esse dinheiro? Muito provavelmente um carro melhor, mas exatamente *quanto melhor*?

Essa outra conta fica montada desta forma, e para resolvê-la vamos utilizar a **ÁREA 5** do DINHEIRÔMETRO®:

PV = 0   FV = ?   n = 48   PMT = –898   i = 0,75

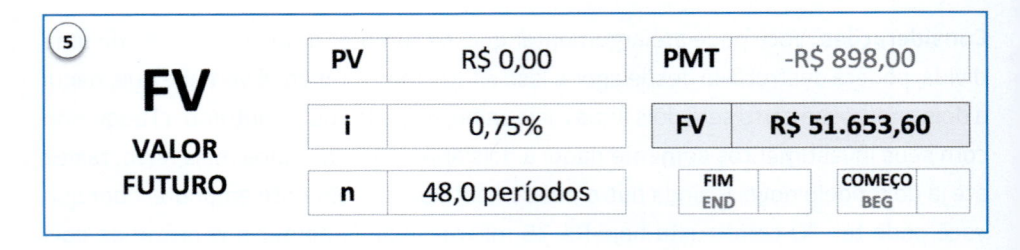

5 FV VALOR FUTURO		
PV	R$ 0,00	
i	0,75%	
n	48,0 períodos	
PMT		-R$ 898,00
FV		R$ 51.653,60
FIM END		COMEÇO BEG

Uau! Quase **FV = 52 mil**! Quer dizer, *mais do que R$ 50 mil*, ou seja, mais que *o dobro do valor daquele carro financiado*, o que equivale a um carro *duas vezes melhor*! E isso exatamente com *o mesmo esforço*, apenas evitando se precipitar, aguardando os quatro anos para dar uma forcinha para os juros sobre juros se acumularem, resultando numa superforça adicional para seu poder de compra! O que você quer para daqui a quatro anos? Um *carrinho* que valia R$ 25 mil quando você o comprou há 48 meses, e que então não valerá nem R$ 15 mil, ou um *carrão zero quilômetro*, tinindo de novo, ao preço de R$ 52 mil (comprado à vista e com desconto)? O futuro é seu, a escolha é sua. Só não deixe, jamais, de fazer a conta certa para avaliar o verdadeiro impacto que suas decisões financeiras podem ter sobre seu poder de compra e sua prosperidade!

> **SE PUDER QUITAR SUA DÍVIDA ANTES, ECONOMIZARÁ BOA GRANA EM JUROS**

Rapidamente, para fecharmos esta seção, eu quero lhe dar uma dica final com a ajuda da nossa calculadora de matemática financeira. Até aqui já apresentamos exemplos de como utilizar as ÁREAS 2 a 5 do DINHEIRÔMETRO®, fazendo as contas certas em sua vida financeira. Agora, para contemplarmos *todas* as funcionalidades da ferramenta, devo finalmente lhe expor um uso bastante útil da **ÁREA 1 (PV) Valor Presente**.

Ainda no exemplo anterior, imagine que o comprador tivesse optado (por desconhecimento na época) pelo segundo plano, com taxa de 2,49% ao mês (i = 2,49) e zero de entrada, financiando o valor integral do veículo (PV = +25.000), e parcelando o saldo em 48 prestações mensais (n = 48):

PV = +25.000   FV = 0   n = 48   PMT = ?   i = 2,49

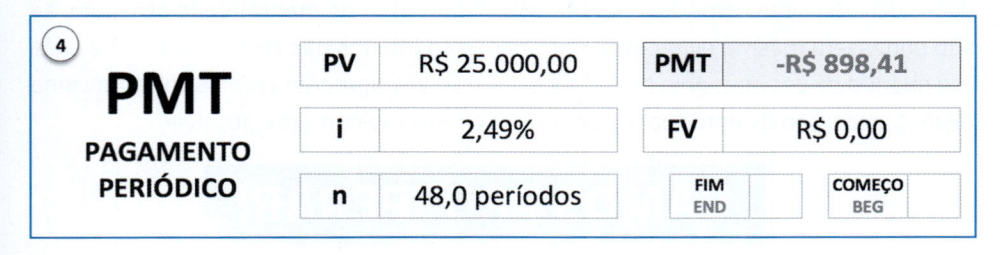

④ PMT
PAGAMENTO PERIÓDICO

PV	R$ 25.000,00	PMT	-R$ 898,41
i	2,49%	FV	R$ 0,00
n	48,0 períodos	FIM END	COMEÇO BEG

Nesse caso, o devedor assumiria **48 parcelas de R$ 898,00**. Imagine agora que a pessoa pagasse 40 dessas parcelas e, tendo então recebido um dinheiro eventual (como férias, bonificação da empresa, comissão de uma grande venda, restituição do IR ou outra grana pontual), quisesse liquidar as **8 parcelas restantes**. Nesse caso, o desafio é encontrar o valor atual (presente) que seria suficiente para fazer a quitação antecipada das parcelas restantes, descontando (pelo princípio dos juros compostos) a taxa de juros que havia sido nelas embutida quando do cálculo inicial da dívida.

Então montamos esta conta para resolvê-la utilizando a **ÁREA 1** do DINHEIRÔMETRO®:

$$PV = ? \quad FV = 0 \quad n = 8 \quad PMT = +898,41 \quad i = 2,49$$

Note que **FV = 0**, ou seja, você quer antecipar as 8 parcelas para não dever absolutamente mais nada (zero!) ao final. O PMT = +898,41 tem *sinal positivo* porque é como se esse dinheiro estivesse *entrando* 8X para quitar cada uma das 8 parcelas em aberto. Naturalmente, o PV terá *sinal negativo*, porque será o valor em reais que terá de *sair* do seu bolso agora para quitar as parcelas antecipadamente.

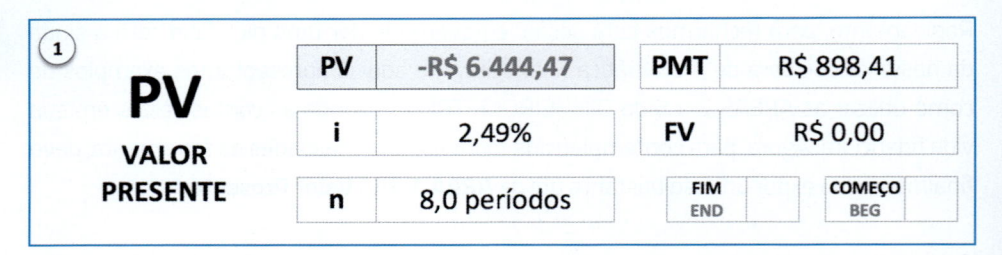

PV VALOR PRESENTE		
PV	-R$ 6.444,47	PMT	R$ 898,41
i	2,49%	FV	R$ 0,00
n	8,0 períodos	FIM END	COMEÇO BEG

Repare que o valor da dívida era de 8 mensais X R$ 898,41 = **R$ 7.187,28**. A quitação antecipada custará apenas **R$ 6.444,47**, portanto **R$ 742,81 a menos**, o que ultrapassa **10% do total devido.** Pense em quanto se tem de trabalhar para levantar essa grana limpinha! Uma bela economia de dinheiro, que seria tristemente *desperdiçado* com juros, e só faria o devedor empobrecer! A maior parte das pessoas com uma dívida dessa deixaria simplesmente rolar até o final, porém os de **mentalidade próspera**, se não pudessem mesmo evitar esse financiamento (muitos não têm sabedoria de análise quando se decidem pelo novo "negócio" e só vão aprender como a coisa funciona *depois*), tratariam de antecipar sua quitação o mais rapidamente possível.

VAMOS PROSPERAR!

Lembre-se. Se quiser prosperar para valer, terá de *pensar e agir diferente* da massa de consumidores que hoje pensam pobre, agem pobre, e *vivem pobre*! Quem quiser mesmo prosperar, terá que *tomar coragem* para se desconectar da *dinâmica de empobrecimento* vivenciada pela maioria das pessoas, *assumir o controle sobre o próprio dinheiro* e *dar a virada na sua vida financeira*. Será necessário *revalorizar seu dinheiro* e *multiplicar seu poder de compra*, submetendo-se a um *completo processo de reeducação financeira* que permitirá a você *transformar sua mentalidade*. Você assimilará *técnicas inovadoras* e adotará *ferramentas práticas* de *bom planejamento e gestão competente do seu dinheiro* que viabilizarão a transformação de sua atual *mentalidade empobrecedora* para uma **mentalidade próspera**, adquirindo assim *empoderamento financeiro* concreto para conquistar a *prosperidade sustentável e duradoura* que tanto almeja!

Já temos agora a base de conhecimento adequada para começar a explorar aquele conjunto de três técnicas transformadoras, devidamente acompanhadas de suas respectivas ferramentas digitais, que lhe apresentei como a **Tríade da Multiplicação do Dinheiro®**, começando por esta aqui:

Técnica I | Investimentos mais dinâmicos

Ganhar juros! Para conquistar seus sonhos sem dívidas, aprenda a traçar e colocar em prática bons *planos de investimentos*, combinados com excelentes *aplicações dinâmicas*, mais rentáveis, porém muito seguras (e bastante práticas)! Assim, você ganhará empoderamento financeiro por meio dos **juros sobre juros**, que receberá em suas aplicações dinâmicas, garantindo a realização de seus principais sonhos de compra e consumo, apenas com o sacrifício poupador de pequenas quantias mensais.

> *Veja só: aplicando em boas ações de boas empresas brasileiras, bastarão R$ 400,00 de esforço poupador e investidor mensal, do início de sua carreira profissional até a aposentadoria, para acumular o equivalente a R$ 1 milhão! Você investirá, na prática, pouco menos de R$ 200 mil do próprio bolso (R$ 400,00 mensais X 12 meses/ano X 40 anos = R$ 192 mil), mas poderá resgatar cinco vezes esse valor aplicado, por causa do empoderamento financeiro obtido com os ganhos dos juros sobre juros ao longo do tempo! E, se não quiser aplicar em ações, eu lhe indicarei outras opções também muito dinâmicas para ampliar o poder de compra do dinheiro aplicado.*
>
> *Ferramenta digital => INVESTÔMETRO®*

TRÍADE | TÉCNICA 1
INVESTIMENTOS MAIS DINÂMICOS

Trace bons planos de investimentos
e faça aplicações realmente dinâmicas.

capítulo 4

CONQUISTE SEUS GRANDES SONHOS DE COMPRA E CONSUMO

Há quem pense que conseguir realizar seus sonhos é uma questão de *sorte*. Eu até acredito nisso, mas somente se levarmos em conta aquela definição de sorte que diz: "Sorte é quando a *preparação* (do investidor) encontra a *oportunidade* (de multiplicar seu dinheiro e uma boa aplicação, ganhar juros e realizar seu sonho pagando à vista e com desconto)". Isso é o que chamo de sorte da **mentalidade próspera**! É a sorte de quem assume a responsabilidade e o controle do próprio destino financeiro. Enfim, a sorte que todo **MONEY BO$$** demonstra ter aos montes!

Sortudo. Ao elaborar seus bons planos de investimentos (a *preparação*) e ao buscar aplicações financeiras dinâmicas e bons negócios (as *oportunidades*), você logo será chamado de "uma pessoa de sorte". Há quem até se ofenda com essa descrição pouco honrosa, pois sabe que se trata, na realidade, de um bom tanto de dedicação e de trabalho empenhado. Como os resultados são mais que compensadores, não se aborreça com quem quer lhe tirar o mérito. Muita gente responsabiliza a *sorte do acaso* (bem diferente da *sorte da* **mentalidade próspera**) porque desconhece como esse mecanismo é simples e acessível a qualquer pessoa, ignorando seu imenso potencial transformador rumo à prosperidade sustentável e duradoura.

TODO BOM INVESTIDOR É UM BOM PLANEJADOR!

Há gente que acredita que talvez exista alguma aplicação "milagrosa", que pagará excelente rentabilidade com baixíssimo risco. A pergunta que me fazem há anos sempre é: "Qual o melhor investimento?". Minha resposta é invariavelmente a mesma: "FIF".

FIF. Não me refiro aqui necessariamente a um Fundo de Investimento Financeiro (normalmente abreviado como FIF), mas a **FIF** como uma sigla que contém uma grande lição financeira: "**F**aça **I**nvestimentos **F**requentes". Independentemente até mesmo de para quais aplicações irá direcionar seus esforços poupadores e investidores de todo mês, investimento bom é aquele que é feito *com frequência*, com persistência, com disciplina... e tudo isso vem do bom planejamento. Somente planejando adequadamente seus investimentos será possível conquistar tudo o que se quer nesta vida, tanto em termos de *bens* quanto de *experiências* (seus grandes sonhos de compra e consumo), ganhando *juros* (que pagarão uma parte expressiva da compra), comprando **à vista** e com *desconto* (que pagará outra parte importante da aquisição) e fugindo das dívidas, que, além de não lhe darem vantagem alguma, ainda cobram elevados juros (encarecendo muito a compra).

Exemplo. A grande maioria dos motoristas (80%) prefere trocar de carro através de um financiamento. Por esse esquema de troca, o comprador dá seu carro usado de entrada, recebe um mais novo e financia a diferença para pagá-lo em alguns anos. Quitado o financiamento, é hora de voltar à concessionária para adquirir um novo. E então o carro usado volta a servir como entrada na troca de um mais novo, com outro financiamento para mais outros tantos anos. Assim se passa de carro em carro, de dívida em dívida. Sempre trocando de carro, mas sempre devendo o que se tem estacionado na garagem.

Na ponta do lápis. Vamos fazer a conta certa com um carro de porte pequeno, um popular com ar e direção, cujo zero quilômetro custa hoje cerca de R$ 34 mil na tabela. Daqui a três anos, será devolvido à loja por, no máximo, metade do seu valor original, ou seja, R$ 17 mil. E haverá mais um financiamento em 36 prestações dos outros R$ 17 mil que faltam para inteirar o carro novo, a juros de, digamos, 1,99% ao mês. Qual será o valor da prestação mensal devida?

Fazendo uso da **ÁREA 4** de **(PMT) PAGAMENTO PERIÓDICO** da nossa calculadora de matemática financeira, o DINHEIRÔMETRO®, vemos que:

PV = +17.000   FV = 0   n = 36   PMT = ?   i = 1,99

④ PMT PAGAMENTO PERIÓDICO		
PV	R$ 17.000,00	
i	1,99%	
n	36,0 períodos	
PMT	-R$ 665,89	
FV	R$ 0,00	
FIM END		COMEÇO BEG

O número da besta... financeira! Pela conta certa, vemos que cada prestação ficará em R$ 666,00. No total, serão praticamente R$ 24 mil (= 36 prestações X R$ 666,00), pagos pelo financiamento dos R$ 17 mil que faltavam para a troca. Esses quase R$ 24 mil, somados aos R$ 17 mil do valor do carro que serviu de entrada, fazem o veículo novo sair pelo preço final de R$ 41 mil, ou seja, R$ 9 mil mais caro que seu valor normal de compra à vista, já que, pagando em dinheiro pronto, esse carro sairia por, no máximo, R$ 32 mil. Interessa?

Pela mentalidade próspera. Quem já adquiriu uma consciência financeira mais evoluída, vai fazer diferente. Pode até ser que o primeiro carro seja comprado com um primeiro financiamento em três anos, por exemplo, por absoluta necessidade de ter o primeiro carro e absoluta falta de grana para comprá-lo, porque ainda não havia se planejado. No entanto, a partir do momento em que o primeiro carro já estiver quitado, a estratégia será esperar mais três anos com o atual carro usado (cuidando direitinho dele), enquanto se junta o dinheiro para o próximo auto, que será comprado à vista e com desconto. Ou seja: o apelo quase imediato à dívida (pelo menos para a maioria empobrecida) será espertamente substituído pela montagem de um bom plano de investimentos.

Plano. Em seis anos, pois serão três do primeiro financiamento e mais três realizando investimentos mensais frequentes, o carro usado será vendido por cerca de R$ 12 mil. Serão necessários mais R$ 20 mil para completar a diferença, no caso da compra à vista e com desconto por R$ 32 mil. Para ter acumulado esse montante nos últimos três anos, o bom planejador economizou e investiu todos os meses na Caderneta de Poupança, com rentabilidade mensal de 0,55%, durante os últimos 36 meses, não aqueles R$ 666,00 que seriam pagos na prestação do financiamento, mas bem menos. Sabe quanto?

Quem nos ajuda a fazer a conta certa, nesse caso, continua sendo a **ÁREA 4** de **(PMT) PAGAMENTO PERIÓDICO** da nossa calculadora de matemática financeira, o DINHEIRÔMETRO®. Vemos que:

PV = 0   FV = +20.000   n = 36   PMT = ?   i = 0,55

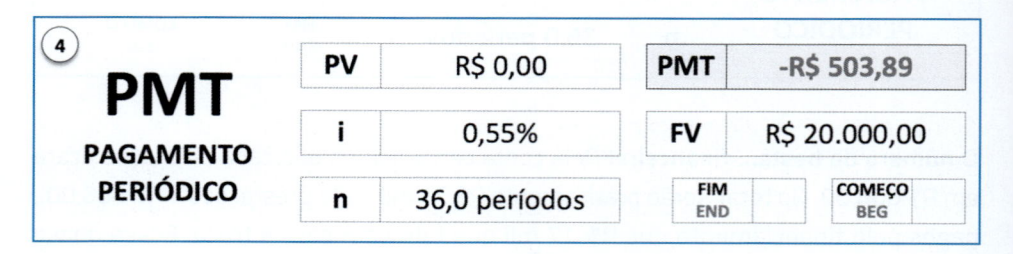

④ **PMT** PAGAMENTO PERIÓDICO		
PV	R$ 0,00	PMT	-R$ 503,89
i	0,55%	FV	R$ 20.000,00
n	36,0 períodos	FIM END	COMEÇO BEG

Bingo! Pelo caminho próspero do *plano de investimentos*, bastou aplicar R$ 504,00 por mês, portanto R$ 162,00 a menos (todos os meses) que no financiamento. Considerando 36 meses de prazo, isso dá uma economia total de R$ 162,00 X 36 meses = R$ 5.832,00. Quase R$ 6 mil de economia! Esse sábio planejador financeiro, ao pensar e agir diferente da maioria, revalorizando seu dinheiro, em vez de maltratá-lo, encontrou uma boa técnica de empoderamento financeiro para multiplicar seu dinheiro e fazer "brotar" esses quase R$ 6 mil. Na prática, ele achou um jeito inovador e próspero de *enriquecer* em R$ 6 mil: fez um bom plano de investimentos!

Ciclo financeiro virtuoso. Além disso, ele levará para casa esse seu segundo carro totalmente quitado. Poderá então, em mais uma rodada, continuar aplicando os R$ 504,00 mensais pelos próximos 36 meses, para bancar a nova troca depois de três anos, novamente pagando à vista, sem incorrer em juros desnecessários, mas, pelo contrário, tendo ganhado juros esse tempo todo. E assim sucessivamente por toda a sua vida financeira. Ao transformar sua mentalidade financeira, essa pessoa retira-se da posição de eterno *devedor* de um automóvel (como faz a maioria) para se tornar um eterno *investidor e proprietário* (como agem os que querem mesmo prosperar). A cada cinco carros comprados assim, um virá "de brinde", considerando os juros *evitados* do financiamento e mais os juros *ganhos* do investimento! Que tal esse modo de conquistar seus sonhos, por meio de um bom plano de investimentos? Você pode começar a fazer isso desde já.

DEZ PASSOS PARA INVESTIR E CONQUISTAR O QUE DESEJA

Como em qualquer dimensão da nossa existência, nossa vida financeira e material é permeada de sonhos, de grandes metas que pretendemos atingir de maneira concreta e segura. Formar-se, casar, comprar carro, adquirir a casa própria, decorar sua casa, viajar ao exterior, trocar de carro, fazer uma pós, ter filhos, educá-los até a faculdade (ou após ela), comprar outros imóveis, montar seu próprio negócio, garantir sua aposentadoria... ufa! Qualquer sonho que a gente tenha nesta vida demanda uma reserva financeira expressiva, e corre o risco de não se tornar realidade, a menos que haja planejamento financeiro adequado.

Parcelar. Se quiser que todos os seus principais sonhos de compra e consumo se tornem uma realidade concreta, o único jeito viável será *parcelar* cada umas das metas de acumulação por trás de cada sonho e fazer as mensalidades caberem no orçamento a cada mês. Como vimos, a maioria o faz do jeito aparentemente mais fácil, por meio de uma *dívida*. Os de **mentalidade próspera**, no entanto, preferem sempre traçar um *bom plano de investimentos*. Traçando e executando um bom plano, aquilo que lhe parecia inatingível, "caro demais", transforma-se em algo perfeitamente viável de ser conquistado por intermédio de "suaves" mensalidades.

Suaves? Sinceramente falando, *suave* não chega a ser o termo correto, já que bancar as mensalidades de seus diversos planos de investimentos (uma mensalidade para cada sonho) requer considerável esforço poupador e investidor mensal. Mas esse será um sacrifício *muito menor* que arcar com as parcelas de uma dívida, pagando os enormes juros nelas embutidos: com bons investimentos, em vez de *empobrecer pagando juros* com as dívidas, você *enriquece* porque *ganha juros* e, melhor, juros compostos, acumulados ao longo do tempo. Quer abandonar a via das dívidas destruidoras do seu poder aquisitivo, adotando de vez a via dos investimentos dinâmicos para realizar seu sonhos e prosperar de forma sustentável e duradoura? Atenção aqui:

Dez passos para elaborar bons planos de investimentos:
- Apure o preço de mercado = sua meta de acumulação.
- Encontre o prazo de realização factível do seu sonho.
- Corrija o preço do sonho de acordo com a inflação.
- Garimpe as aplicações financeiras de melhor RLRA.
- Compare-as pelo esforço poupador & investidor.
- Compare a via da dívida ao esforço em cada aplicação.
- Compare as aplicações e priorize a mais dinâmica.
- Ajuste seu plano e encaixe-o no orçamento mensal.
- Trace um plano específico para cada sonho.
- Acompanhe o plano e monitore seu desempenho.

1. Apure o preço de mercado = sua meta de acumulação

Para traçar um bom plano de investimentos, seja qual o for o sonho que estará na ponta desse plano, você deve iniciar fincando os pés no chão, aterrissando seu sonho em números palpáveis. Comece pelo desafio de atribuir um preço a seu sonho, procurando determinar quanto precisará acumular para bancá-lo, ou seja, buscando definir sua *meta de acumulação.*

Chute? Não! O que estou sugerindo, de começar precificando sua futura conquista, pode até lhe parecer óbvio, mas muita gente costuma apenas fazer uma estimativa por alto do valor do sonho, em vez de estabelecer um valor mais preciso. Veja: você desejará sempre comprar e pagar seu sonho à vista. Com o dinheiro pronto em mãos será mais fácil, por exemplo, encontrar o imóvel que deseja, pagando por ele o menor preço possível, aproveitando-se de um belo desconto na compra em *cash*. E assim não incorrerá sequer em um centavo de juros pagos, pois você se planejará para evitar um novo financiamento imobiliário. Daí a pergunta óbvia é: quanto custa, realisticamente falando, seu sonho?

Quanto custa? No mercado há imóveis de todos os preços. Um pequeno apartamento de R$ 150 mil é uma coisa, mas para comprar um de R$ 300 mil o esforço terá de ser obviamente dobrado. Para adquirir um imóvel de R$ 600 mil, então, será necessário poupar quatro vezes mais! O *esforço poupador e investidor mensal* que terá de ser feito para bater cada uma dessas metas de acumulação será naturalmente proporcional à maior (ou menor) magnitude da reserva financeira que tem de ser acumulada para bancar cada sonho.

Pesquisa. Defina precisamente o *valor de mercado* atual desse imóvel que deseja, mesmo sabendo que não irá comprá-lo hoje. É isso mesmo: vá às imobiliárias — pelo menos a uma delas — e informe-se sobre os parâmetros atuais do mercado para o imóvel dos seus sonhos (felizmente o mercado está em equilíbrio: o preço do momento é um preço bastante realista). As pessoas em geral deixam para pesquisar o preço das coisas que cobiçam somente na hora de comprar, o que é um claro erro de planejamento, pelo menos no caso de bens de maior valor. Sem pesquisar desde o início, lá na frente o preço efetivo poderá pegá-lo de surpresa, traduzindo-se em uma quantia que você simplesmente não terá em mãos de uma hora para a outra: ou você simplesmente não realizará o sonho, ou será forçado a fazê-lo contraindo uma nova dívida. Pense e faça diferente dos de *mentalidade empobrecedora*: descubra com a máxima antecedência o verdadeiro preço daquilo que cobiça, para poder definir corretamente sua meta de acumulação, programar-se com responsabilidade e correr atrás de juntar a grana certa. É possível, basta se planejar!

Na prática. Ainda com relação ao preço do seu sonho, considere também o seguinte: uma coisa é o *valor de tabela*, ou seja, aquele preço "teórico" que o sonho lhe custaria para ser realizado, a princípio. Outra coisa é o *valor efetivo de aquisição*, a soma que você terá de desembolsar *de fato* no ato da compra, depois de já deduzido um possível *desconto para quitação à vista*. Essa é uma das grandes vantagens financeiras de toda compra feita à vista, com o *dinheiro pronto*: o expressivo desconto que se consegue embolsar em uma negociação habilidosa, contando com a força do dinheiro vivo! Lembre-se: dinheiro *não pago* é igual a dinheiro *ganho* e tem o mesmo potencial para lhe fazer prosperar nesta vida.

Avante! Procedendo, portanto, como lhe recomendo aqui, seu sonho estará corretamente precificado, pelo menos para o momento presente. Você não comprará nada *neste exato momento*, mas, tudo bem: esse terá sido o primeiro passo concreto para que possa, a partir daí, projetar o provável valor do bem no futuro, lá na época efetiva da sua aquisição. Com esse valor em mente, será possível se planejar para acumulá-lo por meio de aplicações mensais dinâmicas, como os títulos públicos.

2. Encontre o prazo de realização factível do seu sonho

Quando se pensa em planejamento para o futuro, é necessário ser específico e dizer *qual futuro?* Este é o segundo passo na montagem de seu plano de investimentos: estimar um prazo realista para a materialização do seu sonho, ou seja, determinar corretamente o que tenho chamado até aqui de *prazo de realização*, sem o qual você não ficará desnorteado ao escolher seus títulos públicos, diante da grande variedade de *prazos de maturação* com que esses papéis se apresentam no Tesouro Direto (de alguns poucos anos a quase quatro décadas!).

Na ponta do lápis. Vamos imaginar a aquisição de um imóvel de R$ 500 mil à vista. Digamos que você já tenha R$ 100 mil, ou 20% do valor total (quantia que lhe seria demandada como entrada em um financiamento imobiliário, por exemplo), e que lhe faltem portanto R$ 400 mil. Para quando você almejaria ter esse dinheiro pronto e, assim, poder realizar seu sonho? "*Ah, quanto antes*", diria você! Mas essa não pode ser a resposta, e por dois bons motivos:

- Na prática, o famoso "para ontem" é um prazo indefinido.
- Não podemos esquecer que *prazo* "briga" com *esforço*: quanto mais curto o prazo, maior se tornará o esforço poupador mensal necessário, o que pode acabar até inviabilizando seu plano (se ficar puxado demais, não caberá no seu orçamento)!

Prazo X esforço. Diminuindo demais o prazo, além de encarecer as mensalidades, você também se privará da vantagem financeira do ganho acumulado dos juros sobre juros, jogando mais e mais "fermento" em seu "bolo" ao longo dos próximos meses e anos. Já um prazo mais longo é sinônimo de um esforço poupador e investidor mensal menor, e mais tempo para trabalhar a rentabilidade da aplicação a seu favor. Pense, por exemplo, em um prazo de dez anos para conquistar esse imóvel. Dividindo os R$ 400 mil faltantes pelos 120 meses contidos em dez anos, encontramos o valor mensal de R$ 3.334,00. Temos aí uma primeira conta da quantia que deve ser economizada e poupada todos os meses, durante 120 meses, para juntar os R$ 400 mil da meta de acumulação. Essa *mensalidade* corresponde ao tamanho do esforço poupador mensal que você terá de empreender para atingir seu objetivo. E então, isso lhe parece ajustado ou puxado demais?

Conta "seca". Deixe-me esclarecer que essa conta ainda não leva em consideração dois importantes fatores que terão papel decisivo nessa história: de um lado, a *ameaça* da *inflação* e, de outro, a *força* dos *juros compostos* acumulados por meio da rentabilidade obtida em uma boa aplicação financeira. Então, antes que você feche questão em torno de um *prazo de realização* específico, vamos incluir esses dois elementos em nossas contas para observar como eles alteram a realidade financeira (e para melhor!) desse plano que estamos montando rumo à conquista da sua meta de acumulação para adquirir o tão cobiçado imóvel.

3. Corrija o preço do sonho de acordo com a inflação

Seja mais ou menos controlada, todo país tem *inflação*, uma ameaça que joga sempre *contra* seus interesses de investidor dinâmico multiplicador: enquanto você se propõe a poupar certa quantia todos os meses, para construir progressivamente a meta de acumulação que levará à conquista do seu sonho, a inflação faz com que seu objeto de desejo vá subindo de valor, tornando-o cada vez mais distante e inatingível! Considerando a inflação acumulada, o mesmo dinheiro que se juntou "pouco a pouco", ao longo de todo o prazo de realização planejado, já não será mais suficiente. Afinal, não daria para comprar o mesmo bem que se desejava lá no início.

Malvada! Pois é, a inflação talvez seja a mais sórdida megera das finanças pessoais! Tudo bem, a vida é assim, a inflação é uma realidade. É melhor conhecer "a fera" e se planejar para combatê-la, do que depois ser pego pelas costas e tomar um susto com o "novo" valor do bem almejado. (E você verá que há um "antídoto" bem eficaz contra ela, pode deixar.) Por isso, para montar um plano de investimentos sério, devemos corrigir o valor do sonho para o momento futuro de sua concretização.

Nosso exemplo. Se o imóvel custa *hoje* R$ 500 mil, qual será seu valor de mercado *corrigido* daqui a dez anos (120 meses), computando o impacto encarecedor da inflação? Vamos imaginar uma taxa de inflação de 0,40% ao mês (que corresponde a 4,90% ao ano). Lembrando que a inflação também caminha ao longo do tempo pelo princípio dos *números compostos* (assim como os juros compostos). Para responder a essa pergunta, podemos nos valer da nossa prática calculadora de matemática financeira, o DINHEIRÔMETRO®, recorrendo à sua **ÁREA 5** de **(FV) VALOR FUTURO**, ficando a conta certa montada desta forma:

PV = +500.000   FV = ?   n = 120   PMT = 0   i = 0,40

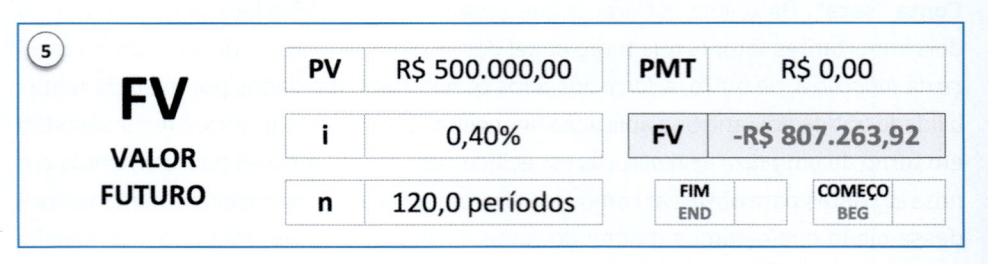

⑤ **FV** VALOR FUTURO				
	PV	R$ 500.000,00	PMT	R$ 0,00
	i	0,40%	FV	-R$ 807.263,92
	n	120,0 períodos	FIM END	COMEÇO BEG

Corrigido. O valor do imóvel corrigido pela inflação daqui a uma década será de R$ 807 mil. Apesar de, em termos *nominais*, isso ser 60% a mais, em termos *reais* essa quantia equivalerá daqui a uma década ao poder de compra dos R$ 500 mil hoje, já que terá sido devidamente corrigida para suportar a inflação acumulada no período.

Mais uma. Então chegou a hora de apresentar a você mais uma das valiosas ferramentas de planejamento financeiro que integram a Metodologia PROFE® | Programa de Reeducação e Orientação Financeira e Empreendedora. Trata-se do **INVESTÔMETRO®**, nossa **Calculadora de Investimentos Mais Dinâmicos**. Por gentileza, faça o *download* aberto e gratuito dessa ferramenta acessando a área INVESTIR DIREITO do *site* **www.educarparaprosperar.com.br**. Essa calculadora foi desenvolvida com base no programa Microsoft Excel: você não precisa ter conhecimentos desse programa para utilizar o INVESTÔMETRO®, basta seguir as instruções aqui apresentadas, embora precise ter o programa instalado em seu computador para utilizá-la.

Plano. Com o INVESTÔMETRO® já será possível planejar de maneira organizada os *três primeiros passos* de seu plano de investimentos para comprar um imóvel, por exemplo (ou qualquer outro grande sonho de compra e consumo que você tenha em mente). Esclareço que os campos vazios com *fundo branco* servem para inserir suas informações, e encontram-se devidamente *desprotegidos*, sem a necessidade de qualquer *senha* (mesmo que o programa eventualmente a solicite na abertura do arquivo, ignore esse aviso). Já os campos com *fundo na cor cinza-claro* servem para mostrar os resultados das contas feitas pela calculadora, e estão devidamente *protegidos*, para que você não os apague por engano.

Prático. O INVESTÔMETRO® já vem prontinho para você poder usá-lo à vontade, sonhar muito e, principalmente, traçar bons planos para levá-lo à conquista da prosperidade! Note que essa mesma ferramenta pode ser utilizada para traçar o plano de investimentos de qualquer um dos sonhos que você tenha, de prazo mais curto ou mais longo, de maior ou menor calibre financeiro. Por isso, logo o primeiro campo a ser preenchido é o que lhe pede para inserir o nome personalizado ou breve descrição do seu sonho.

INVESTÔMETRO ®

CALCULADORA DE INVESTIMENTOS MAIS DINÂMICOS

Preencha os campos em branco abaixo, para ver os resultados nos campos em cinza.
Lembre-se: quando o valor for R$ 0 ou 0%, mesmo assim você terá que digitá-lo.

SEU SONHO:	QUERO COMPRAR UM IMÓVEL	DATA DA CONQUISTA:	2028
PLANO DE INVESTIMENTOS	VALOR DE TABELA **ATUAL** DO SEU SONHO (VALOR A MERCADO)	$ 500.000	ESSE VALOR É REALISTA?
	POSSÍVEL **DESCONTO** PERCENTUAL SE TIVER PARA QUITAR À VISTA	10,00%	$ -50.000
	RESERVA FINANCEIRA QUE VOCÊ JÁ TENHA E POSSA USAR (**PV**)		TEM MESMO ESSE VALOR?
	PRAZO PLANEJADO (MESES) PARA REALIZAR SEU SONHO (**n**)	120 MESES	10,0 ANOS
	TAXA DE **INFLAÇÃO** (ANUAL) QUE ENCARECERÁ O SEU SONHO (**i**)	4,90% / ANO	0,40% / MÊS
	VALOR DE TABELA DO SONHO **CORRIGIDO** PARA O FINAL DO PRAZO (**FV**)	$ 806.724	PROJETADO PARA A ÉPOCA

VAMOS CALCULAR A MENSALIDADE NECESSÁRIA, PARTINDO DA RLNM DE CADA APLICAÇÃO FINANCEIRA:

1 TRADICIONAL

	RLNM	RLRM
RENTABILIDADE LÍQUIDA (NOMINAL X REAL) MENSAL: **RLNM** X **RLRM** (**i**)		
ESFORÇO POUPADOR & INVESTIDOR = MENSALIDADE FIXA (**PMT**)		
SEU CUSTO (CORRIGIDO PARA O FUTURO) = ESFORÇO DO SEU **TRABALHO**		
GANHOS DE JUROS + DESCONTO À VISTA = ESFORÇO DO SEU **DINHEIRO**		

2 DINÂMICA

	RLNM	RLRM
RENTABILIDADE LÍQUIDA (NOMINAL X REAL) MENSAL: **RLNM** X **RLRM** (**i**)		
ESFORÇO POUPADOR & INVESTIDOR = MENSALIDADE FIXA (**PMT**)		
SEU CUSTO (CORRIGIDO PARA O FUTURO) = ESFORÇO DO SEU **TRABALHO**		
GANHOS DE JUROS + DESCONTO À VISTA = ESFORÇO DO SEU **DINHEIRO**		

3 SUPERDINÂMICA

	RLNM	RLRM
RENTABILIDADE LÍQUIDA (NOMINAL X REAL) MENSAL: **RLNM** X **RLRM** (**i**)		
ESFORÇO POUPADOR & INVESTIDOR = MENSALIDADE FIXA (**PMT**)		
SEU CUSTO (CORRIGIDO PARA O FUTURO) = ESFORÇO DO SEU **TRABALHO**		
GANHOS DE JUROS + DESCONTO À VISTA = ESFORÇO DO SEU **DINHEIRO**		

OUTRA OPÇÃO: CALCULAR A MENSALIDADE SÓ PELA RLRM (**i**), E CORRIGI-LA MENSALMENTE PELA INFLAÇÃO:

1	*TRADICIONAL*: MENSALIDADE A CORRIGIR (PMT)	
2	*DINÂMICA*: MENSALIDADE A CORRIGIR (PMT)	
3	*SUPERDINÂMICA*: MENSALIDADE A CORRIGIR (PMT)	

SMARTCALCS® por PROF. MARCOS SILVESTRE para www.coachingmoney.com.br
PROFE® Programa de Reeducação e Orientação Financeira e Empreendedora

Obs.: essa ferramenta é uma *cortesia* do autor, de oferecimento gratuito, não está inclusa no preço do livro, e sua disponibilização para *download* poderá ser suspensa a qualquer tempo, sem prévio aviso.

Repare, então, que é preciso inserir as seguintes informações:

- **Nome** ou breve descrição do seu sonho
- Valor de tabela **atual** do seu sonho (valor de mercado)
- Possível **desconto** percentual, se tiver para quitar à vista
- **Reserva** financeira que você já tenha e possa usar **(PV)**
- **Prazo** planejado (meses) para realizar seu sonho **(n)**
- Taxa de **inflação** (anual) que encarecerá seu sonho **(i)**

INVESTÔMETRO® X DINHEIRÔMETRO®. As siglas entre parênteses (PV), (n), (i), (PMT) e (FV) que você vê nessa ferramenta digital correspondem aos termos do "calculadorês" (matemática financeira), e foram incluídas para o reconhecimento por parte dos investidores já familiarizados com a terminologia específica da matemática do dinheiro. Afinal, esse INVESTÔMETRO® nada mais é, no fundo, que uma calculadora financeira customizada, elaborada especialmente para traçar seus planos de investimentos de forma prática e segura.

Inserindo essas informações nas células indicadas (com fundo branco), você obterá imediatamente na linha abaixo, na célula de resultado (com fundo cinza), o seguinte número calculado:

- Valor de tabela do sonho **corrigido** para o final do prazo **(FV).**

Corrigido. O valor do imóvel corrigido pela inflação daqui a uma década será de R$ 807 mil. Esse montante equivale ao valor que o mercado provavelmente pedirá pelo imóvel daqui a dez anos, corrigindo-se o montante atual de R$ 500 mil para valores da época, pela inflação projetada. Isso, naturalmente, se o imóvel encarecer na mesma proporção da inflação projetada, algo bastante razoável de se supor partindo do atual momento de equilíbrio de preços do mercado imobiliário.

4. Garimpe as aplicações financeiras de melhor rentabilidade

Seu objetivo maior como investidor dinâmico multiplicador é conquistar seu sonho evitando o caminho da dívida. É por isso que você está se dedicando a estruturar um bom plano de investimentos, direcionado a aplicações diferenciadas. Por esse plano, você deverá empreender determinado esforço poupador e investidor todos os meses, ou seja, deverá "pagar uma mensalidade" ao seu plano. O "truque" financeiro aqui é o seguinte: enquanto você trabalha e se esforça para depositar o valor planejado todos os meses (essa responsabilidade é sua, não falhe com ela!), seu dinheiro também irá contribuindo para alcançar sua meta de acumulação e realizar seu sonho. É para isso que investimos dinheiro de forma dinâmica: para tornar a concretização dos nossos grandes sonhos de compra e consumo: 1) menos *sofrida*; 2) menos *demorada*, e 3) menos *arriscada*. Sabemos que os "ricos" sofrem menos e esperam menos para ter as coisas, por isso você também precisa se valer dessa técnica enriquecedora para poder comprar algo de maior valor.

Aplicar... para gastar! Investir pode não lhe parecer muito atraente, já que, em um primeiro momento, significa *poupar = não gastar*. Mas pense no investimento como sendo um gasto *apenas postergado* para um momento futuro: enquanto o bem almejado não vem, o dinheiro vai rendendo, vai se acumulando com a força da rentabilidade líquida real acumulada, vai produzindo mais e mais dinheiro, vai enriquecendo seu bolso para lhe dar aquilo que você tanto cobiça *mais rápido*, com *menor sacrifício* e com *maior segurança*! Enxergando dessa maneira, qualquer esforço poupador e investidor ficará bem mais estimulante, não?

Caminhos alternativos. Existem basicamente *três grandes grupos* de boas aplicações financeiras acessíveis, às quais qualquer pequeno investidor brasileiro pode ter acesso:

- **TRADICIONAIS:** Caderneta de Poupança e similares, como Fundos de Investimento Financeiro (FIFs) conservadores (FIFs dos tipos DI ou Renda Fixa), CDBs, LCAs e LCIs (de pequeno valor), ou ainda planos de previdência privada conservadores.
- **DINÂMICAS:** títulos da Dívida Pública Brasileira via Tesouro Direto (em condições normais de mercado), ou também planos de previdência privada moderados. Bons fundos de ações e multimercados podem se encaixar aqui, desde que tenham valor mínimo de entrada e de movimentação baixos (o que é bem raro).

- **SUPERDINÂMICAS:** títulos da Dívida Pública Brasileira via Tesouro Direto em condições "turbinadas" de mercado (ou seja, com juros básicos especialmente elevados, exatamente como observamos na maior parte dos últimos 20 anos), e ações de boas empresas brasileiras (compradas aos poucos, progressivamente, em uma estratégia mais construtora do que especulativa), ou ainda planos de previdência privada mais arrojados.

O que vai variar de uma dessas aplicações para a outra é a rentabilidade que pode ser obtida em cada uma delas, e isso se dará conforme a *faixa de prazo mais indicada* para cada grupo de aplicações. A seguir, apresento números bem razoáveis de se esperar hoje, do curto ao longo prazo, em termos de rentabilidade líquida (abatendo impostos e taxas) mensal:

- **Tradicionais**: 0,55% ao mês — curto prazo (até 24 meses).
- **Dinâmicas**: 0,75% ao mês — médio prazo (2 a 5 anos).
- **Superdinâmicas**: 0,95% ao mês — longo prazo (> 5 anos).

Só isso? Atente-se para o seguinte: olhando rapidamente, parece que a diferença de uma taxa para outra é pequena: só 0,20 pontos percentuais. Você vai se preocupar por causa de míseros 0,20%? Bem, já estudamos que, quando os juros sobre juros (juros compostos) são colocados para trabalhar a seu favor de forma acumulada no tempo, uma pequena diferença de rentabilidade *mensal* pode acabar representando um tremendo acréscimo nos ganhos *acumulados* com o passar dos meses e anos. Da mesma maneira que você adiciona pequenas pitadas de fermento para fazer um bolo crescer, assim funciona o discreto diferencial de taxas de rentabilidade líquida entre as diferentes opções de aplicações financeiras acessíveis. Com a ajuda do INVESTÔMETRO®, daqui a pouco faremos a conta certa, conforme a rentabilidade líquida, para cada tipo de aplicação escolhida.

5. Compare-as pelo esforço poupador & investidor

O INVESTÔMETRO® nos permitirá, em seguida, calcular *três mensalidades possíveis* conforme os *três grupos de aplicações acessíveis* ao pequeno investidor. Cada uma dessas mensalidades equivale ao esforço poupador e aplicador que o investidor terá de fazer, conforme a aplicação escolhida. Nesse momento, ao usar a ferramenta pela primeira vez, talvez você tenha de refazer seus cálculos e esticar um pouco o prazo, se as mensalidades acabarem se revelando "salgadas" demais. Por outro lado, você poderá

INVESTÔMETRO ®

CALCULADORA DE INVESTIMENTOS MAIS DINÂMICOS

Preencha os campos em branco abaixo, para ver os resultados nos campos em cinza.
Lembre-se: quando o valor for R$ 0 ou 0%, mesmo assim você terá que digitá-lo.

SEU SONHO:	QUERO COMPRAR UM IMÓVEL	DATA DA CONQUISTA:	2028
PLANO DE INVESTIMENTOS	VALOR DE TABELA **ATUAL** DO SEU SONHO (VALOR A MERCADO)	$ 500.000	ESSE VALOR É REALISTA?
	POSSÍVEL **DESCONTO** PERCENTUAL SE TIVER PARA QUITAR À VISTA	10,00%	$ -50.000
	RESERVA FINANCEIRA QUE VOCÊ JÁ TENHA E POSSA USAR (**PV**)		TEM MESMO ESSE VALOR?
	PRAZO PLANEJADO (MESES) PARA REALIZAR SEU SONHO (**n**)	120 MESES	10,0 ANOS
	TAXA DE **INFLAÇÃO** (ANUAL) QUE ENCARECERÁ O SEU SONHO (**i**)	4,90% / ANO	0,40% / MÊS
	VALOR DE TABELA DO SONHO **CORRIGIDO** PARA O FINAL DO PRAZO (**FV**)	$ 806.724	PROJETADO PARA A ÉPOCA

VAMOS CALCULAR A MENSALIDADE NECESSÁRIA, PARTINDO DA RLNM DE CADA APLICAÇÃO FINANCEIRA:

① TRADICIONAL

RENTABILIDADE LÍQUIDA (NOMINAL X REAL) MENSAL: **RLNM** X **RLRM** (**i**)	**RLNM** 0,55% NOM.	**RLRM** 0,15% REAL
ESFORÇO POUPADOR & INVESTIDOR = MENSALIDADE FIXA (PMT)	$ -4.288	O QUE VOCÊ DEVE APLICAR
SEU CUSTO (CORRIGIDO PARA O FUTURO) = ESFORÇO DO SEU **TRABALHO**	$ -658.518	82% DO TOTAL
GANHOS DE JUROS + DESCONTO À VISTA = ESFORÇO DO SEU **DINHEIRO**	$ 148.205	18% DO TOTAL

② DINÂMICA

RENTABILIDADE LÍQUIDA (NOMINAL X REAL) MENSAL: **RLNM** X **RLRM** (**i**)	**RLNM** 0,75% NOM.	**RLRM** 0,35% REAL
ESFORÇO POUPADOR & INVESTIDOR = MENSALIDADE FIXA (PMT)	$ -3.752	O QUE VOCÊ DEVE APLICAR
SEU CUSTO (CORRIGIDO PARA O FUTURO) = ESFORÇO DO SEU **TRABALHO**	$ -576.209	71% DO TOTAL
GANHOS DE JUROS + DESCONTO À VISTA = ESFORÇO DO SEU **DINHEIRO**	$ 230.515	29% DO TOTAL

③ SUPERDINÂMICA

RENTABILIDADE LÍQUIDA (NOMINAL X REAL) MENSAL: **RLNM** X **RLRM** (**i**)	**RLNM** 0,95% NOM.	**RLRM** 0,55% REAL
ESFORÇO POUPADOR & INVESTIDOR = MENSALIDADE FIXA (PMT)	$ -3.269	O QUE VOCÊ DEVE APLICAR
SEU CUSTO (CORRIGIDO PARA O FUTURO) = ESFORÇO DO SEU **TRABALHO**	$ -502.038	62% DO TOTAL
GANHOS DE JUROS + DESCONTO À VISTA = ESFORÇO DO SEU **DINHEIRO**	$ 304.686	38% DO TOTAL

OUTRA OPÇÃO: CALCULAR A MENSALIDADE SÓ PELA RLRM (i), E CORRIGI-LA MENSALMENTE PELA INFLAÇÃO:

①	**TRADICIONAL:** MENSALIDADE A CORRIGIR (PMT)	$ -3.420	-20%
②	**DINÂMICA:** MENSALIDADE A CORRIGIR (PMT)	$ -3.015	-20%
③	**SUPERDINÂMICA:** MENSALIDADE A CORRIGIR (PMT)	$ -2.646	-19%

SMARTCALCS® por PROF. MARCOS SILVESTRE para www.coachingmoney.com.br
PROFE® Programa de Reeducação e Orientação Financeira e Empreendedora

até mesmo encurtar o prazo (como naturalmente seria o desejável), caso perceba que uma mensalidade um pouco maior caberá sem problemas em seu orçamento.

Na ponta do lápis. Assim, para apurar as mensalidades alternativas, nosso próximo passo será abastecer o INVESTÔMETRO® com as taxas de rentabilidade líquida nominal mensal (RLNM), ou seja, descontando-se *taxas* e *IR*, mas ainda sem descontar a *inflação*, que consideramos viáveis para cada um dos três grupos de aplicações disponíveis (conforme lhe sugeri há pouco), inserindo-as nos campos adequados da calculadora (com fundo branco). Veja como ficam as contas e preste particular atenção aos valores das *três mensalidades possíveis*, pois elas representam o tamanho do esforço poupador e investidor que você deverá desenvolver conforme cada tipo de aplicação selecionada.

6. Compare a via da dívida ao esforço em cada aplicação

Agora é chegado o delicado momento das comparações entre os caminhos alternativos para atingir o mesmo objetivo: a concretização do seu sonho. Vai encarar a dívida de um financiamento imobiliário? Ou, então, qual tipo de aplicação escolher? A primeira comparação deve sempre ser entre o caminho da dívida e os três caminhos alternativos das aplicações financeiras (tradicionais X dinâmicas X superdinâmicas). Observe no INVESTÔMETRO® o valor mensal que você teria de dispor em cada situação:

- Pela via da **dívida** = R$ 5.739,00*

(*Prestação calculada imaginando um financiamento qualquer de mercado, fora do Sistema Financeiro de Habitação (SFH), contratado pela Tabela Price (TP), com Custo Efetivo Total (CET) de 1% ao mês ou 12,68% ao ano, mais correção periódica pela inflação do IPCA ou INPC).

- Na aplicação **tradicional** = R$ 4.288,00
- Na aplicação **dinâmica** = R$ 3.752,00
- Na aplicação **superdinâmica** = R$ 3.269,00

Que diferença! Os números esclarecem bastante coisa sobre o que é uma *dívida*, o que é um *investimento* e o que é o *maior dinamismo* nos investimentos, não? Aqui, vale lembrar: mesmo que tenha de pagar um aluguel de R$ 2 mil todo mês (= 0,40% do valor do imóvel) para morar provisoriamente em um imóvel alugado do mesmo padrão, enquanto aplica e acumula a reserva financeira estratégica para adquirir seu imóvel próprio mais à frente, ainda assim o caminho da aplicação superdinâmica com aluguel sairá mais barato do que escolher o caminho da dívida do financiamento imobiliário fora do Sistema Financeiro de Habitação (mais à frente veremos que a avaliação pode ser bem distinta caso a opção seja por um financiamento dentro do SFH).

Nesse caso, seu *prazo de realização* é o *longo* prazo, o que lhe permite escolher uma aplicação com *prazo de maturação* também longo, portanto *superdinâmica*. Se optar, por exemplo, pela aplicação superdinâmica em ações de boas empresas brasileiras, seu esforço poupador e investidor mensal será de R$ 5.269,00 (= R$ 3.269,00 da aplicação + R$ 2 mil do aluguel), gerando uma economia mensal com relação à dívida do financiamento imobiliário de R$ 470,00 (= R$ 5.739,00 da prestação do financiamento − R$ 5.269,00 de aplicação mensal + aluguel). Isso, em todos os 120 meses, resultando no total em R$ 56.400,00 (= R$ 470,00 X 120 meses). Sem contar os juros: se esse dinheiro for aplicado com a rentabilidade líquida real mensal (RLRM) de 0,35% das aplicações dinâmicas, resultaria em nada menos que R$ 70 mil em dez anos, e isso devidamente corrigido para valores da época! Veja só a conta na **ÁREA 5 (FV) VALOR FUTURO** do DINHEIRÔMETRO®:

PV = 0   FV = ?   n = 120   PMT = −470   i = 0,35

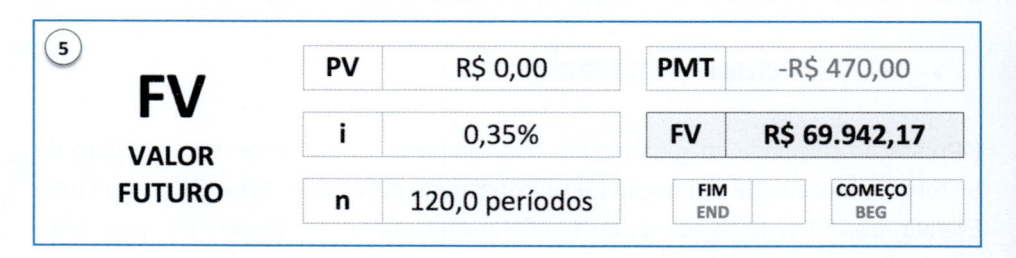

⑤ FV VALOR FUTURO		
PV	R$ 0,00	PMT	-R$ 470,00
i	0,35%	FV	R$ 69.942,17
n	120,0 períodos	FIM END	COMEÇO BEG

Esclarecimento. Taxa condominial, contas de luz, água, gás e outras associadas ao imóvel não devem entrar no desempate entre esses dois caminhos (financiamento X aplicação superdinâmica), porque em ambos os casos esses elementos estarão igualmente presentes e pesarão da mesma maneira em seu bolso. E, se você quiser mesmo acelerar sua conquista, cuide de morar em um imóvel de padrão mais modesto (de aluguel mais barato), abrindo assim fôlego financeiro em termos de capacidade de poupança mensal para reforçar suas aplicações frequentes e bater sua meta de acumulação o mais rapidamente possível, conquistando no menor tempo o imóvel (ou outro sonho) que será definitivamente seu, só seu e de mais ninguém!

Imagine. Para finalizar esse nosso raciocínio sobre o duelo entre *dívidas* e *investimentos*, considere que acabamos de observar a possível economia gerada em *um único* sonho de sua vida financeira: imagine o mesmo raciocínio aplicado a todos os outros grandes sonhos de compra e consumo. Quanto dinheiro desperdiçado pode haver em uma vida inteira pautada em dívidas ruins, ao invés de aplicado em bons investimentos! Quanto poder de compra poderia ser liberado em favor da conquista da sua prosperidade sustentável e duradoura!

7. Compare as aplicações e priorize a mais dinâmica

Agora, as comparações devem se voltar para as *diferentes opções* de aplicações financeiras. Em todas elas, contará a vantagem de se juntar o dinheiro necessário para poder comprar à vista e com desconto, mas, em cada opção, os ganhos obtidos com juros sobre juros acumulados no tempo serão diferentes, fazendo que seja também diferente o esforço poupador e investidor (tanto *mensal* quanto *total*) que você terá de empreender, conforme o teor de dinamismo da aplicação específica que escolher. Veja só o que nos mostra o INVESTÔMETRO®:

Na **ÁREA 1 | Aplicação TRADICIONAL** (Ex.: Poupança):

		RLNM	RLRM
1 TRADICIONAL	RENTABILIDADE LÍQUIDA (NOMINAL X REAL) MENSAL: **RLNM** X **RLRM** (i)	0,55% NOM.	0,15% REAL
	ESFORÇO POUPADOR & INVESTIDOR = MENSALIDADE FIXA (PMT)	$ -4.288	O QUE VOCÊ DEVE APLICAR
	SEU CUSTO (CORRIGIDO PARA O FUTURO) = ESFORÇO DO SEU **TRABALHO**	$ -658.518	82% DO TOTAL
	GANHOS DE JUROS + DESCONTO À VISTA = ESFORÇO DO SEU **DINHEIRO**	$ 148.205	18% DO TOTAL

- Esforço poupador e investidor = mensalidade
  R$ 4.288,00
- Seu custo (corrigido para o futuro) = esforço do seu *trabalho*
  R$ 658 mil (82% da meta de acumulação)
- Ganho de juros + desconto à vista = esforço do *dinheiro*
  R$ 148 mil (18% da meta de acumulação)

Resultado do esforço total: *você* = **82%** X *seu dinheiro* **18%**

Na **ÁREA 2 | Aplicação DINÂMICA** (Ex.: Tesouro Direto):

2 DINÂMICA	RENTABILIDADE LÍQUIDA (NOMINAL X REAL) MENSAL: **RL**N**M** X **RL**R**M** (i)	RLNM 0,75% NOM.	RLRM 0,35% REAL
	ESFORÇO POUPADOR & INVESTIDOR = MENSALIDADE FIXA (PMT)	$ -3.752	O QUE VOCÊ DEVE APLICAR
	SEU CUSTO (CORRIGIDO PARA O FUTURO) = ESFORÇO DO SEU **TRABALHO**	$ -576.209	71% DO TOTAL
	GANHOS DE JUROS + DESCONTO À VISTA = ESFORÇO DO SEU **DINHEIRO**	$ 230.515	29% DO TOTAL

- Esforço poupador e investidor = mensalidade
  R$ 3.752,00
- Seu custo (corrigido para o futuro) = esforço do seu *trabalho*
  R$ 576 mil (71% da meta de acumulação)
- Ganho de juros + desconto à vista = esforço do *dinheiro*
  R$ 230,5 mil (29% da meta de acumulação)

Resultado do esforço total: *você* = **71%** X *seu dinheiro* **29%**

Já nesse outro caso, considerando a aplicação *dinâmica*, o esforço do seu dinheiro subirá de 18% para 29%, uma boa e grande diferença para se obter, sem ter de correr riscos desnecessários! Isso só será possível por causa da rentabilidade líquida real mensal de 0,35%, que parece pequena, mas no *acumulado* dos 120 meses resulta numa rentabilidade líquida real *acumulada* bastante diferenciada que, somada ao desconto à vista, garante ao aplicador dinâmico esses 29% de vantagem!

Na **ÁREA 3 | Aplicação SUPERDINÂMICA** (Ex.: Ações):

3 SUPERDINÂMICA	RENTABILIDADE LÍQUIDA (NOMINAL X REAL) MENSAL: **RL**N**M** X **RL**R**M** (i)	RLNM 0,95% NOM.	RLRM 0,55% REAL
	ESFORÇO POUPADOR & INVESTIDOR = MENSALIDADE FIXA (PMT)	$ -3.269	O QUE VOCÊ DEVE APLICAR
	SEU CUSTO (CORRIGIDO PARA O FUTURO) = ESFORÇO DO SEU **TRABALHO**	$ -502.038	62% DO TOTAL
	GANHOS DE JUROS + DESCONTO À VISTA = ESFORÇO DO SEU **DINHEIRO**	$ 304.686	38% DO TOTAL

- Esforço poupador e investidor = mensalidade
  R$ 3.269,00
- Seu custo (corrigido para o futuro) = esforço do seu *trabalho*
  R$ 502 mil (62% da meta de acumulação)
- Ganho de juros + desconto à vista = esforço do *dinheiro*
  R$ 305 mil (38% da meta de acumulação)

Resultado do esforço total: *você* = **62%** X *seu dinheiro* **38%**

Nesse último caso, em que o investidor multiplicador foca seus esforços de poupança e investimento mensal na aplicação *superdinâmica*, a parte do esforço do seu dinheiro nesse plano será tremendamente elevada para 38% (bem mais de um terço!) do esforço total necessário, uma brutal diferença! Esse surpreendente desempenho do investimento superdinâmico somente será viável por causa da sua rentabilidade líquida real mensal de 0,55%, que pode ainda parecer pequena "a olho nu", mas no acumulado dos 120 meses corresponde a uma rentabilidade líquida real *acumulada* bastante diferenciada que, agregada ao desconto à vista, resulta nesses 38% de vantagem para o poder aquisitivo de sonhos do aplicador!

Mensais fixas. Atente-se para o fato de que, em todas essas simulações, estivemos tratando de apurar mensalidades *fixas*, ou seja, valores para se começar e se terminar poupando e aplicando todos os meses, sem considerar qualquer reajuste ou correção das quantias mensais pela inflação apurada. Optamos por esse caminho por sua simplicidade para o aplicador (valor fixo de ponta a ponta), e também pelo fato de que, com o tempo, a mensalidade irá ficando menos pesada, pois sofrerá redução real com a ocorrência da inflação, além de ter sua participação no orçamento progressivamente reduzida, diante da provável ascensão de carreira e decorrente incremento nos ganhos do trabalhador.

Mensais corrigíveis. Nesse primeiro caminho, só há um porém: a prestação deve começar, inevitavelmente, mais alta. Se você preferir, no entanto, o INVESTÔMETRO® também lhe apresenta outra possibilidade de bom planejamento financeiro: o plano com *parcelas corrigíveis*. Nesse caso, a parcela inicial é cerca de 20% menor, porém o aplicador deverá ter o cuidado de corrigi-la cumulativamente todos os meses, pela inflação apurada a cada mês. No final das contas, ambos os caminhos devem levar à mesma meta de acumulação:

1	**TRADICIONAL:** MENSALIDADE A CORRIGIR (PMT)	$ -3.420	-20%
2	**DINÂMICA:** MENSALIDADE A CORRIGIR (PMT)	$ -3.015	-20%
3	**SUPERDINÂMICA:** MENSALIDADE A CORRIGIR (PMT)	$ -2.646	-19%

- **Tradicional:** esforço mensal = **R$ 3.240,00**
- **Dinâmica:** esforço mensal = **R$ 3.015,00**
- **Superdinâmica:** esforço mensal = **R$ 2.646,00**

Dinamismo! Mais uma vez, também por esse caminho observamos a grande vantagem que o dinamismo oferece ao investidor multiplicador no sentido de reduzir o esforço mensal necessário para se conquistar uma mesma meta de acumulação em um mesmo prazo de realização (a "prestação a pagar" de R$ 2.646,00 planejada na aplicação *superdinâmica* é 18% menor que a mensalidade de R$ 3.240,00 pedida pela aplicação *tradicional*). Reflita sobre esses números e responda: vale ou não vale a pena perseguir uma rentabilidade líquida ligeiramente diferenciada mês a mês, mesmo que ela pareça ser de "apenas" alguns décimos percentuais? Quando você prioriza o *dinamismo* em suas aplicações, e isso pode ser feito sem abrir mão de excelentes padrões de liquidez e segurança, a "mágica" é que seu sonho será conquistado com muito menos esforço do seu trabalho, porque crescerá naturalmente a parte do esforço que cabe ao seu dinheiro. Isso é pensar e agir diferente (e melhor) em relação à maioria empobrecida, que deixa de ganhar mais pelo medo irracional que resulta da falta de um bom processo de reeducação em sua vida financeira.

Mentalidade próspera. Qualquer que seja a aplicação escolhida, o fato é que sua profissão e seu trabalho serão os mesmos, e seus ganhos mensais daí provenientes, idem: as entradas mensais de dinheiro em seu bolso através do esforço empatado em sua atividade profissional serão exatamente da mesma forma que tiverem de ser, em qualquer caso. No entanto, tomando a atitude de traçar bons planos de investimentos, e daí privilegiando as aplicações financeiras dinâmicas ou superdinâmicas, seu poder de compra será tremendamente multiplicado! Poder prosperar dessa maneira não lhe parece bastante estimulante? Que bom: você já está transformando sua *mentalidade financeira*!

8. Ajuste seu plano e encaixe-o no orçamento mensal

Nada acontecerá se você, depois de traçar um bom plano de investimentos, não se esforçar para honrá-lo fielmente, mês após mês. Para conquistar o que deseja, é preciso que deposite as mensalidades previstas em seus planos religiosamente nas aplicações escolhidas ao longo de todo o prazo de realização de seu plano. A capacidade de poupança mensal que seu plano lhe pede não aparecerá nas suas mãos *por acaso*.

Você terá de planejar e administrar seus gastos com competência, mantendo-os enxutos, bem focados e sob controle. Além disso, deverá se livrar das dívidas imprudentes, pois elas corroem seu poder aquisitivo e não deixam espaço para economizar sem sacrificar demasiadamente seu padrão de vida. Mas a leitura deste livro tornará você um craque em *gastos mais econômicos* e *dívidas mais prudentes*!

Decida-se. Outro alerta importante: enquanto você não "bater o martelo" sobre um plano específico, e não começar efetivamente a aplicar as mensalidades projetadas nesse plano, nada acontecerá em sua trajetória de investidor multiplicador. Quanto antes você fechar suas simulações da meta de acumulação desejada, do prazo de realização desejável e possível, bem como da mensalidade que caberá mesmo em seu orçamento, e quanto antes você encaixar esse esforço frequente no seu orçamento, tanto mais rapidamente poderá escolher a aplicação certa e começar a investir e ganhar mais dinheiro de forma dinâmica. Repare que nosso INVESTÔMETRO® aceita inúmeras simulações de possibilidades: Ok, "brinque" à vontade, mas, depois de alguns exercícios livres, que indicarão os ajustes necessários ao planejamento, faça sua escolha firme pelo(s) plano(s) mais adequado(s) para seu(s) sonho(s)... e **mãos à obra!**

9. Trace um plano específico para cada sonho

Quantos são os grandes sonhos de compra e consumo que você ainda deseja realizar nesta vida? Para cada meta de acumulação importante que ainda não tenha sido conquistada, recomendo traçar um plano de investimentos específico, individualizado.

Um grande equívoco de diversas pessoas bem-intencionadas rumo à prosperidade é fazer planos "por alto" em sua vida financeira. Esse já não será seu caso, mas, cuidado: igualmente ruim será juntar "diferentes dinheiros em um só saco".

Separe os dinheiros. É preciso que suas metas de acumulação sejam calculadas separadamente, porque dizem respeito a sonhos distintos. Com o dinheiro acumulado para o sonho X não se realiza o sonho Y. Evite confundir-se: nas finanças pessoais, a *confusão* é inimiga da *realização*! Se você pretende mesmo fazer um gasto de grande porte, ou se deseja adquirir um bem que dependerá de uma quantia elevada, algo que ultrapasse 60% dos ganhos da família em um mês, eu recomendo que faça um plano de investimento específico para esse desejo ou sonho. Por que 60%? No caso de uma compra dessa importância, mesmo que, por exemplo, fosse feita parceladamente em 12 vezes "sem juros", ainda assim cada parcela já teria o peso de 5% ou mais no orçamento familiar, o que poderia ameaçar seu equilíbrio orçamentário, induzindo sua família a dívidas emergenciais e muito onerosas. Melhor, então, montar um bom plano de investimentos.

Na ponta do lápis. Uma família cuja renda mensal livre é de R$ 5 mil pretende adquirir uma nova TV de R$ 3 mil, parcelando em 12 prestações de R$ 250,00 no cartão de crédito. Mesmo levando em conta o parcelamento "sem nenhum acréscimo" (na realidade, os juros estão lá embutidos, disfarçados nas parcelas), ainda assim os R$ 250,00 mensais já serão equivalentes a 5% do orçamento mensal da família. Trata-se, portanto, de uma nova parcela bastante pesada que, somada às demais responsabilidades financeiras mensais da família, pode provocar desequilíbrio, levando a dívidas imprudentes. Bem melhor será fazer um plano de investimentos que resulte em prestações mais suaves, por causa dos ganhos com juros acumulados, e da grande vantagem financeira de poder logo à frente comprar à vista e com desconto. Trate cada sonho como mais uma "conta a pagar" todos os meses, com a enorme vantagem de que esse será um pagamento que você estará fazendo *a você mesmo*, diretamente para os seus sonhos, e não para o banco ou à financeira!

10. Acompanhe o plano e monitore seu desempenho

Em qualquer área da vida, quando traçamos determinado plano, nosso objetivo é focar nossos esforços em metas válidas para garantirmos a concretização de um sonho. *Planejar* sempre será de enorme ajuda para quem deseja mesmo *realizar*! Por isso, o bom hábito do planejamento financeiro não deve ser visto como uma tentativa de engessar o futuro, porque ele é naturalmente mutante, mas "apenas" de orientá-lo da melhor forma, partindo da realidade das circunstâncias, quando elas forem se apresentando de forma dinâmica ao longo do tempo. Se as condições mudarem, tudo bem, *atualize* seu plano, mas jamais desista de segui-lo sob o argumento de que "a vida muda". Sua vida muda, o mercado muda, tudo muda, sim (ainda bem!): às vezes para *pior*, outras para *melhor*, e normalmente quem se planeja com disciplina e, ao mesmo tempo, com a flexibilidade do bom senso adaptativo, leva a melhor!

CADERNETA DE POUPANÇA E SIMILARES TRADICIONAIS

Boas aplicações financeiras sempre aproximarão você da conquista dos seus grandes sonhos de compra e consumo. Se forem aplicações mais tradicionais, aquelas conhecidas como mais "tranquilas", talvez não lhe rendam aquele dinheiro todo, mas sempre o ajudarão na conquista de seus grandes sonhos, reduzindo o esforço do seu trabalho para conquistar tudo aquilo que almeja.

Velha dama. Assim é a velha e boa Caderneta de Poupança: todos a conhecem, todos já aplicaram, aplicam ou aplicarão seu dinheiro nela. Não é para menos: a Poupança é a mais democrática e tolerante das aplicações financeiras. Não é preciso ter conta corrente em banco para abrir uma, que aceita quaisquer valores de depósitos e resgates a qualquer hora. Para quem não gosta de correr maiores riscos, oferece a cobertura pelo FGC – Fundo Garantidor de Crédito – até o limite de R$ 250 mil por banco, por CPF. Criada em 1861, ainda no Império, a "avozinha" das aplicações financeiras no Brasil apresenta uma inegável combinação de boa *liquidez* (= velocidade com que você consegue colocar as mãos de volta no dinheiro que se havia investido), com boa *segurança* (probabilidade de reter, ou não perder, o que se havia aplicado).

Pouco? Em termos de *rendimento*, tamanha tranquilidade não poderia vir acompanhada de uma rentabilidade tão suculenta assim: pode-se esperar da Poupança algo entre

0,50% e 0,60% de rentabilidade mensal, dificilmente algo acima desse patamar. Ok, não se trata de um ganho fenomenal, mas a vantagem é que estamos falando aqui de rentabilidade que é líquida, já que essa aplicação não cobra qualquer tipo de taxa, nem paga imposto de renda. Há quem reclame do rendimento "mirrado" da Poupança, o que é, de certa forma, uma injustiça. Caso renda, por exemplo, 0,55% líquidos nominais ao mês, mesmo após descontarmos a inflação projetada de 0,40% ao mês, isso ainda resulta em 0,15% de rentabilidade real líquida mensal. Pode parecer pouco, mas, pelo princípio dos juros compostos, isso resulta em um ganho acumulado de 1,82% reais líquidos em um ano, quase 20% em 10 anos, ou mais de 100% em 40 anos.

Pares. Muito parecidos com a Caderneta, temos os FIFs – Fundos de Investimentos Financeiros conservadores, do tipo DI ou Renda Fixa. Há também os CDBs, LCIs e LCAs (de varejo, para pequenas quantias aplicadas). Os Planos de Previdência Privada Conservadores também são uma ótima opção nessa categoria que prioriza a segurança acima de tudo. Informe-se com o gerente do seu banco a respeito dessas aplicações financeiras tradicionais alternativas à Caderneta.

VEJA AONDE A BOA E VELHA POUPANÇA PODE NOS LEVAR

Vamos imaginar que você esteja pensando em comprar um conjunto de sofás novos. Depois de pesquisar bastante, encontrou o jogo de sofás dos seus sonhos por R$ 6 mil. A loja parcela a compra em 12 X R$ 500,00, sem entrada e sem juros, o que lhe parece uma proposta tentadora. No entanto, antes de assinar os cheques ou passar o cartão de crédito, procure fazer um bom plano de investimentos e ver o que vale mais a pena. Negociando com a loja, você conseguirá 10% de desconto para pagamento à vista. Com a **ÁREA 1 | Aplicação TRADICIONAL** do nosso **INVESTÔMETRO®** podemos montar um pequeno plano de investimentos considerando a aplicação tradicional:

TRADICIONAL ① RENTABILIDADE LÍQUIDA (NOMINAL X REAL) MENSAL: **RLNM** X **RLRM** (i)	RL<u>N</u>M 0,55% NOM.	RL<u>R</u>M 0,15% REAL
ESFORÇO POUPADOR & INVESTIDOR = MENSALIDADE FIXA (PMT)	$ -458	O QUE VOCÊ DEVE APLICAR
SEU CUSTO (CORRIGIDO PARA O FUTURO) = ESFORÇO DO SEU **TRABALHO**	$ -5.618	89% DO TOTAL
GANHOS DE JUROS + DESCONTO À VISTA = ESFORÇO DO SEU **DINHEIRO**	$ 676	11% DO TOTAL

Mesmo considerando que: 1) o período de tempo é curto (isso não favorece os ganhos com juros compostos); 2) a taxa de juros pedida no parcelamento é de 0% (o que "alivia" um pouco a dívida) e; 3) o sofá suba de preço com a inflação (se não comprar agora, irá encarecer para R$ 6.300,00 daqui a um ano), ou seja, mesmo com todos esses argumentos que o levariam a optar pela dívida, ainda assim calculamos que, direcionando seu esforço poupador & investidor para a Poupança todos os meses, seriam necessários R$ 458,00 mensais (R$ 42,00 a menos dos R$ 500,00 mensais da parcela da dívida). Você embolsaria a economia total de R$ 676,00 (= R$ 42,00 X 12 meses) nessa jogada esperta, o que daria para comprar um lindo tapete para combinar com o jogo novo de sofás!

Você decide! Ou leva os sofás agora e assume uma dívida de R$ 500,00 mensais pelos próximos 12 meses, ou aplica os mesmos R$ 500,00 por mês na Poupança e, daqui a um ano, compra o mesmo conjunto de sofás, porém também "ganhando" um belo tapete para combinar. O que faria a maioria de *mentalidade empobrecedora*? O que fará você, que está transformando sua mentalidade financeira rumo à conquista da prosperidade sustentável e duradoura? O que deve fazer um verdadeiro **MONEY BO$$**?

capítulo 5

GANHOS *DINÂMICOS*: APLIQUE EM TÍTULOS PÚBLICOS VIA TESOURO DIRETO

Uma coisa é inegável: quanto mais *dinâmica* em termos de *rentabilidade* for a aplicação escolhida, sem naturalmente abrir mão de *segurança* e *liquidez* elevadas, mais rápido você poderá esperar realizar seu sonhos, ou tanto maiores poderão ser os sonhos almejados com base em um mesmo volume de esforço poupador & investidor mensal.

Na ponta do lápis. Você está pensando em comprar um carro novo, popular, no valor de R$ 30 mil. Se, por acaso, for um modelo mais completo, mais no padrão classe média, com valor de R$ 60 mil, é só multiplicar as contas abaixo por dois, mantendo as mesmas conclusões. Caso o objeto de seu desejo seja um carro de luxo, de R$ 90 mil, multiplique por três. A análise dos números será basicamente a mesma. Então pense que você conseguiu um financiamento com zero de entrada e 60 parcelas mensais iguais (cinco anos), com taxa efetiva de juros de 1,99% ao mês. Pelo caminho da *dívida*, teremos:

- Sacrifício poupador & <u>devedor</u> = mensalidade (PMT)
  R$ 861,00
- Seu custo (apenas somando as parcelas) = esforço do *trabalho*
  R$ 52 mil
- Seu custo (corrigido para cinco anos) = esforço do *trabalho*
  R$ 58 mil

Sem dívida. Por outro lado, vamos também montar um plano de investimentos para comprar o mesmo carro à vista e com desconto de 5% daqui a 60 meses (cinco anos), primeiramente imaginando uma *aplicação tradicional*, como a Caderneta de Poupança, mas também pensando na possibilidade de investir em títulos via Tesouro Direto, uma *aplicação dinâmica*. Vamos comparar esse plano de duas vias de aplicações com a via da dívida, e também comparar as aplicações entre si.

Na **ÁREA 1 | Aplicação TRADICIONAL do INVESTÔMETRO®:**

		RL_{NM} 0,55% NOM.	RL_{RM} 0,15% REAL
TRADICIONAL	RENTABILIDADE LÍQUIDA (NOMINAL X REAL) MENSAL: RL_{NM} X RL_{RM} (i)		
	ESFORÇO POUPADOR & INVESTIDOR = MENSALIDADE FIXA (PMT)	$ -511	O QUE VOCÊ DEVE APLICAR
	SEU CUSTO (CORRIGIDO PARA O FUTURO) = ESFORÇO DO SEU **TRABALHO**	$ -34.562	91% DO TOTAL
	GANHOS DE JUROS + DESCONTO À VISTA = ESFORÇO DO SEU **DINHEIRO**	$ 3.544	9% DO TOTAL

- Esforço poupador & <u>investidor</u> = mensalidade (PMT)
  R$ 511
- Seu custo (corrigido para a época) = esforço do *trabalho*
  R$ 34,5 mil
- Ganho de juros + desconto à vista = esforço do *dinheiro*
  R$ 3,5 mil

Resultado do esforço total: *você* = **91%** X *seu dinheiro* **9%**

Na **ÁREA 2 | Aplicação DINÂMICA do INVESTÔMETRO®:**

		RLNM	RLRM
②	RENTABILIDADE LÍQUIDA (NOMINAL X REAL) MENSAL: RL**N**M X RL**R**M (i)	0,75% NOM.	0,35% REAL
DINÂMICA	ESFORÇO POUPADOR & INVESTIDOR = MENSALIDADE FIXA (PMT)	$ -480	O QUE VOCÊ DEVE APLICAR
	SEU CUSTO (CORRIGIDO PARA O FUTURO) = ESFORÇO DO SEU **TRABALHO**	$ -32.469	85% DO TOTAL
	GANHOS DE JUROS + DESCONTO À VISTA = ESFORÇO DO SEU **DINHEIRO**	$ 5.637	15% DO TOTAL

- Esforço poupador & investidor = mensalidade (PMT)
  R$ 480
- Seu custo (corrigido para a época) = esforço do *trabalho*
  R$ 32,5 mil
- Ganho de juros + desconto à vista = esforço do *dinheiro*
  R$ 5,6 mil

Resultado do esforço total: *você* = **85%** X *seu dinheiro* **15%**

Empobreceu. Ao optar pela dívida do financiamento, você levará o carro para casa hoje e pagará 60 parcelas de R$ 861,00, ao custo total de quase R$ 60 mil. Isso equivale ao dobro do valor atual do carro, e corresponderá a *quatro vezes* o que estará valendo quando terminar de pagá-lo, cerca de R$ 15 mil em valores de mercado da época, considerando uma desvalorização real de 50% em cinco anos. Tão simples (e cruel!) quanto isto: pague 4 e leve 1! Isso só interessa aos de *mentalidade empobrecedora*, porque nem mesmo enxergam o tamanho do desaforo que estarão fazendo ao poder de compra dos seus ganhos mensais, nesse caso!

Que economia! No entanto, ao optar por um bom plano de investimentos, conjugado à tradição da Poupança, a mensalidade cairá em R$ 350,00 (= R$ 861,00 da prestação do financiamento – R$ 511,00 do esforço mensal da Poupança) ou 40% a menos, produzindo uma economia *imediata* de mais de R$ 350,00 todos os meses (R$ 21 mil no total)! Ou seja, cerca de 91% do seu esforço para juntar a reserva financeira necessária para comprar o carro à vista virá do seu *trabalho*, enquanto 9% será empenhados pelo seu *dinheiro*, poupado e investido todos os meses. Você não terá perdido *um centavo de juros* e, no total, a economia gerada por essa estratégia de planejamento financeiro será de R$ 3.544,00. Nada mal... mas pode ser ainda melhor!

Subindo! Ao optar por uma aplicação dinâmica, como os títulos públicos negociados via Tesouro Direto, a mensalidade será derrubada em R$ 381,00 (= R$ 861,00 da prestação do financiamento – R$ 480,00 do esforço mensal via Tesouro Direto) ou 44% a menos, o que resultará numa economia total de R$ 23 mil! Nesse caso, apenas cerca de 85% do seu esforço para juntar o capital necessário para comprar o carro à vista virá do seu *trabalho*, enquanto 15% será a parte do esforço do seu *dinheiro* economizado e aplicado todos os meses. No cômputo geral, a economia produzida por essa estratégia de planejamento financeiro dinâmica será de quase R$ 6 mil, o que já dá para comprar, além do carro, por exemplo, também uma moto zero. E então: não vale a pena priorizar o dinamismo em suas aplicações financeiras? Lembre-se: o grande beneficiado é o poder de compra do seu dinheiro!

Um alerta. Estamos trabalhando, em nossos planos feitos com o DINHEIRÔMETRO®, partindo de uma rentabilidade *líquida* (livre de taxas e impostos) *nominal* (acima da inflação) de 0,55% ao mês para a Caderneta de Poupança, e de 0,75% mensais (apenas 0,20% a mais por mês) para os títulos do Tesouro Direto. Para garantir de fato esse diferencial (ou algo até melhor) entre essas aplicações, recomendo contar com um horizonte de investimentos de dois anos (ou mais) para o Tesouro Direto. Isso porque, enquanto a rentabilidade da Caderneta já é automaticamente líquida, para chegar ao ganho líquido dos títulos públicos é necessário abater a perda (que incide, por lei, sobre o ganho nominal) com o pagamento de Imposto de Renda sobre os ganhos, somente então chegando à rentabilidade líquida que, aí sim, pode ser comparada (e normalmente será bem superior) à da Poupança.

IR. A tabela do imposto de renda para aplicações conservadoras de renda fixa segue a interessante métrica abaixo, que apresenta alíquotas decrescentes **à medida que** o prazo de aplicação é esticado:

- **22,5%** de IR sobre os ganhos brutos (*não* sobre o total investido!) para aplicações no prazo de até **seis meses**.
- **20%** para aplicações feitas **entre seis meses e um ano**.
- **17,50%** para aplicações realizadas **entre um e dois anos**.
- **15%** para aplicações com prazo **acima de dois anos**.

Olho aberto! Quanto maior o prazo de investimento, menor a carga tributária e maior a rentabilidade líquida, aquela que interessa de fato ao aplicador multiplicador dinâmico!

QUALIDADES IMPORTANTES DAS BOAS APLICAÇÕES FINANCEIRAS

Para aplicar com segurança no Tesouro Direto, inclusive para aprender a escolher de maneira bem prática entre os diferentes títulos disponíveis (eles são todos ótimos, mas há uns "mais ótimos" que outros, conforme suas *necessidades* e suas *possibilidades* em particular), é preciso que você entenda alguns conceitos fundamentais da dinâmica dos investimentos no mercado financeiro brasileiro, e como o investidor dinâmico multiplicador pode se beneficiar das boas ofertas de investimentos pessoais que temos por aqui. Qualquer alternativa de aplicação disponível no mercado financeiro sempre apresentará um conjunto de *características essenciais* que, na prática, definirão quão boa cada uma dessas alternativas pode ser para suas economias. Essas qualidades fundamentais de qualquer aplicação financeira são: *rentabilidade, acessibilidade, segurança, liquidez* e *prazo de maturação*.

O tripé dos bons investimentos. Sei que esses termos, principalmente os três primeiros, não são novos para você; parece até conversa antiga de propaganda de banco. No entanto, preciso que você repense a maneira distorcida como o mercado financeiro tradicionalmente dissemina esses conceitos, pois algumas ideias vigentes podem acabar induzindo você a erro, perda e frustração, no seu esforço de planejar e implementar suas estratégias de aplicações financeiras dinâmicas. Aqui vão definições bem práticas para cada uma dessas qualidades. Peço que você as mantenha claras em mente:

- **RENTABILIDADE:** é o quanto você ganha sobre o que aplica. O que lhe interessa na verdade é a rentabilidade *líquida* (descontando impostos e taxas) *real* (acima da inflação) e *acumulada* (pelo princípio dos juros compostos), e não o conceito distorcido de rentabilidade bruta nominal mensal que é normalmente divulgado por bancos, financeiras, e até por boa parte da imprensa especializada em finanças. Guiando-nos por esse conceito, constatamos que, entre as aplicações conservadoras disponíveis de curto a médio prazo para o pequeno investidor, os títulos do Tesouro Direto são os investimentos que oferecem a melhor rentabilidade, e de longe (algo entre 0,20% e 0,40% ao mês) o que dá um excelente ganho no acumulado dos meses e anos!

- **ACESSIBILIDADE**: é quanto lhe pedem de investimento inicial e/ou de aportes regulares (novas aplicações a cada mês) para poder ter acesso a determinada aplicação. A realidade é que o pequeno investidor não tem muito, do ponto de vista dos bancos, mas para ele o seu pouco é "muito" e merece ser aplicado com *segurança elevada* combinada com *rentabilidade diferenciada*. Os títulos do Tesouro Direto combinam enorme acessibilidade (com aplicações a partir de R$ 30,00) com grande solidez e muito mais dinheiro no seu bolso, na prática!

- **SEGURANÇA**: é a probabilidade de o investidor chegar a *perder* uma parte (ou todo!) o capital que havia empatado em determinada aplicação. Mas o conceito de segurança não pára por aí: ele também se estende à probabilidade de *ganhar* de fato aquilo que você projetava ganhar quando escolheu essa aplicação. Assim, a noção de segurança numa aplicação existe com relação ao desejo de preservação do capital inicial investido, sem dúvida, mas também em relação à expectativa do ganho de juros sobre juros (juros acumulados) na aplicação. Um investimento só é verdadeiramente seguro quando sua segurança apontar para esses dois lados. Afinal, de que lhe serviria a segurança de reter o capital inicial correndo o risco de não ganhar nada, ou quase nada em termos reais, como é o caso das aplicações conservadoras mais convencionais? A própria Caderneta de Poupança, tem anos bons, mas também anos ruins (podendo chegar até a perder para a inflação). O Tesouro Direto resolveu plenamente esse dilema para o aplicador de menor porte, porque a rentabilidade das aplicações é *contratada*, garantida pelo Tesouro Nacional do Brasil, uma das 50 entidades financeiras mais ricas e sólidas do mercado financeiro global.

- **LIQUIDEZ**: é a velocidade com que conseguirá resgatar (liquidar) o capital alocado em certa aplicação, chamando seu dinheiro novamente para bem perto do seu verdadeiro dono (você). Quanto mais elevada a liquidez, maior agilidade e flexibilidade no uso do dinheiro terá o aplicador. E, convenhamos, o pequeno investidor precisa de liquidez, porque pode estar sujeito a surpresas, ou mesmo oportunidades em sua vida financeira, que necessitarão de pronto acolhimento. O Tesouro Direto apresenta *liquidez diária*, ou seja, em qualquer dia de segunda a domingo o aplicador poderá vender seus títulos e recuperar o dinheiro aplicado para usá-lo como bem entender (embora seja, naturalmente, mais indicado respeitar o natural prazo de maturação de cada título, garantindo-se cada centavo da liquidez contratada na aplicação).

- **PRAZO DE MATURAÇÃO**: trata-se de quantos meses/anos se deve aguardar para que uma aplicação amadureça plenamente suas qualidades combinadas de rentabilidade e segurança. É o tempo que se tem de respeitar para não achatar indevidamente a rentabilidade, e não comprometer a segurança do capital aplicado e dos ganhos esperados. Naturalmente, quanto menor o prazo de maturação do investimento, melhor para o aplicador. Temos hoje no Tesouro Direto títulos que irão amadurecer daqui a três anos, assim como temos outros que somente ficarão plenamente maduros daqui a mais de trinta anos! Entre esses extremos, há todo tipo de prazo de maturação para escolher à vontade. Todos eles são títulos que apresentam enorme facilidade de negociação e segurança elevada, por isso será importante escolher aqueles com o prazo de maturação mais ajustado ao seu perfil de investidor, visando maximizar sua rentabilidade.

Maturação correta. O pequeno ou o médio investidor não deve (e não pode!) abrir mão de *muita segurança* e de *liquidez elevada*, mas tem todo o direito de querer uma *rentabilidade diferenciada* em suas aplicações financeiras. Isso será possível sempre que, de acordo com seu planejamento financeiro, o aplicador puder fazer uma "troca bem bolada" no quesito *prazo de maturação* da aplicação. Cada investimento dinâmico (como os títulos do Tesouro Direto) demandará, conforme sua respectiva modalidade, um prazo de maturação correto para apresentar a rentabilidade verdadeiramente diferenciada que você espera dele. Com as aplicações dinâmicas ocorre um processo similar ao dos vinhos nobres, um salutar amadurecimento (e valorização) com o tempo. Mas cada vinho tem seu prazo correto de maturação, estando pronto para ser saboreado no ápice de suas qualidades somente na época correta determinada pelos especialistas, nem antes nem depois! Portanto, seu desafio será adquirir o vinho, que só estará maduro naquele prazo exato em que você desejará/precisará apreciá-lo; por exemplo, naquele importantíssimo jantar comemorativo de casamento. E para isso é importante conhecer os diferentes prazos de maturação, bem como outras características valiosas, dos diferentes títulos disponíveis no canal Tesouro Direto.

TÍTULOS DO TESOURO DIRETO: TRÊS "FAMÍLIAS" BEM INTERESSANTES

Três são os *conjuntos* de títulos públicos que você encontrará para compra (ou venda) no canal Tesouro Direto, e esses grupos se formam conforme a *métrica de rentabilização* dos títulos:

- **Prefixados**: são títulos que oferecem rentabilidade *prefixada*, ou seja, no momento de sua compra o investidor já fica sabendo exatamente a taxa de rentabilidade bruta (normalmente informada em % acumulado ao ano) que irá ganhar, se decidir segurar esse título até seu vencimento, respeitando o prazo de maturação natural.

- **Indexados à taxa Selic**: são papéis que dão rentabilidade *pós-fixada*, ou seja, no momento da compra do título fica determinado (fixado) ao investidor que ele receberá no vencimento do título, em termos de rentabilidade bruta, o que der a taxa Selic acumulada no período entre a compra e a data de vencimento (durante o prazo de maturação). Não se sabe ainda, na hora do investimento, quanto precisamente isso será, mas se sabe que o referencial (o indexador) será a Selic.

- **Indexados ao IPCA**: esses títulos têm uma natureza híbrida na sua métrica de rentabilização, que se dá com a soma de dois lados: 1) parte da rentabilidade é totalmente *prefixada*, pois o investidor fica conhecendo já no ato da compra a rentabilidade bruta (informada em % ao ano) que irá ganhar se segurar esse título até seu vencimento; 2) outra parte é *pós-fixada*, pois o título pagará o quer der a inflação do IPCA —Índice de Preços ao Consumidor Amplo (IBGE) — acumulada entre a data da compra e a data do vencimento do título (durante seu prazo natural de maturação após a compra).

Compatíveis. Não se preocupe ainda, neste momento, com os nomes dos títulos; apenas vamos nos concentrar agora nessas categorias e suas características mais importantes (logo chegaremos aos nomes). Costumo dizer que os três grandes tipos de títulos públicos são como irmãos de uma mesma família da nobreza: dividem basicamente a mesma ilustre origem, mas cada título tem particularidades que lhe conferem personalidade (e aplicabilidade) própria. Todos os títulos do Tesouro Direto apresentam os mesmos padrões elevados de *acessibilidade*, *segurança* e *liquidez*, sendo basicamente indicados para quem deseja obter *rentabilidade diferenciada* em suas aplicações, tentando ser dinâmico sem abrir mão do conservadorismo. Afora essas qualidades comuns, cada título tem sua própria configuração em termos de:

- **Métrica de rentabilização**: quanto (e como) rentabiliza.
- **Prazo de maturação**: quando vence (conforme sua emissão).
- **Valor**: quanto custa (e qual o valor mínimo para a compra).

Rentabilidade acumulada. As duas primeiras características dos títulos públicos, métrica de rentabilização e prazo de maturação, indicam a *rentabilidade líquida real acumulada* que se pode esperar da aplicação em cada tipo. Embora a rentabilidade líquida real *mensal* fique entre 0,20% e 0,40%, o que pode parecer muito pouco, a rentabilidade *acumulada* mostra a enorme vantagem multiplicadora desse "pequeno" diferencial mensal:

- EM **2** ANOS: 5% a 10%
- EM **5** ANOS: 13% a 27%
- EM **10** ANOS: 27% a 61%
- EM **20** ANOS: 49% a 161% (capital pode dobrar!)
- EM **30** ANOS: 105% a 221% (capital pode triplicar!)

Frações perfeitas. O *valor mínimo desembolsado* pelo investidor para a aplicação em cada papel define o quão acessível o título do Tesouro Direto pode ser para o pequeno investidor. Hoje, porém, mesmo o título de maior valor (caso da LFT | Tesouro Selic, que beira R$ 8 mil) pode ser comprado em pequenas frações de 1% do título (algo próximo de R$ 80,00) sem absolutamente nenhuma perda nas suas qualidades, o que garante plena acessibilidade ao Tesouro Direto. É como se você pudesse comprar apenas um gomo da laranja, se não quiser ou puder comprar naquele momento a laranja inteira: isso não o tornará menos doce e suculento!

Escolha. Conforme cada plano de investimentos que se deseje concretizar através das aplicações no Tesouro Direto, haverá um título público mais indicado que outro. Conhecer os títulos da DPF brasileira "na intimidade" possibilitará a você fazer o "casamento" mais adequado entre seus sonhos, seus planos e os melhores títulos públicos. Eis a *Tabela de preços e taxas dos títulos públicos disponíveis para investir* em 08/MAR/2017 (na sequência, estudaremos em detalhes cada um desses papéis):

Mercado Aberto
9h30min às 18h

Investir

Preços e taxas dos títulos públicos disponíveis para investir

Título	Vencimento	Taxa de Rendimento (% a.a.)	Valor Mínimo	Preço Unitário
Indexados ao IPCA				
Tesouro IPCA+ 2024 (NTNB Princ)	15/08/2024	5,30	R$40,65	R$2.032,93
Tesouro IPCA+ 2035 (NTNB Princ)	15/05/2035	5,13	R$36,11	R$1.203,97
Tesouro IPCA+ 2045 (NTNB Princ)	15/05/2045	5,13	R$36,55	R$731,06
Tesouro IPCA+ com Juros Semestrais 2026 (NTNB)	15/08/2026	5,35	R$31,33	R$3.133,37
Tesouro IPCA+ com Juros Semestrais 2035 (NTNB)	15/05/2035	5,16	R$33,29	R$3.329,15
Tesouro IPCA+ com Juros Semestrais 2050 (NTNB)	15/08/2050	5,16	R$33,89	R$3.389,37
Prefixados				
Tesouro Prefixado 2020 (LTN)	01/01/2020	9,87	R$30,72	R$768,19
Tesouro Prefixado 2023 (LTN)	01/01/2023	10,32	R$33,97	R$566,29
Tesouro Prefixado com Juros Semestrais 2027 (NTNF)	01/01/2027	10,29	R$30,10	R$1.003,48
Indexados à Taxa Selic				
Tesouro Selic 2023 (LFT)	01/03/2023	0,06	R$86,04	R$8.604,81

Mercado Aberto
9h30min às 18h

Resgatar

Clique aqui para ver os valores dos títulos para resgate

TÍTULOS DO TESOURO DIRETO: CONSERVADORES E MUITO LÍQUIDOS

Além do aval de credibilidade do Tesouro Nacional do Brasil, talvez a mais louvável característica em comum entre os três grupos de títulos do Tesouro Direto é que todos eles são de *renda fixa* (seja *prefixada*, *pós-fixada* ou *híbrida = pré + pós*). Qualquer título público se compromete a pagar ao aplicador determinada rentabilidade que é previamente pactuada entre governo e investidor, sendo fechada no momento da compra do título. A métrica de rentabilização de qualquer título público é sempre definida (fixada) no momento da aplicação. No momento futuro da liquidação natural do título, transcorrendo completamente seu prazo de maturação, o dinheiro retornará para a conta do aplicador com o acréscimo da exata rentabilidade fixada no ato da compra (descontados o IR e a pequena taxa de custódia da BM&FBovespa), e você poderá empregá-lo na realização daquele sonho que havia almejado, justamente o motivo fundamental que em primeiro lugar levou você a se planejar, a se sacrificar, a poupar, a garimpar uma aplicação dinâmica para multiplicar seu poder de compra, conquistar seu sonho e prosperar!

Liquidez diária. Se o aplicador por acaso não puder (ou não quiser) esperar atingir o prazo de vencimento natural do(s) título(s) federal(is) que comprou, é possível desfazer-se dele(s) a qualquer momento, reembolsando seu dinheiro um ou dois dias úteis depois. Com o objetivo de dar ampla liquidez aos títulos públicos adquiridos via Tesouro Direto, o Tesouro Nacional realiza recompras diárias, a qualquer hora e dia da semana. Essa liquidez diária confere bastante tranquilidade ao aplicador do Tesouro Direto, que não ficará necessariamente "amarrado" em suas aplicações nos títulos públicos. Caso seu plano de investimentos tenha de ser revertido em razão de alguma mudança de rota emergencial em sua vida (como um eventual desemprego, um acidente ou outro motivo grave de saúde), você poderá liquidar sua posição e resgatar suas economias a qualquer dia.

Cautela. Não é recomendável que a venda antecipada (venda e resgate) de seus títulos públicos ocorra por um motivo de força menor, porque um bom plano de investimentos é feito justamente para ser executado até a data de conclusão planejada. Se você fez um bom plano, escolheu exatamente o título com *prazo de maturação* que coincidia com o *prazo de realizado* do desejo/sonho, garantindo assim a concretização do grande sonho de compra e consumo que, para início de conversa, deu origem à *meta de acumulação* que rege o plano. Somente isso poderá ser considerado uma grande conquista de prosperidade em sua vida financeira! No entanto, como ninguém está livre de imprevistos (se forem mesmo imprevistos!), poder contar com a liquidez diária do Tesouro Direto é sempre reconfortante.

TESOURO PREFIXADO & TESOURO PREFIXADO COM JUROS SEMESTRAIS

Os chamados títulos do tipo **TESOURO PREFIXADO**, nome fantasia pelo qual esses títulos se apresentam no Tesouro Direto, ou **Letras do Tesouro Nacional (LTNs)** e **Notas do Tesouro Nacional da Série F (NTNFs)**, conforme sua designação técnica pelo emissor — o Tesouro Nacional —, são **títulos que oferecem rentabilidade** *prefixada*, ou seja, no momento de sua compra o investidor já fica sabendo exatamente a taxa de rentabilidade bruta (normalmente informada em % acumulado ao ano) que irá ganhar, se decidir segurar esse título até seu vencimento, respeitando seu prazo de maturação natural.

Assim, conforme sua **métrica de rentabilização**, esses títulos públicos são especialmente recomendados para o investidor que deseja **aproveitar os elevados juros vigentes**, acreditando portanto em uma possível queda futura dos juros básicos brasileiros (taxa Selic). Como vimos, esses títulos oferecem **rentabilidade bastante diferenciada** diante das modalidades comparáveis de aplicações mais convencionais, como a Caderneta de Poupança, os FIFs Renda Fixa e os CDBs prefixados.

Quanto ao **prazo de maturação**, partindo da disponibilidade desses títulos no canal Tesouro Direto no início de 2017, observamos que eles apresentavam três possibilidades bem distintas de horizontes de aplicação, ficando no início da faixa de *médio prazo* (2 a 5 anos) e do começo ao final da faixa de *longo prazo* (5 a 10 anos):

- **Prefixado 2020** (vencim. 01/01/20) => **3 anos**
- **Prefixado 2023** (vencim. 01/01/23) => **6 anos**
- **Prefixado c/ Juros Sem. 2027** (v. 01/01/27) => **10 anos**

Quanto aos **planos que casam melhor** com os títulos do tipo Tesouro Prefixado, em função dos prazos de maturação:

- **Prefixado 2019 (3 anos)**: indicados para desejos mais rápidos, como acumular para seu casamento, juntar dinheiro para trocar de carro, para fazer uma pequena reforma na casa ou para poder realizar uma viagem dos sonhos ao exterior.

- **Prefixado 2023 (6 anos)** e **Prefixado c/ Juros Sem. 2027 (10 anos)**: recomendados para sonhos financeiramente mais desafiadores e mais esticados, como juntar dinheiro para quitar a casa própria, pagar a faculdade de um filho que está hoje ingressando no ensino fundamental (aos 7 anos), juntar dinheiro para comprar um terreno e construir, ou então dar uma boa entrada no financiamento de um segundo imóvel.

No tocante ao **valor do título para compra**, considerando tanto o *título inteiro* quanto a *menor fração* adquirível, no início de 2017 tínhamos o seguinte painel:

- **Prefixado 2020** => R$ 770 **(4% = R$ 31,00 mín.*)**
- **Prefixado 2023** => R$ 566 **(6% = R$ 34,00 mín.*)**
- **Prefixado c/ Juros Sem. 2027** => R$ 1.000,00 **(3% = R$ 30,00 mín.*)**

* A compra mínima no Tesouro Direto é de R$ 30,00, sendo possível adquirir de 1% em 1% de cada título a partir desse valor mínimo.

Gêmeos quase idênticos. Observe que, quase idênticos aos títulos do tipo Tesouro Prefixado (LTN), são os papéis do tipo Tesouro Prefixado com Juros Semestrais (NTNF). Eles são praticamente iguais em tudo, mas as NTNFs pagam os juros devidos pelo título a cada seis meses. Por isso são mais indicadas, por exemplo, para quem já está aposentado e precisa **gerar um fluxo de renda contínuo** (resgate de juros periódico), no caso semestral. Essa conveniência funciona muito bem para quem tem certo valor para aplicar, quer receber juros periodicamente, e não se importa de recuperar na data da maturação do título apenas o capital original nele aplicado (sem juros ou correção). (Obs.: não desejando gastar os juros semestrais creditados, o aplicador pode contar com a alternativa de reaplicação automática desses valores.)

TESOURO IPCA+ & TESOURO IPCA+ COM JUROS SEMESTRAIS

Os chamados títulos do tipo **TESOURO IPCA+**, nome popular pelo qual esses títulos são encontrados no Tesouro Direto, ou **Notas do Tesouro Nacional da Série B (NTNBs)**, conforme sua especificação técnica pelo emissor, o Tesouro Nacional, são títulos que têm uma natureza híbrida em sua métrica de rentabilização, que se dá com a soma de dois lados: 1) parte da rentabilidade é totalmente *prefixada*, pois o investidor fica conhecendo já no ato da compra a rentabilidade bruta (informada em % ao ano) que irá ganhar se segurar esse título até seu vencimento; 2) outra parte é *pós-fixada*, pois o título pagará o quer der a inflação do IPCA — Índice de Preços ao Consumidor Amplo (IBGE) — acumulada entre a data da compra e a data do vencimento do título (durante seu prazo natural de maturação após a compra).

Conforme sua **métrica de rentabilização**, esses títulos públicos são especialmente indicados ao investidor que deseja **proteger-se da elevação da inflação brasileira nos próximos anos**, supondo que ela sofrerá um processo de *aceleração* (ou, pelo menos, que não sofrerá desaceleração, partindo do patamar já elevado em que hoje se encontra). Como vimos, esses títulos oferecem **rentabilidade bastante diferenciada** diante das modalidades mais convencionais de aplicações comparáveis a eles, como a Caderneta de Poupança, os FIFs, os CDBs, as LCAs e LCIs.

Quanto ao **prazo de maturação**, partindo da disponibilidade desses títulos no canal Tesouro Direto no início de 2017, observamos que eles apresentavam seis possibilidades de horizontes de aplicação, tanto na faixa de *longo prazo* (5 a 10 anos) como em algumas opções bem interessantes para a faixa do *longuíssimo prazo* (acima de 10 anos):

- **IPCA+ 2024** (vencim. 15/08/24) => **7,5 anos**
- **IPCA+ c/ Juros Sem. 2026** (v. 15/08/26) => **9,5 anos**
- **IPCA+ 2035** (vencim. 15/05/35) => **18,5 anos**
- **IPCA+ c/ Juros Sem. 2035** (v. 15/05/35) => **18,5 anos**
- **IPCA+ 2045** (vencim. 15/05/45) => **28,5 anos**
- **IPCA+ c/ Juros Sem. 2050** (v. 15/08/2050) => **33,5 anos**

Quanto aos **planos que casam melhor** com os títulos do tipo Tesouro IPCA+, em função dos prazos de maturação:

- **IPCA+ 2024 (7,5 anos) e IPCA+ c/ Juros Sem. 2026 (9,5 anos)**: recomendados para sonhos financeiramente mais desafiadores e mais esticados, como juntar dinheiro para quitar a casa própria, pagar a faculdade de um filho que está hoje ingressando no ensino fundamental (aos 7 anos), juntar dinheiro para comprar um terreno e construir, ou então dar uma boa entrada no financiamento de um segundo imóvel.

- **IPCA+ c/ Juros Sem. 2035 (18,5 anos)** ou **IPCA+ 2035 (18,5 anos)**, **IPCA+ 2045 (28,5 anos)** e **IPCA+ c/ Juros Sem. 2050 (33,5 anos)**: esses títulos de longuíssimo prazo são perfeitos para o planejamento da *aposentadoria*, e até para deixar como *herança* a seus sucessores, por exemplo.

No tocante ao **valor do título para compra**, considerando tanto o *título inteiro* quanto a *menor fração* adquirível, no início de 2017 tínhamos o seguinte painel:

- **IPCA+ 2024** => R$ 2 mil **(2% = R$ 40,00 mín.*)**
- **IPCA+ c/ Juros Sem. 2026** => R$ 3.100,00 **(1% = R$ 31,00 mín.*)**
- **IPCA+ c/ Juros Sem. 2035** => R$ 3.300,00 **(1% = R$ 33,00 mín.*)**
- **IPCA+ 2035** => R$ 1.200,00 **(3% = R$ 36,00 mín.*)**
- **IPCA+ 2045** => R$ 730,00 **(2% = R$ 36,00 mín.*)**
- **IPCA+ c/ Juros Sem. 2050** => R$ 3.400,00 **(1% = R$ 34,00 mín.*)**

* A compra mínima no Tesouro Direto é de R$ 30,00, sendo possível adquirir de 1% em 1% de cada título a partir desse valor mínimo.

Irmãos. Qualquer semelhança entre o que você acaba de ler sobre as NTNFs, comparativamente às "gêmeas" LTNs, e o raciocínio que virá a seguir, não é mera coincidência. Observe que, quase idênticos aos títulos do tipo Tesouro IPCA+ (NTNB Principal) são os papéis do tipo Tesouro IPCA+ com Juros Semestrais (NTNB). Na prática, eles são iguais em todas as características, exceto numa: as NTNBs (as "*simples*", não as *principais*) pagam os juros devidos pelo título a cada seis meses. Por isso são mais indicadas, por exemplo, para quem já está aposentado e precisa **gerar um fluxo de renda contínuo** (resgate de juros periódico), no caso, semestral. Essa possibilidade é muito interessante para quem tem determinado valor para investir, deseja receber juros periodicamente e não vê problema de recuperar na data da maturação apenas o investimento inicial corrigido pelo IPCA. (Obs.: não desejando consumir os juros semestrais pagos, o investidor tem a opção da reaplicação automática deles.)

TESOURO SELIC

Os chamados títulos do tipo **TESOURO SELIC**, nome fantasia pelo qual esses títulos se apresentam no Tesouro Direto, ou **Letras Financeiras do Tesouro (LFTs)**, conforme sua designação técnica pelo Tesouro Nacional (o emissor do papel), são **títulos que dão rentabilidade** *pós-fixada*, ou seja, no momento da compra do título fica determinado (fixado) ao investidor que ele receberá no vencimento do título, em termos de rentabilidade bruta, o que der a taxa Selic acumulada no período entre a compra e a data de vencimento (durante o prazo de maturação). Não se sabe ainda, na hora do investimento, quanto precisamente isso será, mas se sabe que o referencial (o indexador) será a Selic.

Dessa forma, de acordo com sua **métrica de rentabilização**, esses títulos públicos são especialmente recomendados para o investidor que deseja **aproveitar a provável elevação dos juros básicos no futuro**. Como vimos, esses títulos oferecem **rentabilidade bastante diferenciada** diante das modalidades comparáveis de aplicações mais convencionais, como a Caderneta de Poupança, os FIFs DI e os CDBs pós-fixados.

Quanto ao **prazo de maturação**, partindo da disponibilidade desses títulos no canal Tesouro Direto no início de 2017, observamos que temos uma única oferta, que fica no começo da faixa de *longo prazo* (5 a 10 anos):

- **Selic 2023** (vencim. 01/03/23) => **6 anos**

Quanto aos **planos que casam melhor** com os títulos do tipo Tesouro Selic, em função dos prazos de maturação:

- **Selic 2021 (quase 5 anos)**: recomendado para sonhos financeiramente mais desafiadores e mais esticados, como juntar dinheiro para quitar a casa própria, pagar a faculdade de um filho que está hoje ingressando no ensino fundamental (aos 7 anos), juntar dinheiro para comprar um terreno e construir, ou então dar uma boa entrada no financiamento de um segundo imóvel.

No tocante ao **valor do título para compra**, considerando tanto o *título inteiro* quanto a *menor fração* adquirível, no início de 2017 tínhamos a seguinte oferta:

- **Selic 2023** => R$ 8.600,00 inteiro **(1% = R$ 86,00 mín.*)**

* A compra mínima no Tesouro Direto é de R$ 30,00, sendo possível adquirir de 1% em 1% de cada título a partir desse valor mínimo.

ANIMADO PARA COMEÇAR? ABRA SUA CONTA EM UMA CORRETORA

Tendo elaborado seu plano de investimentos e escolhido o título público que melhor se aplica a cada plano, o próximo passo é procurar uma corretora de valores *on-line* para abrir sua conta. Essa é uma exigência da Comissão de Valores Mobiliários (CVM, órgão que regula o mercado mobiliário no país), mas você constatará que se trata de um processo sem quaisquer segredos, embora requeira – é natural – um mínimo de tempo e energia. Os procedimentos de abertura deverão ser realizados uma única vez, somente na largada, e com duas grandes vantagens: 1) poderão ser feitos totalmente pelo computador, sem sair *de casa* nem mesmo para ir ao correio postar documentos; 2) não envolverão *qualquer desembolso financeiro* de sua parte, seja para abrir a conta, seja para mantê-la (= custo financeiro zero). Melhor ainda: se você pretender também comprar e vender ações para seus planos superdinâmicos, a mesma corretora poderá atendê-lo.

A melhor corretora. Está aí uma escolha "difícil" – na realidade, bem *fácil*! – porque há no Brasil algumas excelentes corretoras de valores, e várias delas oferecem serviços de ótima qualidade com custos muito acessíveis (ou até custo zero para o Tesouro Direto). Veja aqui alguns critérios técnicos práticos para você usar como filtros em sua avaliação da melhor corretora com a qual trabalhar:

- Uma corretora com foco no atendimento do varejo do mercado financeiro, ou seja, voltada para o amplo público dos pequenos investidores.
- Um *site* com interface amigável, estável, fácil de navegar e de tomar as providências necessárias para suas aplicações, comprando e vendendo títulos públicos e outros ativos financeiros. (Obs.: *rapidez* e *agilidade* **são superimportantes**!)
- Taxa competitiva para operar no Tesouro Direto, de preferência *taxa zero* (isso existe, é real e confiável).
- Posição privilegiada na listagem Ranking de Agentes de Custódia (como são tecnicamente chamadas as corretoras de valores) do Tesouro Direto (que você pode encontrar no *site* www.tesouro.fazenda.gov.br/tesouro-direto). Dê natural preferência às primeiras do *ranking*, que não lhe cobram taxa alguma.
- Agilidade no atendimento *on-line* e por meio do 0800.
- Iniciativas em educação financeira variadas e de qualidade.
- Tradição no mercado, dinamismo e inovação no setor.

Dica. Se estiver interessado em explorar em detalhes essa próspera modalidade de investimento, deixe-me recomendar um guia prático, muito útil, que inclusive traz fotos ilustrando todo o processo de abertura de sua conta na corretora *on-line*, bem como a compra (aplicação) e venda (resgate) de títulos públicos: o *best-seller* de minha autoria **Tesouro Direto | A Nova Poupança**, e disponível em toda a rede livreira nacional. Todo **MONEY BO$$** de respeito merece dar-se de presente um livro desses!

capítulo 6

GANHOS *SUPERDINÂMICOS*: APLIQUE EM AÇÕES NA BM&FBOVESPA

Tendo aberto sua conta em uma corretora de valores *on-line*, você poderá também investir em ações, comprando e vendendo esses papéis com muita praticidade e custo baixíssimo pelo sistema *Home Broker* da BM&FBovespa (do qual sua corretora é operadora). O termo *Home Broker* vem da língua inglesa e pode ser livremente traduzido por "corretor (de ações) na sua casa". Esse é o grande sistema de operações do mercado acionário brasileiro, lançado pela BM&FBovespa em 1999 para dar ao pequeno investidor acesso direto ao pregão eletrônico da bolsa por meio da internet, operando no mercado a partir de sua própria casa. O *Home Broker* é oferecido por todas as corretoras de valores que integram o Sistema BM&FBovespa e, além de permitir a compra e venda de ações, também operacionaliza outras operações financeiras mais arrojadas, como as *opções* e operações em *mercados futuros*, indicadas para investidores avançados e/ou de grande porte.

GANHAR MAIS COM AÇÕES... SEM PERDER A SEGURANÇA!

Ações em geral sempre apresentam um *prazo de maturação longo*, por isso são basicamente indicadas para planos com *horizonte de investimento longo*, superior a cinco anos. Em um tempo mais alongado de vários anos, as ações de maior liquidez (as mais negociadas pelo mercado como um todo) da BM&FBovespa tendem a superar momentos de preços deprimidos e conseguem se valorizar de forma muito diferenciada diante das aplicações convencionais e até mesmo diante dos títulos públicos, com todo o seu dinamismo diferenciado. Neste capítulo, você encontrará uma proposta de estratégia para *ganhar mais* com ações, ao mesmo tempo que preserva sua *segurança* como investidor. Atenção: os de *mentalidade empobrecedora* lhe dirão para "pular fora" dessa, pois é arriscado demais. Já a **mentalidade próspera** raciocina diferente: "Mesmo se for para descartar, tenho de me *reeducar* e aprender a respeito. Se tiver que estar dentro dessa, ou então ficar de fora, quero entender *exatamente o porquê*"! Vamos em frente, eu explico.

Alto lá! Começo esclarecendo que ganhar *mais* **não significa ganhar** *demais*. Com o trocadilho, desejo esclarecer que a estratégia aqui sugerida propõe conseguir com seus investimentos em ações "apenas" uma modesta diferença na *rentabilidade nominal mensal* diante das aplicações convencionais, sem ganhos "mágicos" instantâneos (que certamente exporiam o dinheiro do seu trabalho a riscos indevidos). Adotando o caminho aqui sugerido, você poderá constatar uma diferença surpreendente na rentabilidade *real* obtida, e uma diferença positiva quase inacreditável na rentabilidade *acumulada* ao longo do tempo com o investimento seguro em ações. Justamente por isso, precisamos do longo prazo para colher resultados verdadeiramente diferenciados com nossas aplicações no mercado acionário, preservando, acima de tudo, a segurança.

Rentabilidade. As ações de boas empresas brasileiras, seguindo a estratégia aqui proposta, podem tranquilamente lhe pagar algo como 1,20% ao mês de *rentabilidade bruta nominal mensal média* no longo prazo (horizontes de investimento a partir de cinco anos). Descontando-se daí 15% de *Imposto de Renda*, incidentes sobre os ganhos com ações em qualquer prazo de aplicação (exceto *day trade* = 20%), e deduzindo também *taxas de corretagem* sobre o ganho bruto, chegamos a algo próximo de 1% ao mês de rentabilidade *líquida*. Para efeito dos nossos cálculos, por uma questão de conservadorismo, consideraremos uma rentabilidade líquida real mensal ainda menor, de somente 0,95% (menos de 1% ao mês)!

Diferença. Subtraindo-se daí a inflação de 0,40% ao mês, apuramos que isso dá a rentabilidade líquida *real* mensal de 0,55%. Isso chega a "apenas" cerca de 60% a mais do que os títulos públicos (que pagam 0,35% ao mês), atingindo 270% a mais do que a remuneração líquida real da Poupança (que paga 0,15% em ano bom, de inflação controlada). Sim, a diferença mensal é aparentemente pequena demais: *ações* X *títulos públicos* de 0,20% ao mês (= 0,55% ações − 0,35% títulos), e *ações* X *caderneta*: de 0,40% ao mês (= 0,55% ações − 0,15% caderneta). No entanto, pelo poderoso princípio enriquecedor dos *juros compostos*, se diferenças mensais discretas forem acumuladas ao longo do tempo, potencializando-se e produzindo múltiplos diferenciados, farão seu investimento em ações resultarem em ganhos *dezenas de vezes* superiores àqueles conseguidos nas aplicações financeiras convencionais. Isso, sem correr riscos desnecessários, se em vez de *alavancar* com ações, você estiver disposto a *construir* uma carteira sólida para realizar seus sonhos de prazo mais longo e maior calibre financeiro.

Medo? Você pode estar lendo este livro justamente em dias de "bolsa ruim", ou seja, períodos de queda acentuada no Ibovespa (o principal índice de ações da BM&FBovespa). Não desanime com flutuações de curto ou curtíssimo prazos, nem mesmo com períodos de baixa na bolsa a médio prazo. Mantenha o foco no longo prazo, e as ações das boas companhias brasileiras de capital aberto farão sua parte em favor de suas economias; pode contar com essa força multiplicadora. Farei aqui uma afirmação *forte*, e acreditar nela pode selar seu destino como aplicador dinâmico multiplicador: é apenas *natural* que boas ações se valorizem de forma diferenciada no longo prazo!

Simples. A tese fundamental que dá base à expectativa de ganhos diferenciados com ações no longo prazo é muito simples e crível. Empresas competitivas e competentes, ou seja, companhias com estratégias de negócios bem posicionadas em setores promissores da economia, e com negócios bem geridos por seus administradores, tenderão a apresentar lucratividade diferenciada em suas operações com o passar dos anos. Essa é uma "aposta" para lá de certeira, pois está calcada no mais puro bom senso econômico-financeiro da atividade empresarial, em vigor desde que o mundo é mundo: competitividade e competência empresarial produzem lucros corporativos destacados no tempo. A longo prazo, esse desempenho empresarial (e financeiro) diferenciado será inevitavelmente reconhecido pelo mercado através de uma valorização também diferenciada nos preços de suas ações negociadas em bolsa de valores. Afinal, o mercado financeiro é basicamente livre e seus participantes tentam continuamente obter maiores ganhos de forma consistente. Eles naturalmente demandam mais intensamente aqueles ativos financeiros de comprovada consistência econômica, o que faz esses ativos se valorizarem de forma diferenciada com o passar dos anos.

BOLSA A CURTO PRAZO X BOLSA A LONGO PRAZO

No curtíssimo prazo, no curto ou até mesmo no médio prazo, a dinâmica de formação de preços no mercado de ações pode escapar à lógica dos bons fundamentos econômicos, pendendo provisoriamente para uma tocada meramente especulativa. Há basicamente três fatores que podem sustentar a irracionalidade das bolsas em prazos mais curtos:

- A economia é cíclica e dá natural ensejo a altos e baixos em todos os mercados, inclusive nos mercados financeiros, aí incluso o mercado acionário.
- Os mercados financeiros tem todos os tipos de *players*, inclusive especuladores aos montes, e a atividade desses jogadores do mercado pode bombar a volatilidade nas bolsas no curto prazo quando há ensejo macroeconômico momentâneo para tanto (notícias negativas no *front* econômico), ou boatos de natureza política, por exemplo.
- As principais bolsas de valores do mundo, assim como a nossa BM&FBovespa, são hoje bolsas globalizadas, por isso estão sujeitas aos movimentos oscilatórios das economias e mercados financeiros mundiais.

Já no longo prazo... É necessário reconhecer que no Brasil, bem como em qualquer outra economia pujante do globo, o mercado acionário tem uma *racionalidade de longo prazo* que tende a valorizar de forma diferenciada ativos financeiros de verdadeira qualidade intrínseca, aqueles que têm seu lastro na exploração de uma atividade econômica bem focada, bem administrada e operacionalmente lucrativa. Esses ativos podem cair acentuadamente de preço em determinados momentos mais especulativos do mercado, mas, tendem a ficar muito baratos com o passar do tempo, atraindo a atenção de compradores internacionais em busca de boas ofertas. Mais uma vez, é a velha e boa *lei da oferta e da demanda* trabalhando a favor da estabilização e racionalização dos mercados de valores mobiliários ao longo do tempo. Na prática, as estatísticas de longo prazo das bolsas comprovam essa tese.

Aposta? Se você enxerga motivos para concordar com o raciocínio que acabo de expor (e é fundamental que tenha sua própria opinião formada a respeito, porque o dinheiro é seu), então não resta dúvida de que as ações de boas empresas brasileiras são as aplicações financeiras mais indicadas para seus planos de investimentos de prazo longo ou longuíssimo. Elas provavelmente o levarão bem mais longe e permitirão a concretização de sonhos de maior porte, atenuando o sacrifício poupador & investidor mensal que cabe a você realizar para conquistar qualquer coisa de valor nesta vida.

COMO A RENTABILIDADE SUPERDINÂMICA PODE REDUZIR SEU ESFORÇO POUPADOR

Se você ambiciona conquistar sonhos de porte ainda maior do que a média, e se deseja conquistá-los de forma ainda mais rápida, não poderá, portanto, dispensar a providencial ajuda das *aplicações financeiras superdinâmicas*. Desde que seu horizonte de investimento seja de cinco anos ou mais, nunca deixe de considerar, por exemplo, o investimento em boas ações de boas empresas brasileiras negociadas na BM&FBovespa, um excelente investimento para a multiplicação acelerada do poder de compra do seu dinheiro.

Na ponta do lápis. Vamos imaginar que você esteja se planejando para sua aposentadoria e queira acumular a reserva financeira estratégica de R$ 1 milhão (em valores de hoje). Digamos que você esteja com 35 anos, e queira a tal bolada milionária para os 65 anos, tendo, portanto, 30 anos (= 360 meses) de horizonte de investimento pela frente. Vamos montar esse plano em nossa Calculadora de Investimentos Mais Dinâmicos, o INVESTÔMETRO®:

	SEU SONHO:	QUERO ME APOSENTAR COM UM MILHÃO!	DATA DA CONQUISTA:	2048
PLANO DE INVESTIMENTOS		VALOR DE TABELA **ATUAL** DO SEU SONHO (VALOR A MERCADO)	$ 1.000.000	ESSE VALOR É REALISTA?
		POSSÍVEL **DESCONTO** PERCENTUAL SE TIVER PARA QUITAR À VISTA		
		RESERVA FINANCEIRA QUE VOCÊ JÁ TENHA E POSSA USAR (PV)		TEM MESMO ESSE VALOR?
		PRAZO PLANEJADO (MESES) PARA REALIZAR SEU SONHO (n)	360 MESES	30,0 ANOS
		TAXA DE **INFLAÇÃO** (ANUAL) QUE ENCARECERÁ O SEU SONHO (i)	4,90% / ANO	0,40% / MÊS
		VALOR DE TABELA DO SONHO **CORRIGIDO** PARA O FINAL DO PRAZO (FV)	$ 4.200.149	PROJETADO PARA A ÉPOCA

Ah, a inflação! Antes de mais nada, observe que esse R$ 1 milhão que você ambiciona ter em valores de hoje, por causa da inflação de preços que ocorre com o tempo, terão de ser R$ 4,2 milhões daqui a 30 anos, apenas para manter o poder de compra do dinheiro, repondo o desgaste do poder aquisitivo da moeda com os contínuos aumentos de preços acumulados ao longo dos anos! Para comprar daqui a três décadas o que compraria hoje com R$ 1 milhão, você irá precisar de R$ 4,2 milhões. Tudo bem: o importante é considerar isso nas contas de seu plano, lembrando que a *força enriquecedora* dos ganhos nas aplicações supera (e muito!) a *força empobrecedora* da inflação, partindo daí para calcular o volume de esforço poupador & investidor mensal pedido em cada tipo de aplicação: *tradicional* X *dinâmica* X *superdinâmica*.

Na **ÁREA 1 | Aplicação TRADICIONAL do INVESTÔMETRO®**:

1		RL$_{NM}$ 0,55% NOM.	RL$_{RM}$ 0,15% REAL
TRADICIONAL	RENTABILIDADE LÍQUIDA (NOMINAL X REAL) MENSAL: **RL$_{NM}$** X **RL$_{RM}$** (i)		
	ESFORÇO POUPADOR & INVESTIDOR = MENSALIDADE FIXA (PMT)	$ -3.724	O QUE VOCÊ DEVE APLICAR
	SEU CUSTO (CORRIGIDO PARA O FUTURO) = ESFORÇO DO SEU **TRABALHO**	$ -2.983.356	71% DO TOTAL
	GANHOS DE JUROS + DESCONTO À VISTA = ESFORÇO DO SEU **DINHEIRO**	$ 1.216.792	29% DO TOTAL

- Esforço poupador & investidor = mensalidade (PMT)
  R$ 3.724,00
- Seu custo (corrigido para a época) = esforço do *trabalho*
  R$ 3 milhões
- Ganho de juros + desconto à vista = esforço do *dinheiro*
  R$ 1,2 milhão

Resultado do esforço total: *você* = **71%** X *seu dinheiro* **29%**

Na **ÁREA 2 | Aplicação DINÂMICA do INVESTÔMETRO®**:

2		RL$_{NM}$ 0,75% NOM.	RL$_{RM}$ 0,35% REAL
DINÂMICA	RENTABILIDADE LÍQUIDA (NOMINAL X REAL) MENSAL: **RL$_{NM}$** X **RL$_{RM}$** (i)		
	ESFORÇO POUPADOR & INVESTIDOR = MENSALIDADE FIXA (PMT)	$ -2.294	O QUE VOCÊ DEVE APLICAR
	SEU CUSTO (CORRIGIDO PARA O FUTURO) = ESFORÇO DO SEU **TRABALHO**	$ -1.838.043	44% DO TOTAL
	GANHOS DE JUROS + DESCONTO À VISTA = ESFORÇO DO SEU **DINHEIRO**	$ 2.362.106	56% DO TOTAL

- Esforço poupador & investidor = mensalidade (PMT)
  R$ 2.294,00
- Seu custo (corrigido para a época) = esforço do *trabalho*
  R$ 1,8 milhão
- Ganho de juros + desconto à vista = esforço do *dinheiro*
  R$ 2,4 milhão

Resultado do esforço total: *você* = **44%** X *seu dinheiro* **56%**

Já na **ÁREA 3 | Aplicação SUPERDINÂMICA** do nosso **INVESTÔMETRO®**, investindo, por exemplo, em promissoras ações da BM&FBovespa:

3 SUPERDINÂMICA		RLNM 0,95% NOM.	RLRM 0,55% REAL
	RENTABILIDADE LÍQUIDA (NOMINAL X REAL) MENSAL: **RLNM** X **RLRM** (i)		
	ESFORÇO POUPADOR & INVESTIDOR = MENSALIDADE FIXA (PMT)	$ -1.372	O QUE VOCÊ DEVE APLICAR
	SEU CUSTO (CORRIGIDO PARA O FUTURO) = ESFORÇO DO SEU **TRABALHO**	$ -1.099.294	26% DO TOTAL
	GANHOS DE JUROS + DESCONTO À VISTA = ESFORÇO DO SEU **DINHEIRO**	$ 3.100.854	74% DO TOTAL

- Esforço poupador & investidor = mensalidade (PMT)
  R$ 1.372,00
- Seu custo (corrigido para a época) = esforço do *trabalho*
  R$ 1,1 milhão
- Ganho de juros + desconto à vista = esforço do *dinheiro*
  R$ 3,1 milhões

Resultado do esforço total: *você* = **26%** X *seu dinheiro* **74%**

Comparando os três. Nesse plano de investimentos focado em sua aposentadoria, a Caderneta de Poupança já lhe prestaria um belo serviço, desenvolvendo quase 1/3 (29%) do esforço necessário para chegar a R$ 1 milhão em 30 anos. "Ajudinha" nada desprezível... mas há certa insegurança quanto à rentabilidade da Caderneta no longo prazo, porque depende muito da inflação, e não se trata de uma rentabilidade contratada. Já os títulos comprados via Tesouro Direto têm essa vantagem, e reforçariam bastante sua estratégia multiplicadora, colocando no seu bolso mais da metade (56%) da reserva financeira almejada! Já podemos dizer que temos aqui um caminho tremendamente próspero! No entanto, boas ações de boas empresas brasileiras, compradas na BM&FBovespa, fariam 3/4 de todo o esforço (74%), deixando a você a menor parte da conta (26%)! A cada R$ 4,00 reais acumulados para sua aposentadoria, você precisa colocar apenas R$ 1,00 de sacrifício! Diga-me: por que sacrificar R$ 3.724,00 na Poupança todos os meses, se você pode aplicar em ações cerca de 1/3 disso, ou seja, R$ 1.372,00, para chegar exatamente ao mesmo sonho concretizado de ter R$ 1 milhão corrigido em valores da época daqui a 30 anos? Não, esse tipo de comportamento empobrecedor já não tem mais espaço em sua **mentalidade próspera**!

UMA ESTRATÉGIA PARA GANHAR MAIS COM AÇÕES DE FORMA SEGURA

Para você que já escolheu seus sonhos de longo prazo, elaborou cuidadosamente um plano de investimentos para cada sonho e quer valer-se do investimento em boas ações para prosperar, desejo agora apresentar uma estratégia *cinco estrelas* para escolher exatamente *em quais ações* aplicar seu dinheiro e multiplicá-lo rumo à prosperidade sustentável e duradoura.

Estratégia e foco. Primeiramente, vale relembrar que o investidor dinâmico multiplicador, aquele que aplica em ações para poder colher bons frutos em alguns/vários anos depois, *jamais* deve estar preocupado com a oscilação do valor das suas ações de um dia para o outro, ou mesmo de um mês para o outro, sequer de um ano para o outro. Para quem anda assustado com a acentuada flutuação nos preços das ações negociadas na BM&FBovespa desde o início da última grande crise mundial, venho fazer um alerta tranquilizador: a bolsa de valores não é um cassino, sua corretora não é um *croupier*, suas ações não são fichas, e o investidor construtor não é um "apostador", muito menos um "azarado". Nossa bolsa de valores é um mercado de investimentos sério, organizado e com excelente potencial de valorização diferenciada para investidores dinâmicos construtores, aqueles aplicadores cujo lema é: "Para meus planos de longo prazo, o bom é investir em ações *sempre*, um "pouquinho" todos os meses, esquecendo as oscilações de curto prazo do mercado"!

Certeiro. O investidor que estiver disposto a poupar e aplicar regularmente determinada mensalidade em boas ações, durante vários meses e anos, rumo ao longo prazo, simplesmente não tem como errar. Ainda que escolha como alvo de seus investimentos uma ação que, em alguns momentos mais tensos do mercado, venha a se desvalorizar, mesmo assim esse investidor pode ganhar mais dinheiro do que um outro investidor que aplique em uma outra ação com constante valorização. É isso mesmo que estou dizendo: dependendo das circunstâncias, é mais viável ganhar dinheiro com ações em um mercado acionário flutuante do que noutro puramente ascendente. Isso parece um contrassenso financeiro, mas o raciocínio fica bem claro quando posto na ponta do lápis.

DEVAGAR E SEMPRE, UM POUQUINHO TODO MÊS

Exemplo 1. Suponha um aplicador disposto a destinar R$ 1.000,00 todos os meses para um plano de investimentos com prazo de realização de 61 meses. Ciente de que dispõe do longo prazo (acima de cinco anos) para esperar amadurecer suas aplicações, tal investidor seleciona como destino para suas preciosas economias uma ação de determinada boa empresa, cuidadosamente escolhida entre as mais líquidas do mercado. Essa ação está cotada a R$ 10,00 no primeiro mês de aplicação. Bem escolhida como foi, vamos imaginar que a partir daí ela comece a *subir* continuamente, valorizando-se à base de R$ 0,20 por mês, todos os meses, até chegar ao preço de R$ 22,00 após cinco anos (aos 61 meses). O investidor terá conseguido comprar em todos esses meses 4.015 dessas ações, que valerão ao final do período R$ 22,00 cada ou R$ 88.330,00 no total bruto. Descontado o Imposto de Renda de 15% sobre os ganhos médios, sobrariam líquidos em seu bolso R$ 84.230,00. O ganho acumulado nesse plano teria sido de R$ 24.230,00 ou 1,03% de rentabilidade líquida mensal média. Essa parece ter sido uma boa estratégia, pois seu resultado ficou bem próximo do que se pode esperar em termos de rentabilidade líquida diferencial para uma aplicação dinâmica no prazo de cinco anos. Esse investidor está satisfeito.

Exemplo 2. Agora imagine outra situação: o aplicador investe esses mesmos R$ 1.000,00 por mês em outra ação, criteriosamente selecionada, também cotada a R$ 10,00 no primeiro mês de compra, mas com uma surpreendente diferença: logo no segundo mês ela começa a *cair* de valor e daí prossegue caindo mês a mês, também à base de R$ 0,20 mensais, até chegar ao preço mínimo de R$ 4,00 daqui a dois anos e meio (aos 31 meses)! Essa parece ter sido uma péssima aplicação, mas, confiante em sua escolha, o investidor segue fazendo os aportes mensais planejados de R$ 1.000,00, comprando a cada mês a máxima quantidade dessas ações que sua mensalidade fixa lhe permite. Daí, a partir do 32º mês a ação começa a recuperar seu valor aos poucos, também à velocidade de R$ 0,20 por mês, até se concluírem os mesmos cinco anos da situação anterior (61 meses), quando a ação oscilante finalmente volta a seu preço de largada, que era de R$ 10,00.

Frustrado? Apesar da recuperação, o preço apenas voltou ao patamar de cinco anos atrás! À primeira vista, essa escolha parece ter sido muito ruim. Mas, quando o assunto são investimentos e finanças pessoais, as aparências enganam, e a prova tem de ser tirada na ponta do lápis. Você verá que uma ação *oscilante* pode render mais que uma ação *ascendente*. Para quem fez uma compra única de ações há cinco anos por R$ 10,00 e 61 meses depois foi vendê-las pelos mesmos R$ 10,00, depois de ter passado tanto nervosismo com as oscilações de mercado, o negócio foi bem ruim, mesmo, não há como negar. Mas algo bem diferente terá acontecido com quem seguiu comprando suas ações regularmente, de forma estratégica e focada, aproveitando seu preço mais baixo para adquirir mais ações com a mesma verba mensal enquanto o mercado caía. Nessa segunda situação, enquanto as ações barateavam, o investidor teria conseguido comprar uma quantidade muito maior de papéis, acumulando o total de 9.264 ações. Ao final dos cinco anos, estando cotadas a R$ 10,00 cada, as ações oscilantes estocadas poderiam ser vendidas pelo valor bruto de R$ 92.647,00 e líquido de R$ 87.900 (descontado o IR de 15% sobre os ganhos), deixando ganhos líquidos no bolso do aplicador de R$ 27.900,00 ou 1,16%. Enfim, uma rentabilidade *ainda maior* que no caso da ação em constante alta!

Moral da história. "Para seus planos de longo prazo, o bom é investir em ações *sempre*, um "pouquinho" todos os meses, esquecendo as oscilações de curto prazo do mercado"! Está confirmado o lema do investidor dinâmico construtor! Essa estratégia de comprar ações sempre, com regularidade (de preferência mensal), é uma saída para "enganar o risco" das oscilações de curto prazo. Ao agir assim, o investidor garante a oportunidade de fazer um interessante preço médio na compra de ativos de qualidade, como as ações de boas empresas brasileiras, adquiridas em um mercado com inegável tendência para valorização diferenciada a longo prazo, como é o caso da banda boa da bolsa de valores em nosso país. Para o investidor que atua no mercado acionário como *comprador frequente*, não há o que lamentar: quando as ações desejadas estão caindo, a mesma mensalidade permite comprar mais ações. Quando elas estão subindo de valor, que bom: é sinal de que seu estoque já formado nos meses e anos anteriores está se valorizando! Para o investidor dinâmico construtor, que acredita na valorização diferenciada a longo prazo das ações de boas empresas brasileiras de capital aberto, simplesmente não há mês ou ano de bolsa ruim.

ENCONTRE SUAS "CINCO ESTRELAS" ENTRE AS CAMPEÃS DE LIQUIDEZ

Diversificando. O bom senso, mesmo do leigo, indicada que não é bom concentrar todas as suas aplicações em ações de uma única empresa, o que aumenta o risco de que essa empresa possa eventualmente vir a frustrar suas expectativas de ganho. Também não convém carregar uma quantidade muito grande de diferentes tipos de ações na sua carteira, porque dá muito trabalho acompanhar, e isso acaba não compensando para o pequeno/médio investidor não profissional. Nem tanto à terra, nem tanto ao mar: nem superconcentrar, nem hiperdiversificar, isso é o que lhe recomendarei a seguir. Pois aqui está o "mapa do tesouro" para selecionar as "melhores" ações do mercado, pelo menos para o investidor dinâmico multiplicador.

Garimpando! Entre no *site* da BM&FBovespa (www.bmfbovespa.com.br) e, a partir da página de entrada, siga este caminho de navegação: **PRODUTOS** (no menu principal) => **Índices** (na listagem que aparece) => (*clicar*) **Amplos** => (*clicar*) **Ibovespa | Saiba mais** => (*clicar*) **Composição da carteira** (no menu desta página) => (escolher na caixa **Consultar por**) **Setor de Atuação**. Aparecerá então uma tabela com os dizeres: "Esta tabela considera as variações na participação de cada um dos papéis na composição total do índice, apuradas para a abertura do dia". Veja, a seguir, a parte inicial da tabela que obtive em consulta na data 08/MAR/2017, no *link*: http://www.bmfbovespa.com.br/pt_br/produtos/indices/indices-amplos/indice-ibovespa-ibovespa-composicao-da-carteira.htm (com a opção de Consultar por Setor de Atuação). A tabela completa não cabe nas páginas de um livro, mas caberá tranquilamente na tela do seu computador:

Setor	Código	Ação	Tipo	Qtde. Teórica	%Setor Part. (%)	%Setor Part. (%)Acum.
Bens Indls / Máqs e Equips	WEGE3	WEG	ON ED NM	569.943.282	0,894	0,894
Bens Indls / Mat Transporte	EMBR3	EMBRAER	ON NM	734.249.372	1,235	1,235
	CCRO3	CCR SA	ON NM	1.115.695.556	1,823	
Bens Indls/Transporte	ECOR3	ECORODOVIAS	ON NM	198.961.859	0,167	2.569
	RUMO3	RUMO LOG	ON NM	751.875.556	0,579	
	BRFS3	BRF SA	ON NM	770.759.970	2,834	
Cons N Básico / Alimentos Processados	JBSS3	JBS	ON NM	1.552.601.664	1,581	4.592
	MRFG3	MARFRIG	ON NM	317.592.497	0,177	
Cons N Cíclico / Bebidas	ABEV3	AMBEV S/A	ON	4.376.500.804	6,749	6.749
Cons N Cíclico / Comércio Distr.	PCAR4	P.ACUCAR-CBD	PN N1	155.220.017	0,811	0.811
Cons N Cíclico / Pr Pessoal Limp	NATU3	NATURA	ON EDJ NM	172.108.137	0,427	0.427
Cons N Cíclico/Diversos	HYPE3	HYPERMARCAS	ON NM	402.869.293	1,001	1.001
Consumo Cíclico / Comércio	LAME4	LOJAS AMERIC	PN	524.961.325	0,815	2.324
	LREN3	LOJAS RENNER	ON NM	635.618.270	1,509	
Consumo Cíclico/Constr Civil	CYRE3	CYRELA REALT	ON NM	244.815.936	0,299	0.659
	MRVE3	MRV	ON ED NM	276.121.834	0,360	
Diversos	ESTC3	ESTACIO PART	ON NM	307.925.329	0,428	3.010
	KROT3	KROTON	ON NM	1.403.951.079	1,735	
	RENT3	LOCALIZA	ON NM	148.809.302	0,532	
	SMLE3	SMILES	ON NM	57.049.426	0,315	
Financ e Outros / Explor Imóveis	BRML3	BR MALLS PAR	ON NM	577.594.661	0,794	1.289
	MULT3	MULTIPLAN	ON N2	82.788.463	0,495	
Financ e Outros / Interms Financs	BBDC3	BRADESCO	ON EJ N1	565.828.635	1,655	29.742
	BBDC4	BRADESCO	PN EJ N1	2.667.162.309	8,070	
	BBAS3	BRASIL	ON ERJ NM	1.225.996.313	3,904	
	ITSA4	ITAUSA	PN ED N1	3.862.989.966	3,513	
	ITUB4	ITAUUNIBANCO	PN ED N1	3.154.543.181	11,404	

Listagem completa. Dê uma boa olhada nessa tabela: ela contém as 60 ações mais negociadas na BM&FBovespa (no dia de sua consulta) e melhor: as ações se mostram organizadas por **Setor** | Código (de negociação) | **Ação** (empresa, para você reconhecer fácil) | **Tipo** (não deve tomar muito de sua atenção) | **Quantidade Teórica** (número que faz tal ação entrar para o índice) | **Participação** (% no índice: este número lhe interessa muito!) | **Participação Setorial** (% Acum.: das somas das ações do setor). Aqui estão as ações mais negociadas, as *campeãs de liquidez* da Bovespa, as ações que o mercado mais aprecia comprar e vender. Dá para afirmar com considerável grau de segurança que se trata das mais promissoras ações para aplicar seu dinheiro a longo prazo, mesmo que no curto prazo não sejam necessariamente as mais rentáveis.

Suas cinco estrelas. Para ser objetivo, concentre-se naquelas que têm 1% ou mais de participação no índice, o que já lhe renderá uma lista com mais de 20 atraentes candidatas. São essas as ações que provavelmente apresentarão melhor correlação entre os *bons resultados operacionais* de suas respectivas empresas ano após ano e a *valorização efetiva de suas cotações* no mercado ao longo do tempo. Na falta de uma bola de cristal para antever o futuro, essas 20 e poucas ações são as mais fortes candidatas em termos de aplicações para receberem "o voto" das mensalidades de seus planos de investimentos de longo prazo. Então, segue minha sugestão: monte sua *carteira cinco estrelas* selecionando cinco diferentes ações de cinco diferentes setores da economia que você naturalmente conheça mais e que considere mais promissores e, portanto, atraentes. Você verá que há gosto para todo tipo de investidor!

Dez estrelas? Naturalmente, diversificar seus investimentos em maior ou menor grau é algo que depende do porte do investidor. Se você tem planos de investimentos com mensalidades já mais "parrudas" (acima de R$ 1.000,00 mensais), e se tem diversos planos de investimentos focados em variados sonhos, está mais perto de fortalecer sua carteira com um número ainda maior de boas ações. Nesse caso, em vez das cinco estrelas, eu lhe proponho dez estrelas, selecionadas conforme o mesmo critério de grande liquidez exposto acima, mas ainda focando apenas cinco segmentos, com *duas* empresas por segmento, em vez de apenas uma.

COMPRANDO SUAS AÇÕES E REBALANCEANDO SUA CARTEIRA

Às compras! Com sua lista de ações a investir em mãos, você está bem próximo de poder emitir no *Home Broker* suas ordens mensais de compra dessas cinco ou dez ações escolhidas pela estratégia proposta das "estrelas" da BM&FBovespa. E aqui deve entrar um cuidado especial com os gastos de taxas de corretagem. Se emitir cinco diferentes ordens de compra por mês, sendo uma ordem para cada uma das ações selecionadas, acabará pagando taxa de corretagem por cada uma dessas cinco ordens, e isso poderá prejudicar a rentabilidade líquida de seus investimentos construtivos em ações. Considerando isso, talvez você deva concentrar suas aplicações de cada mês em uma única ação da sua lista das eleitas, emitindo uma única ordem de compra, e assim pagando uma única taxa de corretagem por mês. No mês seguinte, faça o mesmo com a próxima ação da sua lista, e assim por diante.

Concentre esforços. No caso de aplicações mensais de poucas centenas de reais, para impedir que a taxa de corretagem achate seus ganhos líquidos em ações e anule a rentabilidade diferenciada que você espera, o mais indicado é aplicar provisoriamente na própria Caderneta de Poupança o valor de suas mensalidades planejadas para investimento em ações e, uma única vez por ano (ou a cada seis meses), fazer suas compras das cinco (ou dez) ações escolhidas para sua carteira. Agora, o ideal mesmo é fazer um bom enxugamento dos desperdícios em seu orçamento pessoal e familiar, buscar ter *gastos mais econômicos* (sem deixar de viver bem no dia a dia), reorganizar-se para ter *dívidas mais prudentes*, e assim garantir uma capacidade de poupança e acumulação mais fortalecida no mês a mês. As aplicações em ações não farão "milagres" por você; elas apenas darão um retorno mais digno ao seu dinheiro, permitindo multiplicar seu poder de compra e concretizar seus maiores sonhos de compra e consumo.

Rebalanceamento. Passado um ano da montagem da carteira inicial – e não precisa ser antes disso –, compare o comportamento de preços (valorização ou desvalorização) de cada ação escolhida, diante das demais de sua carteira e do mercado como um todo. Partindo do entendimento dos fundamentos de negócios de cada empresa (que você conhecerá acompanhando as notícias da imprensa especializada), procure compreender por que o comportamento dos preços foi como foi e se justifica tirar alguma ação de sua carteira, substituindo-a por outra mais atraente. Não venda uma boa ação à toa, realizando prejuízo (ou ganho insuficiente) por ansiedade irracional. Se você escolheu bem na largada, dê tempo ao tempo e não exclua de sua carteira empresas que, mesmo eventualmente passando por um mau momento de mercado, continuam sendo bem gerenciadas e promissoras. Enfim, use suas informações de mercado e bom senso para ir reciclando suas estrelas, para mantê-las sempre bem polidas, lustrosas e brilhantes!

Simples e funcional. Essa *estratégia cinco estrelas* é simples. Não é preciso ser nenhum "rato de mercado" para adotá-la, encaixa-se adequadamente ao pequeno e médio investidor com perfil dinâmico multiplicador, que tem o longo prazo para esperar a maturação de suas ações, já que selecionou essa modalidade de aplicação financeira para concretizar suas metas de acumulação financeira também de longo prazo, casando prazo de maturação com horizonte de investimento. Não há dúvida: no longo prazo, vá pelo mercado! São milhares de investidores operando todos os dias: se, com o passar do tempo, eles nos indicam as ações que mais vale a pena negociar, é melhor acreditar. No curto prazo, a maioria dos aplicadores pode ser "burra", pode estar "cega" e "enganada", fazendo cotações absurdamente baixas (ou altas). Porém, no longo prazo, felizmente impera o consenso de mercado calcado no bom senso financeiro, que leva à correta avaliação e valoração das boas empresas brasileiras de capital aberto e de suas promissoras ações negociadas na bolsa de valores!

PARA CAPRICHAR NA DIVERSIFICAÇÃO, CONSIDERE COMPRAR AÇÕES DE ETFs

O termo ETF vem do inglês, *Exchange Traded Fund*. Numa tradução livre, *Fundo de Índices*. Sim, ações de determinados fundos de investimento também podem ser comercializadas na bolsa de valores, e isso é uma boa notícia para o investidor dinâmico, que acredita na possibilidade de auferir ganhos diferenciados no mercado acionário brasileiro sem correr riscos desnecessários, buscando a diversificação. Um ETF é um fundo de investimentos que tem ações negociadas na bolsa de valores, assim como qualquer outra companhia de capital aberto. Nada que deva surpreender, se lembrarmos que, na prática, cada fundo de investimento financeiro (FIF) funciona como uma empresa, tendo inclusive seu próprio CNPJ, que é distinto do CNPJ das instituições financeiras que fazem sua gestão e administração.

Diversificação. O apelo de um ETF é que esse fundo procura ter uma carteira de ações que replique a carteira de algum índice do mercado, como o próprio Ibovespa, por exemplo. Um fundo ETF é sempre bastante diversificado, pois ele se referencia em um índice de mercado diversificado. No caso dos ETFs negociados na BM&FBovespa, a própria bolsa prefere se referir a essa sigla com sendo de **E**ficiência, **T**ransparência e **F**lexibilidade.

Eficiência. Para quem deseja atrelar o desempenho de suas aplicações a algum índice do mercado, um ETF oferece boa *eficiência financeira*, e por dois aspectos que impactam a rentabilidade líquida do aplicador:

1. **IR menor:** eventuais perdas com determinadas ações dentro do fundo são contrabalanceadas com os ganhos obtidos em outras ações, resultando assim no pagamento reduzido de IR (de 15% sobre os ganhos), já que o imposto incide somente sobre os ganhos *médios* acumulados no fundo. Na prática, as eventuais perdas servem como "deduções" do imposto a pagar por eventuais ganhos.
2. **Taxas menores:** caso o investidor queira montar uma carteira autônoma tentando simular a composição de um índice de referência, teria de fazer uma série de compras e vendas "de picado". Isso implicaria elevadíssimos custos de transação, resultando numa acentuada ineficiência financeira, já que tais custos levariam boa parte, o todo, ou até mesmo mais do que os ganhos brutos com a negociação das ações da carteira. *Obs.:* como todo fundo, um ETF cobra taxa de administração, mas, por ser muito pequena (próxima de 0,50%), isso pouco afeta a rentabilidade líquida do aplicador e não invalida as vantagens financeiras expostas acima.

Transparência e flexibilidade. Se desejar, o investidor de um ETF poderá acompanhar sua carteira momento a momento, pelo próprio *site* da BM&FBovespa, com muita transparência. Mas, como se trata de investimento de renda variável, convém lembrar que seu resultado de rentabilidade diferenciada deverá vir no longo prazo, raramente no curto ou médio prazos. E, quanto à *flexibilidade* dos ETFs, dá para dizer que ela é grande, em termos de permitir uma ampla diversificação para o pequeno investidor. O ideal, para poder comprar cotas inteiras de ETFs, é ter a quantia reservada de alguns milhares de reais. Convém separar de R$ 2 mil a R$ 6 mil para aplicar em um ETF, comprando o lote padrão com 100 cotas do fundo. Se não dispõe dessa quantia pronta, basta acumular algum dinheiro todos os meses na Poupança e, quando tiver o suficiente, "sair às compras" de seu(s) ETF(s).

BOVA11. O ETF mais indicado para quem pensa em começar a investir nesse tipo de fundo é o *iShares Ibovespa Fundo de Índice*, que tem código de negociação Bovespa identificado como BOVA11. Esse, que é o mais popular dos ETFs, baseia-se no Ibovespa, índice composto por ações emitidas pelas companhias que respondem por mais de 80% do número de negócios e do volume financeiro da bolsa. Esse fundo tem taxa de administração de 0,54% ao ano (sobre o patrimônio), o que é bem razoável para um fundo passivo (que segue o Ibovespa) e não chega a comprometer suas vantagens financeiras para o investidor. No início de 2017, a ação BOVA11 era negociada por algo próximo de R$ 60,00. Concordo que talvez não lhe pareça tão atraente ser dono de ações de um fundo que compra e vende empresas, quando poderia ser dono de uma pequena porção de algumas das maiores empresas brasileiras. Esse é um pensamento meramente psicológico, sem fundamento econômico: no final das contas, o lastro é sempre um só, a pujante atividade empresarial das maiores e melhores empresas brasileiras de capital aberto. Pensando assim, a ação BOVA11 deve ser forte candidata a ocupar uma vaga em sua estratégia "cinco estrelas" para conquistar sucesso no mercado de ações.

VAMOS PROSPERAR!

Lembre-se. Se quiser prosperar para valer, terá de *pensar e agir diferente* da massa de consumidores que hoje pensam pobre, agem pobre e *vivem pobre*! Quem quiser mesmo prosperar, terá que *tomar coragem* para se desconectar da *dinâmica de empobrecimento* vivenciada pela maioria das pessoas, *assumir o controle sobre o próprio dinheiro* e *dar a virada na sua vida financeira*. Será necessário *revalorizar seu dinheiro* e *multiplicar seu poder de compra*, submetendo-se a um *completo processo de reeducação financeira* que permitirá a você *transformar sua mentalidade*. Você assimilará *técnicas inovadoras* e adotará *ferramentas práticas* de *bom planejamento e gestão competente do seu dinheiro* que viabilizarão a transformação de sua atual *mentalidade empobrecedora* para uma **mentalidade próspera**, adquirindo assim *empoderamento financeiro* concreto para conquistar a *prosperidade sustentável e duradoura* que tanto almeja!

Agora você já conhece a **Técnica I | Investimentos mais dinâmicos** daquele conjunto de três técnicas transformadoras que batizamos de **Tríade da Multiplicação do Dinheiro®**. Então prosseguiremos com esta, indispensável para quem deseja tornar-se um legítimo **MONEY BO$$**:

Técnica II | Dívidas mais prudentes

Não pagar juros! Aprenda a ter dívidas bem planejadas, de tamanho adequadamente calibrado para suas verdadeiras possibilidades financeiras, inclusive eliminando as dívidas mais graves e preocupantes. Assim você conseguirá transformar em "dinheiro novo" aquele poder de compra que hoje é costumeiramente desperdiçado com os elevados **juros pagos** em suas atuais dívidas, redirecionando esse dinheiro para bons gastos e/ou bons investimentos.

Veja só: uma família brasileira de classe média pode chegar a empatar mais da metade de seus ganhos mensais apenas para pagar dívidas e cobrir os juros nelas embutidos. Elimine tais dívidas, começando pelas mais preocupantes, e esse dinheiro poderá ser convertido de imediato em pura prosperidade, sendo disponibilizado para bons gastos e/ou bons investimentos.

Ferramentas digitais => DIVIDÔMETRO® e ELIMINÔMETRO®

TRÍADE | TÉCNICA 2
DÍVIDAS MAIS PRUDENTES

Entenda melhor suas dívidas
e elimine as mais nocivas.

capítulo 7

QUANDO AS DÍVIDAS DOMINAM – ADEUS QUALIDADE DE VIDA!

O crédito para a pessoa física tem de ser combinado com altas doses de bom planejamento e competente autogestão financeira, para dar certo e funcionar como uma alavanca da sua prosperidade. Nesse segmento da vida financeira, a maioria de nós ainda pensa pobre e, na prática, desvaloriza seu dinheiro, "jogando-o vivo aos leões". Quando permitimos que o *imediatismo* domine nossos hábitos de compra e consumo, abrindo mão de controlar o poder do nosso dinheiro, não tem outro jeito: acabaremos apelando para as dívidas emergenciais, improvisadas e mal contratadas, que resultarão em enormes pagamentos de juros, achatando o poder de compra dos nossos ganhos mensais. As *dívidas imprudentes* nos roubam dinheiro que poderia ser direcionado para bons gastos, para contas e compras necessárias, e também nos afastam dos investimentos dinâmicos que levariam à concretização dos nossos principais sonhos de compra e consumo.

Dívidas mais prudentes. Se já estiver enrolado com dívidas preocupantes, como fazer? Você precisará de conhecimento, ação e perseverança para sair do enrosco financeiro em que se encontra, pois não há milagre financeiro que possa tirá-lo do fundo do poço das dívidas de uma hora para a outra. A boa notícia é que será possível resolver a situação, e nesta sessão eu lhe mostrarei como. Lembre-se: adotar a técnica das *dívidas mais prudentes* pode ser uma excelente fonte multiplicadora de dinheiro, pois libera parte do poder aquisitivo de seus ganhos mensais que vinha sendo desviado para os elevados juros pagos, permitindo redirecionar esse dinheiro para gastos que interessam mais, ou para investimentos que lhe renderão juros sobre juros e lhe darão empoderamento financeiro. *Parar de perder* é sinônimo de *ganhar*!

Aluguel. A *mentalidade empobrecedora* não enxerga isso, mas tomar dinheiro emprestado equivale a "alugar" esse dinheiro. Imagine que você precise de R$ 4 mil para fazer uma cirurgia plástica. Você não possui esse montante agora e não tem perspectivas de juntá-lo tão cedo. Mas você tem um limite no cheque especial que lhe dá possibilidade de usar essa soma. É tentador. Você sabe que, logo mais, terá de devolver os R$ 4 mil ao seu legítimo proprietário, o banco. Trata-se de um dinheiro alugado, ele não é seu. Enquanto não providenciar a restituição ao verdadeiro dono, ou seja, enquanto seguir alugando essa grana, você deverá realizar o pagamento mensal dos juros do cheque especial.

Na ponta do lápis. O "locatário" nessa situação deverá fazer o pagamento de R$ 336,00 por mês, uma vez que a taxa de juros do seu cheque especial é de 8,40% ao mês sobre o valor emprestado (8,40% X R$ 4 mil = R$ 336,00 mensais). Esse aluguel pode ser ainda maior, se o contrato for com juros ainda maiores, digamos, de 12% ao mês (12% X R$ 4 mil = R$ 480,00 mensais). Excetuando-se situações de extrema e inescapável necessidade – que costumam ser bastante incomuns –, só há um perfil de devedor que seguiria por um caminho desse à toa: o de *mentalidade empobrecedora*!

Confusão. Por que essa gente não enxerga o absurdo financeiro que está fazendo? Parte da explicação está na própria natureza do dinheiro. Um imóvel alugado não é do inquilino, mas do locador, e isso está mais do que claro para todos os envolvidos na história. No entanto, quando se trata de dinheiro alugado, os recursos entram na conta do "inquilino", misturam-se com aquele outro tanto que é verdadeiramente dele, e isso lhe dá a (falsíssima!) impressão de que é tudo dinheiro próprio. Então, por que tem de devolver ao banco? E por que tem de pagar aluguel enquanto não devolver? Trata-se de dinheiro *alugado*. Mas por que tem de pagar um aluguel tão elevado? Trata-se de dinheiro alugado *em péssimas condições* para o seu bolso. Fazer dívida é alugar dinheiro. Pagar juros é pagar aluguel de dinheiro. Se necessário for, que seja por uma causa *nobre*... porque pagar juros sempre o fará mais *pobre*!

POR QUE SE EMPRESTA TÃO POUCO, E A PESSOA FICA DEVENDO TANTO ASSIM?

Como *coach financeiro*, é muito comum escutar o seguinte depoimento: "O banco (ou a financeira, ou a administradora do cartão de crédito) está me pedindo um valor absurdo para quitar minha dívida! Eu não posso estar devendo isso! Jamais fiz uso desse valor todo aí, apenas de uma pequena parte disso"! Entender o porquê não é difícil: pagando uma taxa de juros de 8,40% ao mês no cheque especial, por exemplo, o que se poderia esperar que acontecesse?

Cumulatividade. Pelo princípio dos juros compostos, que você já conhece e domina, uma dívida não quitada (= rolada) no cheque especial dobrará de valor *em menos de nove meses*, somente por conta dos juros compostos. Veja a *conta certa* no DINHEIRÔMETRO®, selecionando a **ÁREA 3** de **(n) NÚMERO DE PERÍODOS**:

③ n NÚMERO DE PERÍODOS	PV	R$ 100,00	PMT	R$ 0,00
	i	8,40%	FV	-R$ 200,00
	n	8,6 períodos	FIM END	COMEÇO BEG

Pelo princípio dos juros sobre juros, uma dívida pendurada (= não paga) a uma taxa mais alta de, digamos, 12% ao mês, não levará mais que *seis meses* para dobrar de valor. E mais seis meses para *quadruplicar*. E mais seis meses para *octuplicar*! Enfim, em apenas dois anos (n = 24,5 meses) sendo continuamente rolada, a dívida acumulada chegará a 16 X seu valor original. Para cada R$ 100,00 tomados emprestados nessa condição, o devedor terá de pagar R$ 1.600,00 após dois anos!

Veja a seguir a conta certa feita quatro vezes, uma para cada prazo de rolagem da dívida no rotativo do cartão. Repare o resultado no campo Valor Futuro (FV), ou seja, quando se terá de desembolsar no momento futuro, ao final de cada período, para quitar tal dívida. dívida. Usando o DINHEIRÔMETRO®, consideraremos cada prazo de rolagem da dívida a juros mensais de 12%: 6, 12, 18 e 24 meses. Utilizaremos a **ÁREA 5** de **(FV) VALOR FUTURO**, da nossa Calculadora de Matemática Financeira, para projetar o valor definido no final de cada prazo, podendo-se assim enxergar em câmera "lenta" o rolar da bola de neve dessa dívida, alimentada pelo poderoso "fermento" dos juros compostos pagos:

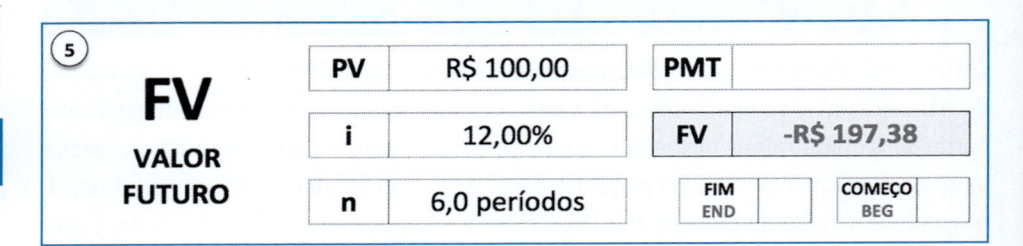

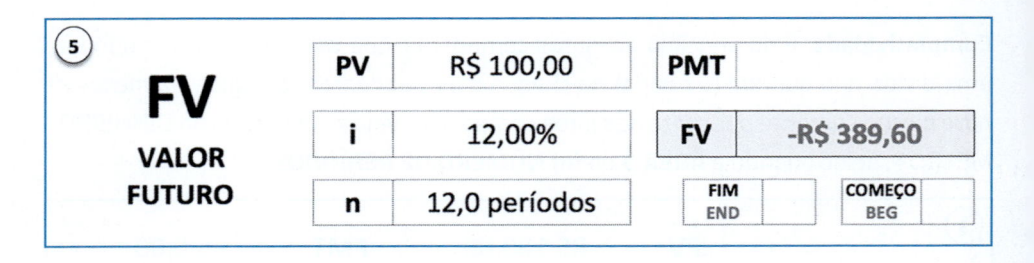

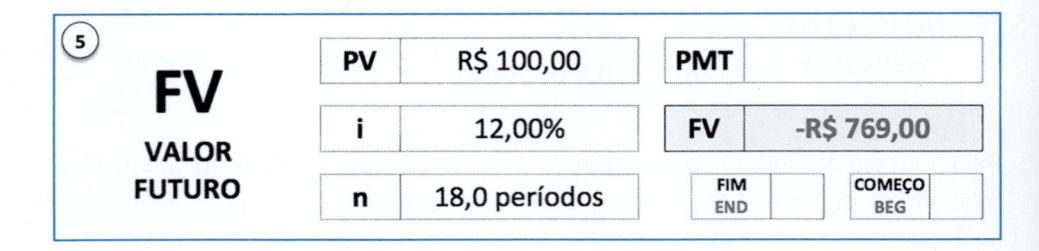

⑤ FV VALOR FUTURO

PV	R$ 100,00	PMT	
i	12,00%	FV	-R$ 197,38
n	6,0 períodos	FIM END	COMEÇO BEG

⑤ FV VALOR FUTURO

PV	R$ 100,00	PMT	
i	12,00%	FV	-R$ 389,60
n	12,0 períodos	FIM END	COMEÇO BEG

⑤ FV VALOR FUTURO

PV	R$ 100,00	PMT	
i	12,00%	FV	-R$ 769,00
n	18,0 períodos	FIM END	COMEÇO BEG

⑤ **FV** VALOR FUTURO

PV	R$ 100,00
i	12,00%
n	24,0 períodos

PMT	
FV	-R$ 1.517,86

FIM END | COMEÇO BEG

POR QUE NÃO DEVO INTERPRETAR UMA DÍVIDA COMO INVESTIMENTO?

Tem gente que argumenta, por exemplo, que um financiamento imobiliário não seria exatamente uma *dívida*, mas, pelo contrário, um *investimento*. Quem defende essa tese costuma apresentar dois argumentos: 1) o financiamento imobiliário tem um propósito nobre, que é o aumento do seu patrimônio pessoal e familiar, por meio da aquisição de um imóvel; 2) para imóveis, os juros são extremamente mais baixos do que os praticados em outras modalidades de crédito à pessoa física. Sim, é fato que a dívida de um financiamento imobiliário não é uma dívida qualquer, dado o seu lastro imobiliário e patrimonial. Mas que é uma *dívida*, disso não pode haver dúvida.

Juros baixos? Em primeiro lugar, vamos analisar o argumento do juro baixo. De fato, as taxas para financiamentos imobiliários são hoje as mais baixas cobradas no mercado de crédito brasileiro. Trata-se, porém, de taxas de juros *cobrados* (= pagos), e não de juros *recebidos* (= ganhos), o que já caracteriza indiscutivelmente uma dívida. Ademais, a taxa pode ser baixa, mas, quando *o prazo é longo*, os juros sobre juros se acumulam no decorrer dos meses e anos de uma forma que pode resultar em uma pequena fortuna de juros pagos no cômputo geral do financiamento. *Taxa baixa* não é sempre sinônimo de *juros baixos*!

Exemplo. Vamos agora fazer as contas certas para o caso da compra de um terreno no interior, visando futuramente construir uma casa de lazer para os finais de semana da família. Suponhamos levantar R$ 100 mil emprestados através de um sistema convencional de financiamento imobiliário, também conhecido como SFI | Sistema Financeiro Imobiliário ou CI | Carteira Hipotecária. Aqui devo fazer uma pausa estratégica para um esclarecimento importante: o raciocínio numérico que apresento a seguir não se aplica ao financiamento pelo SFH | Sistema Financeiro de Habitação, a modalidade facilitadora para a aquisição de imóveis no caso de quem ainda não tem a *casa própria*.

SFH é outra história! Sei que os nomes e siglas SFI X SFH são quase idênticos, o que pode gerar confusão, mas as condições para o comprador/devedor são bem diferentes. A modalidade de financiamento do SFH é muito convidativa. Como comprovarei em detalhes em um capítulo especial desta sessão, o SFH pode até ser uma dívida financeiramente interessante para quem ainda não é dono de seu imóvel de residência. Isso posto, voltemos agora ao caso comum.

Na ponta do lápis. O valor financiado (PV) será de R$ 100 mil. Se for pago em 25 anos ou 300 meses (n), com taxa de juros anual de 10,50%, ou mensal de 0,84% (i), teremos 300 prestações de R$ 914,35 (PMT), o que dará praticamente R$ 1.000,00 mensais (incluindo-se aí IOF e seguro imobiliário). Veja a conta certa na **ÁREA 4** de **(PMT) PAGAMENTO PERIÓDICO** do nosso DINHEIRÔMETRO®:

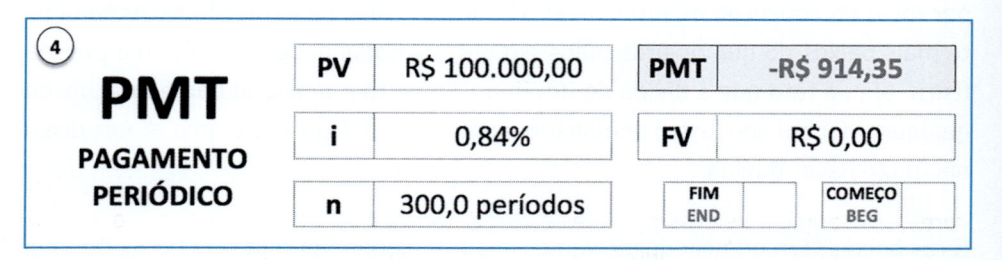

PMT PAGAMENTO PERIÓDICO	PV	R$ 100.000,00	PMT	-R$ 914,35
	i	0,84%	FV	R$ 0,00
	n	300,0 períodos	FIM END	COMEÇO BEG

O triplo! Como os R$ 1.000,00 serão pagos por 300 meses, fazendo uma conta grosseira, podemos dizer que o comprador financiará R$ 100 mil e pagará quase R$ 300 mil, o que dá simplesmente 3 X o valor original financiado. Não se esqueça de que tais parcelas serão ainda reajustadas por um índice de inflação qualquer, como INPC, IPCA ou IGP-M, pois o banco não deseja sofrer perdas no poder aquisitivo daquilo que vai recebendo do devedor ao longo dos muitos anos do contrato. Então, estamos falando grosseiramente de R$ 300 mil em valores reais!

Guinada. De outro lado, vamos imaginar o contrário de uma dívida, ou seja, um bom *plano de investimentos*: você aplicará R$ 914,35 todos os meses em títulos do Tesouro Direto, por exemplo, ganhando 0,35% de rentabilidade líquida real (descontando todas as taxas, impostos e inflação). Assim, bastarão oito anos (para ser exato, 92,8 meses, ou 7 anos e 9 meses) para que se tenha acumulado os R$ 100 mil necessários, atualizados em valores da época (para poder acompanhar a alta do preço do imóvel, que naturalmente terá encarecido até lá, conforme a inflação). Veja a conta certa na **ÁREA 3** de **(n) NÚMERO DE PERÍODOS**, do nosso DINHEIRÔMETRO®:

③ **n** NÚMERO DE PERÍODOS

PV	R$ 0,00	
i	0,35%	
n	92,8 períodos	
PMT	R$ 914,35	
FV	-R$ 100.000,00	
FIM/END		COMEÇO/BEG

Muito mais rápido! Com essa conta, fica claro que, com o mesmo volume de sacrifício financeiro mensal (R$ 914,35 mil por mês, veja que nem utilizei os R$ 1.000,00 da prestação concreta do financiamento), ao optar pelo plano de investimentos para comprar seu imóvel à vista, e não apelar para a dívida do financiamento imobiliário, você comprará o mesmo imóvel nada menos que 17 anos antes! No caso do financiamento será em 25 anos! Sim, 17 anos mais cedo. Parece mágica, mas é só a realidade financeira tal como é, calculada na ponta do lápis, mostrando a diferença de peso entre uma *dívida* e um *investimento*.

Liberdade e flexibilidade. Além dessa enorme vantagem financeira, em um plano de investimentos é você quem define livremente quanto irá aplicar por mês, de acordo com suas verdadeiras possibilidades orçamentárias, conforme o tamanho correto do esforço poupador & investidor que possa efetivamente realizar. Tendo traçado seu plano, todos os meses você seguirá realizando o pagamento das mensalidades de forma sempre voluntária, jamais compulsória, como na dívida. Enquanto segue poupando e aplicando, você ganhará juros. E, quando tiver com a bolada em mãos, poderá usá-la livremente, para o que bem entender, inclusive comprar o tal imóvel à vista e com desconto, se assim ainda for do seu interesse na ocasião, ou então focar essa grana pronta em outro grande sonho de compra e consumo mais atraente na época. Com uma dívida, é bem diferente: ela está em geral atrelada à aquisição de um bem específico, no caso do financiamento imobiliário, o imóvel.

Segurança. No período durante o qual estiver realizando seus investimentos frequentes, se ocorrer um eventual desemprego, você não precisará se preocupar, como certamente ocorreria se tivesse um pesado financiamento (uma dívida!) a pagar. Enquanto isso, contará com a segurança de ter em mãos uma boa grana com liquidez imediata, uma reserva que poderá ser bastante útil para reequilibrar suas finanças na hipótese de um desemprego prolongado além do imaginado. Já uma dívida, uma vez contraída, é compulsória: se atrasar muito, você corre o risco de perder o imóvel. Afinal, de onde você acha que vem aquela lista enorme de imóveis anunciados para leilão? Entenda que minha ideia não é assustar ou desestimular você em seu projeto de aquisição da casa própria (ou qualquer outro imóvel), muito pelo contrário: quero que você consiga comprá-lo o quanto antes, completamente quitado, com escritura passada em seu nome e a certidão averbada no cartório de registro de imóveis da região!

Faz certo, que dá certo! Eis como raciocina a **mentalidade próspera**: uma *dívida* quase sempre será o caminho mais *longo*, mais *sacrificado* e mais *arriscado* para conquistar algo de maior valor que você deseja ter nesta vida. Um bom *investimento* certamente será o jeito mais *curto*, menos *sacrificado* (porque algum sacrifício do trabalho sempre estará envolvido, é lógico) e menos *arriscado* de realizar seus grandes sonhos de compra e consumo!

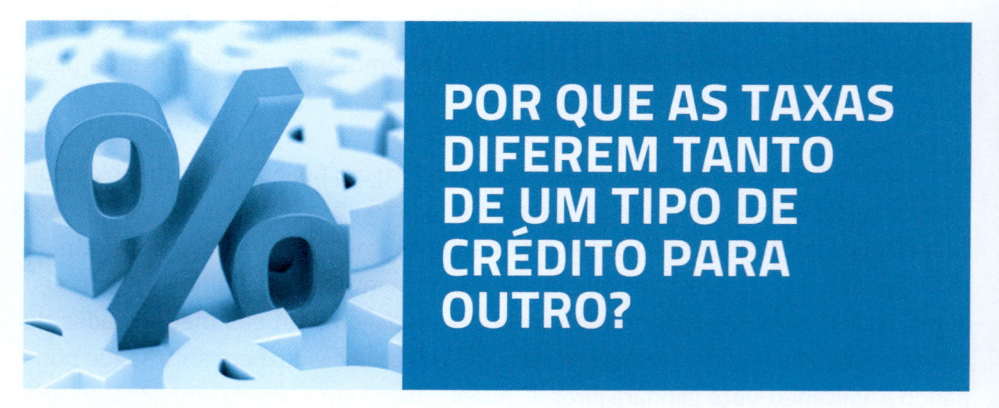

POR QUE AS TAXAS DIFEREM TANTO DE UM TIPO DE CRÉDITO PARA OUTRO?

Diferentes modalidades de empréstimos à pessoa física envolvem a cobrança de diferentes taxas de juros, como é natural de esperar. No entanto, olhando bem de perto, podemos observar que as diferenças entre as taxas praticadas no Brasil são muito acentuadas:

- Crédito pessoal de financeira: 15% ao mês = 435% ao ano
- Crédito rotativo do cartão de crédito: 12% ao mês = 290% ao ano
- Cheque especial: 8% ao mês = 152% ao ano
- Crédito pessoal de banco (correntistas): 4% ao mês = 60% ao ano
- Crediários (taxa efetiva embutida): 4% ao mês = 60% ao ano
- Financiamento de auto usado: 2,49% ao mês = 34% ao ano
- Crédito cooperativo ou consignado: 2% ao mês = 27% ao ano
- Financiamento de auto novo: 1,49% ao mês = 19% ao ano
- Financiamento imobiliário: >1% ao mês = >12% ao ano

Extremos. Por que tamanha disparidade nas taxas? Excetuando-se o crédito cooperativo, que não visa lucros e tem função social, as demais modalidades de empréstimos apresentam diferenças expressivas em três principais aspectos: 1) a *facilidade* e *rapidez* com que o tomador consegue embolsar a grana; 2) as *garantias reais* exigidas de quem toma o dinheiro emprestado; 3) a probabilidade de se configurar *inadimplência*, ou seja, as chances da instituição financeira levar calote do tomador. Pense no cheque especial ou no crédito rotativo dos cartões de crédito: existe coisa mais prática do que recorrer a essas modalidades de empréstimo pessoal? Rapidez e facilidade são a marca desses dois tipos de dívidas, que não pedem garantia específica em contrapartida e costumam ser, justamente por isso, as que apresentam maior nível de inadimplência. Pronto: está aí boa parte da explicação para taxas tão elevadas, nesses casos. De outro lado, pense em um financiamento imobiliário: aquela papelada toda exigida para aprovar o crédito, o tempo que demora para liberar, a garantia real que seu financiador exige de você (o próprio imóvel objeto do financiamento) e a baixíssima probabilidade de o devedor nem sequer pensar em deixar de pagar as prestações do teto que cobre a cabeça de sua família! Por isso tudo, a taxa de juros cobrada de quem toma dos bancos para comprar sua casa própria acaba sendo a menor do mercado de crédito no país.

POR QUE OS JUROS DAS DÍVIDAS PESSOAIS SÃO TÃO ELEVADOS NO BRASIL?

Historicamente, e isso já há mais de 20 anos, o Brasil se apresenta como recordista no mundo desenvolvido (na comparação com as dez maiores economias do globo), em termos de taxas de juros reais praticados para o consumidor pessoa física. Existem duas grandes vertentes de explicações para essa lamentável realidade, uma delas mais *técnica* e outra mais *mercadológica*, e ambas se complementam. É bom que você compreenda as duas.

Tecnicamente, os "juros da praça", aqueles juros que são efetivamente desembolsados nas várias modalidades de crédito pelo devedor pessoa física no país, não caem por seis principais motivos:

1. A **taxa básica de juros** (taxa Selic) ainda é muito elevada no Brasil, pressionando o custo de captação para bancos e financeiras aqui estabelecidos. Para captar recursos dos investidores, e assim emprestar tais recursos a seus correntistas nas várias modalidades de crédito à pessoa física existentes, os bancos emitem, por exemplo, CDBs | Certificados de Depósito Bancário. Caso não ofereçam uma remuneração nos CDBs compatível com a taxa Selic (os juros básicos brasileiros, pagos pelo governo em seus títulos de dívida pública do LFTs | Tesouro Selic), os bancos perderão competitividade para o próprio governo na atração de recursos financeiros, o que restringirá sua atividade comercial. É por isso que as várias instituições financeiras no Brasil acabam sendo pressionadas, pela Selic elevada, a pagar mais em seus CDBs. Resultado: o dinheiro que será emprestado aos correntistas já chegará aos bancos custando mais caro. Pronto: está lançada a bola de neve dos juros altos, uma gigantesca esfera que está apenas começando a se enrolar.

2. Os **depósitos compulsórios** que os bancos são obrigados, por lei, a manter junto ao Banco Central, de parte do que captam no mercado para realizar empréstimos, ainda são muito elevados no Brasil, restringindo a liquidez das instituições financeiras e, mais uma vez, elevando o custo de captação que será repassado às taxas do crédito bancário oferecido.
3. Os **impostos sobre as operações de crédito** ainda mordem feio, pois o governo não abre mão de ser um "grande sócio" dos bancos e financeiras, pelo menos na partilha dos ganhos (aliás, como sabemos, ele procede da mesma forma com todas as grandes empresas estabelecidas no país, qualquer que seja o ramo).
4. Os **custos administrativos** das instituições financeiras, que têm de ser repassados para seus clientes, embutidos nas taxas dos empréstimos, ainda são bastante onerosos, apesar dos enxugamentos e racionalizações administrativas do setor bancário nas últimas décadas. Os gastos com tecnologia da informação na indústria financeira, por exemplo, ainda são altíssimos! (Funciona bem... mas custa caro.)
5. A **inadimplência** continua muito elevada. Uma parte considerável dos bancos e financeiras ainda empresta dinheiro sem promover uma criteriosa análise prévia à concessão do crédito, conferindo se o indivíduo terá ou não capacidade de honrar cada nova dívida. O desemprego elevado também atrapalha, ainda mais se pensarmos no baixo nível de educação financeira do brasileiro (coisa com a qual bancos e financeiras não têm a menor preocupação). Ocorre que, como a demanda por crédito pessoal é grande, fica até fácil repassar para as taxas cobradas nos empréstimos o ônus de não pagamentos individuais, forçando assim os bons pagadores a arcarem com o calote dos maus, na forma de taxas mais elevadas pagas no crédito por quem *de fato* as paga.
6. As **margens de lucro** das operações de crédito à pessoa física no Brasil ainda são bastante altas (porque ainda se empresta proporcionalmente pouco, a escala de operação é muito baixa, alegam os bancos), contribuindo para inflar os juros da praça aos elevadíssimos patamares em que se encontram há décadas.

Tem mais. Essa é a explicação mais *técnica*. Agora vamos à *mercadológica*. Dentre as várias leis que regulam o comportamento dos mercados verdadeiramente mercantis, não manipulados, a mais antiga e irrevogável é, sem dúvida, a velha e (normalmente) boa *lei da oferta e da procura*. Essa lei reza que, quando muitos consumidores desejam (demandam) determinado bem ou serviço, mesmo que a produção (oferta) seja expressiva, o preço tenderá a ficar em patamares mais altos.

Oferta X demanda. É isso que ocorre hoje com a atividade de aluguel de dinheiro no Brasil. O que explica a aparentemente irracional magnitude dos juros do crédito à pessoa física no país é, no fundo, um movimento que de *irracional* não tem nada, porque sua razão concreta está bem clara: a total preponderância da demanda sobre a oferta no mercado de crédito nacional, elevando por demais o preço do aluguel do dinheiro. Os juros da praça ainda são exageradamente elevados no Brasil simplesmente porque os devedores brasileiros continuam concordando em pagá-los, apesar das taxas elevadas, continuam demandando dinheiro alugado. Enquanto for assim, nada mudará nesse sentido, como não mudou nas últimas duas décadas, apesar de flutuações acentuadas nos juros básicos.

capítulo 8

CALCULE O PESO EM SEU BOLSO DOS DIVERSOS TIPOS DE CRÉDITO

Até aqui, você já percebeu que permitir a invasão descontrolada das dívidas em sua vida financeira só o fará empobrecer. Porém, em certas circunstâncias da vida, contrair uma dívida pode ser uma decisão admissível, talvez até próspera. Como identificar? Essa é uma habilidade que todo **MONEY BO$$** deve desenvolver! Algumas perguntas comuns podem lhe ajudar a lançar luz sobre a polêmica decisão de se endividar ou não:

- Qual a modalidade de dívida que lhe pede juros menores?
- Qual o valor máximo para tomar em cada tipo de dívida?
- Que impacto o pagamento dos juros terá sobre seu bolso?

DIVIDÔMETRO ®

CALCULADORA DE DÍVIDAS MAIS PRUDENTES

Preencha os campos em branco abaixo, para ver os resultados nos campos em cinza.
Eles são mostrados com sinal negativo, lembrando que toda dívida gera desembolsos.

1 — CRÉDITO PESSOAL DE FINANCEIRA (+ CARO) OU BANCO (+ BARATO)

VALOR CONCEDIDO	100%		DEVIDO POR MÊS	(PMT)
TARIFA COBRADA	0%		PRINCIPAL	
PRAZO	(n)		JUROS EMBUTIDOS	(i) ACM. — NO TOTAL
TAXA DE JUROS	(i)			

2 — CRÉDITO ROTATIVO DO CARTÃO

FATURA ($)	100%		DEVIDO NO FINAL	(FV)
PAGTO. FEITO	0%		PRINCIPAL	
MESES DE ROLAGEM	(n)		JUROS ACUMULADOS	(i) ACM. — NO TOTAL
TAXA DE JUROS	(i)			

3 — CHEQUE ESPECIAL

LIMITE ($)	(PV)		DEVIDO NO FINAL	(FV)
DISPONÍVEL	POR:		PRINCIPAL	
USO TOTAL (DIAS)	(n)		JUROS ACUMULADOS	(i) ACM. — NO TOTAL
TAXA DE JUROS	(i)			

4 — CRÉDITO COOPERATIVO X CRÉDITO CONSIGNADO

EMPRÉSTIMO CONCEDIDO	100%		DEVIDO POR MÊS	(PMT)
			PRINCIPAL	
PRAZO	(n)		ENCARGOS ADICIONADOS	(i) ACM. — NO TOTAL
TAXA ENCARGOS	(i)			

5 — FINANCIAMENTO CREDIÁRIO CDC VEÍCULO IMÓVEL

VALOR DO BEM	100%		DEVIDO POR MÊS	(PMT)
ENTRADA	0%		PRINCIPAL	
PRAZO	(n)		JUROS EMBUTIDOS	(i) ACM. — NO TOTAL
TAXA DE JUROS	(i)			

Evite as dívidas e os pagamentos de juros em geral, porque enfraquecem seu poder aquisitivo.
Ao parcelar, busque a menor taxa, dê a maior entrada e contrate o prazo mais curto possível.

SMARTCALCS® *por* PROF. MARCOS SILVESTRE *para* www.coachingmoney.com.br
PROFE® Programa de Reeducação e Orientação Financeira e Empreendedora

Obs.: essa ferramenta é uma *cortesia* do autor, de oferecimento gratuito, não está inclusa no preço do livro e sua disponibilização para *download* poderá ser suspensa a qualquer tempo, sem prévio aviso.

Na ponta do lápis. Creio que neste ponto você já tem a base de raciocínio necessária para eu lhe apresentar nosso **DIVIDÔMETRO® | Calculadora de Dívidas Mais Prudentes** (ferramenta digital integrante da Metodologia PROFE® | Programa de Reeducação e Orientação Financeira e Empreendedora). Por gentileza, faça o *download* aberto e gratuito dessa ferramenta acessando a área REPLANEJAR AS DÍVIDAS do *site* **www.educarparaprosperar.com.br**. Essa calculadora foi desenvolvida com base no programa Microsoft Excel: você não precisa ter conhecimentos desse programa para utilizar o DIVIDÔMETRO®, basta seguir as instruções aqui apresentadas, embora precise ter o programa instalado em seu computador para utilizá-la.

Vai ou não vai? A grande utilidade do DIVIDÔMETRO® é permitir a você avaliar, na ponta do lápis, quanto lhe custará o dinheiro tomado emprestado em qualquer nova dívida que esteja pensando contrair, *antes* mesmo de dar seu "sim". Calculando corretamente os cifrões dos juros a serem pagos, ficará mais fácil avaliar se cada dívida verdadeiramente compensará (ou não) o sacrifício que representará para seu bolso.

CET. Sempre que for solicitada uma taxa de juros na calculadora, insira a taxa do CET | Custo Efetivo Total informada pela instituição financeira. Desde 2009 é obrigatório o fornecimento pelos bancos e financeiras dessa importantíssima informação para o devedor. Diferentemente da simples taxa nominal de juros do contrato, que é sempre um pouco mais baixa, a taxa do CET envolve todos os custos efetivamente pagos pelo tomador do crédito, como eventuais impostos, seguros e tarifas bancárias embutidos na operação. Essa taxa é a que interessa a quem vai tomar dinheiro emprestado, pois é exatamente ela que determinará quanto será retirado do seu bolso.

1. Crédito pessoal: financeira (+ caro) X banco (+ barato)

Qualquer região de comércio no centro das grandes cidades está abarrotada de financeiras. Dinheiro rápido e fácil, muitas vezes sem nenhuma comprovação de renda (e até mesmo com o nome negativado!), é a promessa desse pessoal. Tudo muito prático, ágil e... caro!

Na ponta do lápis. Imagine que você deseja ou precisa de um empréstimo emergencial de R$ 1.000,00 (PV). Se for a uma dessas financeiras, é quase certo que consiga o crédito da quantia desejada em dinheiro vivo e em poucos minutos. De pronto, vão lhe cobrar por conta da "análise de crédito" uma tarifa inicial de R$ 100,00 (valor que deve ser acrescido ao PV, porque a prática é incorporá-lo ao empréstimo) e mais 15% de juros ao mês (i), para o parcelamento, digamos, em 12 meses (n). Como resultado, você pagará 12 X R$ 203,00 (PMT). Veja a conta certa na **ÁREA 1** de **CRÉDITO PESSOAL DE FINANCEIRA OU BANCO** do nosso DIVIDÔMETRO®:

1 CRÉDITO PESSOAL DE FINANCEIRA (+ CARO) OU BANCO (+ BARATO)	VALOR CONCEDIDO	100%	R$ 1.000	DEVIDO POR MÊS	(PMT)	-R$ 203
	TARIFA COBRADA	+10%	R$ 100	PRINCIPAL	41%	-R$ 83
	PRAZO	(n)	12 meses	JUROS EMBUTIDOS	59%	-R$ 120
	TAXA DE JUROS	(i)	15,00 % AO MÊS		(i) ACM.	144% NO TOTAL

Pesa? A princípio, esses R$ 203,00 por mês não lhe parecem grande coisa, e certamente são muito menos (apenas 1/5) que o valor de R$ 1.000,00 de que tanto precisava... e conseguiu! Mas pense bem: R$ 1.000,00 divididos por 12 meses, se fossem para devolução sem juros, resultariam em R$ 83,00 mensais. Isso quer dizer que, se você está pagando R$ 203,00 por mês, a diferença de R$ 120,00 (= R$ 203,00 – R$ 83,00) é *juro puro*! Do total da parcela, a menor parte (apenas 41%), equivale à devolução do *principal* da dívida (= o que você realmente havia tomado emprestado, e estará devolvendo em parcelas), enquanto a maior parte (outros 59%) correspondem aos *juros acumulados* sobre juros. Veja que ironia: o que deveria ser o *principal* esforço do devedor, devolver aquilo que havia tomado emprestado, transforma-se em esforço *secundário*... Isso lhe parece minimamente coisa de gente próspera?

Segunda tentativa. Os bancos também concedem crédito pessoal rápido e fácil, embora às vezes seja necessário "lutar" com o gerente e, talvez, você tenha de levar um "segurinho de vida" a mais, ou um "titulozinho de capitalização" extra qualquer, para "ajudar o gerente" e assim "facilitar" a concessão do empréstimo. (O procedimento da chamada *venda casada* de produtos/serviços, proibido pelo Código de Defesa do Consumidor, está sendo combatido pelos bancos mais sérios, mas, infelizmente, ainda acontece com preocupante frequência.) Nesse caso, a taxa cobrada pelos bancos, apesar de não ser exatamente pequena, é menor do que nas financeiras.

Na ponta do lápis. Para tomar os mesmos R$ 1.000,00 (PV) no banco, pelo mesmo prazo de 12 meses (n), só que com juros de 4% ao mês (i), a conta da mensalidade ficará em apenas R$ 117,00 (PMT), portanto R$ 86,00 (= R$ 203,00 – R$ 117,00), o que dá 42% a menos comparando com o crédito contraído com a financeira, uma economia de R$ 1.032,00 (= R$ 86,00 X 12 meses) no total dessa operação de empréstimo. Veja como fica essa conta, ainda na **ÁREA 1** de **CRÉDITO PESSOAL DE FINANCEIRA OU BANCO** do nosso DIVIDÔMETRO®:

1	CRÉDITO PESSOAL DE FINANCEIRA (+ CARO) OU BANCO (+ BARATO)	VALOR CONCEDIDO	100%	R$ 1.000		DEVIDO POR MÊS	(PMT)	-R$ 117
		TARIFA COBRADA	+10%	R$ 100		PRINCIPAL	71%	-R$ 83
		PRAZO	(n)	12 meses		JUROS EMBUTIDOS	29%	-R$ 34
		TAXA DE JUROS	(i)	4,00 % AO MÊS			(i) ACM.	41% NO TOTAL

Mentalidade empobrecedora. Sendo assim, por que tem gente que ainda aluga dinheiro em financeira? É... para as pessoas completamente atoladas no lamaçal das dívidas imprudentes, para aqueles devedores verdadeiramente desesperados, cuja consciência financeira se encontra completamente amortecida, a facilidade da não comprovação de renda tem seu valor. No fundo, sabemos que, nesses casos, o dinheiro servirá apenas como mais corda para se enforcar, mas na hora em que se põe a mão nele, parece um alívio. Pense diferente, faça diferente, pois seu dinheiro (e seu trabalho) merece ser valorizado!

2. Cartão de crédito: facilidades e tentações do dinheiro de plástico

Lado bom. O cartão de crédito é um dos meios de pagamentos mais seguros para dar conta de seus gastos, suas compras e suas contas, pois evita que você tenha de circular com dinheiro vivo em mãos. Também é muito prático: basta carregar um pequeno pedaço de plástico chipado na carteira para ter acesso a inúmeras lojas, bares, restaurantes, programas de lazer e prestadoras de serviços em geral. A compra com cartão é rápida e descomplicada. O uso do cartão de crédito também ajuda a organizar seu orçamento, porque lhe apresenta um extrato mensal com todas as despesas em uma sequência lógica, devidamente organizada por data de realização dos gastos. Você também pode consultar o extrato *on-line* a qualquer momento, para conferir a soma de suas despesas no mês até a data.

Uso planejado. Usando cartão de crédito, todos os seus pagamentos serão concentrados para uma única data no mês. Daí, para obter um casamento perfeito de entradas X saídas em seu orçamento pessoal e familiar, bastará escolher uma data de vencimento para o cartão de crédito que coincida com sua principal data de recebimento no mês (ou poucos dias depois), garantindo que haverá fundos em sua conta corrente. Comprando no cartão de crédito alguns dias antes do vencimento de sua fatura, normalmente até dez dias antes, você ganhará cerca de 40 dias de prazo para pagar, uma vez que as despesas feitas nessa época apenas entrarão na fatura do próximo mês. Além disso, cartões de crédito também costumam oferecer programas de acumulação de pontos para a troca por produtos e serviços de catálogos ou, até melhor, passagens aéreas para conhecer o Brasil e o mundo.

Cautela. Basicamente, dá para afirmar que o cartão de crédito é bom, muito bom, como *meio de pagamento*. Procure, no entanto, se organizar para quitar integralmente a fatura de seu cartão de crédito na data de seu vencimento, sem se ver forçado a recorrer às funções de *crédito* de seu cartão de crédito de forma não planejada, pois isso resultará no pagamento de juros desnecessários e potencialmente incompatíveis com o equilíbrio de sua vida financeira. O crédito rotativo, por exemplo, *é uma forma prática e automática de financiar as despesas realizadas com seu cartão de crédito*. A fatura do cartão de crédito de cada mês sempre apresenta um valor estipulado para pagamento mínimo (15% ou mais do total acumulado da fatura). Para não ficar inadimplente com o cartão, ou seja, para que não se configure um atraso no pagamento da fatura, pelo menos esse mínimo de cada mês deverá ser pago. A partir do valor mínimo, o usuário do cartão poderá pagar o quanto quiser (até atingir o total acumulado da sua fatura). O valor eventualmente restante, não pago, será automaticamente financiado pelo crédito rotativo do cartão, com os devidos encargos cobrados proporcionalmente entre o dia do pagamento e a próxima fatura do cartão (durante os próximos 30 dias). O problema está nas taxas cobradas, altíssimas, como calcularemos em breve.

Compras parceladas no cartão. Aqui o consumidor precisa conferir direito o que lhe está sendo proposto. Basicamente, há duas modalidades de compras parceladas: *com* ou *sem* juros. A compra parcelada *sem juros* é oferecida somente em alguns estabelecimentos comerciais, e cada estabelecimento define livremente para seus clientes o número de parcelas nesse tipo de oferta. No caso, não há qualquer encargo para o comprador, ou seja, uma compra de R$ 100,00 parcelada em 10 vezes implicará no lançamento de 10 parcelas de exatamente R$ 10,00 em cada fatura do cartão.

Já a compra parcelada *com juros* é um serviço oferecido diretamente pela administradora do cartão, e não pelos lojistas, podendo ser efetuada em qualquer estabelecimento comercial. O parcelamento normalmente é oferecido em até 12, 24 ou 36 meses (eventualmente mais, conforme estipulado pela administradora), mas o usuário definirá ele mesmo o número exato de parcelas que pretende praticar a cada compra. Para saber quanto se está pagando de juros no parcelamento, é fácil. Basta somar o valor total das parcelas e subtrair o valor original da mercadoria: a diferença a pagar será equivalente aos juros cobrados. Assim, se uma compra de R$ 100,00 pode ser parcelada em 10 mensais de R$ 12,00 cada, no cômputo geral os juros serão de R$ 20,00 (= R$ 120,00 (10 X R$ 12,00) – R$ 100,00).

Parcelando a fatura em si. Observe na fatura de seu cartão que a administradora ostensivamente lhe propõe um plano automático de parcelamento da fatura em determinado número de parcelas fixas (com encargos mais baixos que os do crédito rotativo). Essa oferta pode lhe ser interessante caso a fatura já tenha atingido um valor muito elevado para suas possibilidades financeiras, e você queira "parar a bola de neve".

CARTÃO DE CRÉDITO RESPONSÁVEL: AUTOCONTROLE É A SOLUÇÃO!

Sem surpresas desagradáveis. Quem usa cartão de crédito não pode ser pego de surpresa pelo total acumulado em sua fatura mensal. Para evitar o uso descontrolado do cartão, você deve restringir seu limite de crédito a um número que seja compatível com sua realidade financeira, e normalmente muito mais baixo do que o estipulado pelos bancos/administradoras para você. A soma dos limites de seus vários cartões deve ficar entre 30% e 50% de sua renda mensal, no máximo. Afinal, uma parte de seus ganhos de cada mês deverá ser usada para viabilizar também o uso de *outros* meios de pagamento, como cartões de débito, cheques, carnês, débitos automáticos em conta etc. Ninguém paga tudo no cartão: então, qual seria a lógica financeira de um limite mensal de gastos igual à sua renda líquida? Pior ainda: que sentido faz um cartão que lhe permite gastar até mais do que você tem disponível de poder de compra todos os meses? Isso é receita certa para desembocar no aluguel de dinheiro fácil, mas caríssimo, que irá, no final das contas, achatar seu poder aquisitivo e afastá-lo da prosperidade sustentável e duradoura!

Papeizinhos. Partindo da regra sugerida acima, para ter uma boa noção de *quanto* virá na próxima fatura, "colecione" os papeizinhos amarelos ou azuis que são impressos em cada gasto ou compra nas lojas e estabelecimentos comerciais, guardando-os de forma organizada. Mas calma: não será necessário guardar todos! Logo no início do mês, no primeiro uso do cartão, dobre ao meio a primeira papeleta (referente à primeira despesa ou compra do mês) e "vista" com ela seu cartão, guardando tal conjunto na carteira. Quando vier o segundo papelzinho, some o valor deste ao valor do primeiro e anote o valor total acumulado em números grandes na frente do segundo papel (com caneta ou lápis, tanto faz). Dobre o segundo papelzinho ao meio e "vista" com ele seu cartão, guardando-o novamente na carteira (pode jogar fora o primeiro papelzinho). Faça isso sucessivamente com cada gasto/compra feita ao longo do mês, e você estará monitorando continuamente, de forma automática, o valor acumulado de suas despesas pagas com cartão naquele mês. Naturalmente, a qualquer momento você poderá acessar pelo seu *smartphone* a fatura atualizada *on-line*, mas o controle com os papeizinhos é até mais prático. Quando chegar próximo a seu limite do mês, pé no freio dos gastos, postergue as próximas despesas para o próximo mês. Assim, quando a fatura vier, será possível quitar 100% do valor devido.

CRÉDITO ROTATIVO DO CARTÃO: PRÁTICO, RÁPIDO... E CARO!

Imagine que a fatura do seu cartão de crédito tenha vindo no valor de R$ 1.200,00. Sendo "pego de surpresa" por esse valor, você decide pagar somente 20%, ou R$ 240,00.

Como consequência, automaticamente serão rolados os R$ 960,00 da diferença (80% do total). Considerando uma taxa de juros de 12% ao mês, daqui a um mês, mesmo que você não tenha feito qualquer outra despesa no cartão nos últimos 30 dias, além dos R$ 960,00 rolados do mês passado, estará devendo também R$ 115,20 (= R$ 960,00 X 12%) de juros do período. Portanto, sua dívida será de R$ 1.075,20 no total. Só que a coisa nunca evolui exatamente desse modo, porque você acaba tendo diversos outros gastos no cartão durante os próximos 30 dias, além da dívida pendurada do mês passado. Suponha que tais desembolsos tenham sido de R$ 1.000,00. Daí, a nova fatura terá chegado a R$ 2.075,20 (= R$ 1.075,20 da dívida + R$ 1.000,00 dos gastos do último mês).

Bola de neve. Sentindo-se pressionado pelo novo valor, você resolve pagar apenas os R$ 1.000,00, e fica devendo R$ 1.075,20 para a próxima fatura. Passados mais 30 dias, esse valor voltará com juros de R$ 129,02 (= R$ 1.075,20 X 12%), fazendo sua dívida atingir o total de R$ 1.204,22 (= R$ 1.075,02 + R$ 129,02). Esse é o valor que abre a próxima fatura, mas ainda se deve somar a ele todos os novos desembolsos que você tenha realizado nos últimos 30 dias. Você simplesmente não aguenta arcar com essa soma toda e, mês após mês, vai seguindo a tática de pagar as compras/gastos do mês, e rolar a dívida do cartão "empurrando com a barriga". Eu fiz a conta certa: no decorrer de 12 meses (n) dessa situação, aquela sua dívida original de R$ 960,00 (PV), considerando juros cumulativos de 12% (i) ao mês, terá virado um rombo de R$ 3.740,00 (FV), ou seja, praticamente quatro vezes o valor original que você havia tomado. Do total devido ao final de um ano, apenas 26% (R$ 960,00) corresponderá ao principal da dívida, aquele dinheiro inicial que você "alugou" do cartão, enquanto 74% (R$ 2.780,00) terá sido acrescentado a essa triste história financeira simplesmente por conta dos juros acumulados sobre juros!

Veja como fica essa conta, na **ÁREA 2** de **CRÉDITO ROTATIVO DO CARTÃO** do nosso DIVIDÔMETRO®:

2 CRÉDITO ROTATIVO DO CARTÃO					DEVIDO NO FINAL	(FV)	-R$ 3.740	
	FATURA ($)	100%	R$ 1.200					
	PAGTO. FEITO	20%	R$ 240		PRINCIPAL	26%	-R$ 960	
	MESES DE ROLAGEM	(n)	12 meses		JUROS ACUMULADOS	(i) ACM.	290%	NO TOTAL
	TAXA DE JUROS	(i)	12,00 %	AO MÊS				

Stop! Justamente com o intuito de impedir a rolagem infinita dessa perigosa bola de neve, o governo brasileiro determinou aos bancos que, a partir do início de 2017, o crédito rotativo fosse praticado por apenas 30 dias, após esse período, as administradoras ficam obrigadas a fornecer ao cliente opções de parcelamento do total acumulado em parcelas fixas. Vamos imaginar que, nesse nosso exemplo, quando o cliente atingisse R$ 1.075,20 no rotativo ao final dos primeiros 30 dias, o banco lhe propusesse financiar esse valor em 6, 12 ou 24 vezes, cobrando taxas de juros (i) de 5%, 6% e 7%, respectivamente (normalmente a taxa sobe quando o prazo se estica, porque a chance de inadimplência cresce, e esse custo adicional é repassado pelo banco aos bons pagadores). Veja como ficam essas contas, voltando à **ÁREA 1** de **CRÉDITO PESSOAL DE FINANCEIRA OU BANCO** do nosso DIVIDÔMETRO®.

Acréscimo modesto. Na primeira proposta, parcelando o valor de R$ 2.075,20 (PV) em 6 parcelas (n) com juros (CET | Custo Efetivo Total) na casa dos 5% (i), seriam devidas 6 parcelas de R$ 409,00, portanto R$ 378,80 ou 18% a mais no total. Não se trata de um acréscimo tão grande, é verdade, mas são quase R$ 400,00 a mais no total e, convenhamos, o prazo é bem curto, talvez fique puxado demais pagar essas parcelas e, ainda por cima, as novas compras de cada mês.

1 CRÉDITO PESSOAL DE FINANCEIRA (+ CARO) OU BANCO (+ BARATO)	VALOR CONCEDIDO	100%	R$ 2.075	DEVIDO POR MÊS	(PMT)	-R$ 409
	TARIFA COBRADA			PRINCIPAL	85%	-R$ 346
	PRAZO	(n)	6 meses	JUROS EMBUTIDOS	15%	-R$ 63
	TAXA DE JUROS	(i)	5,00 % AO MÊS		(i) ACM.	18% NO TOTAL

Mais esticada X mais salgada. Na segunda proposta, parcelando o valor de R$ 2.075,20 (PV) em 12 parcelas (n) com juros (CET | Custo Efetivo Total) na casa dos 6% (i), seriam devidas 12 parcelas de R$ 248,00, portanto R$ 900,80 ou 43% a mais no total. Embora a parcela tenha caído com relação à primeira proposta (de R$ 409,00 para R$ 248,00), sendo mais fácil encaixá-la no orçamento, apuramos que no cômputo geral dos juros essa conta ficará ainda mais salgada para seu bolso, achatando o poder de compra do seu dinheiro de forma mais acentuada, em quase R$ 1.000,00 (muito próximo da dívida original).

CRÉDITO PESSOAL DE FINANCEIRA (+CARO) OU BANCO (+BARATO)	VALOR CONCEDIDO	100%	R$ 2.075		DEVIDO POR MÊS	(PMT)	-R$ 248
	TARIFA COBRADA				PRINCIPAL	70%	-R$ 173
	PRAZO	(n)	12 meses		JUROS EMBUTIDOS	30%	-R$ 75
	TAXA DE JUROS	(i)	6,00 % AO MÊS			(i) ACM.	43% NO TOTAL

Paulada! Na terceira proposta, parcelando o valor de R$ 2.075,20 (PV) em 24 parcelas mensais (n) com juros (CET | Custo Efetivo Total) na casa dos 7% (i), seriam devidas 24 parcelas de R$ 181,00, portanto R$ 2.268,80 ou 109% a mais no total. O devedor estará pagando, nesse caso, simplesmente *o dobro* por conta de juros!

CRÉDITO PESSOAL DE FINANCEIRA (+CARO) OU BANCO (+BARATO)	VALOR CONCEDIDO	100%	R$ 2.075		DEVIDO POR MÊS	(PMT)	-R$ 181
	TARIFA COBRADA				PRINCIPAL	48%	-R$ 86
	PRAZO	(n)	24 meses		JUROS EMBUTIDOS	52%	-R$ 94
	TAXA DE JUROS	(i)	7,00 % AO MÊS			(i) ACM.	109% NO TOTAL

Quitar! Essas contas são de grande poder iluminador sobre a *mentalidade empobrecedora*, e a lição que fica é: cartão de crédito é para pagar 100% na data. E pronto! Vamos pensar em outro nome, em vez de cartão de crédito: *cartão de pagamento programado*. Este, sim, tem tudo a ver com as regras da **mentalidade próspera**!

3. Cheque especial: juros altíssimos!

Especial, mesmo? Ele já foi o "queridinho" dos tomadores de crédito emergencial no Brasil, e deve voltar a ser, com a restrição à rolagem do rotativo do cartão de crédito por 30 dias. Prova de que, infelizmente, a maior parte dos brasileiros ainda não sabe (ou não quer) fazer a conta certa e prosperar, porque no quesito juros pagos o "especial" fica pouco atrás do rotativo.

Na ponta do lápis. Imagine que você sairá de férias por um mês e deseja levar consigo R$ 1.000,00 para ajudar nas despesas com alimentação, compras e pequenos gastos no local de destino. Você está se lembrando de que nem todo lugar aceita cartão de crédito (e agora é bom usar menos!), de modo que é prudente levar algum dinheiro vivo no bolso ou, pelo menos, levar cheques. Só que, exatamente nesse momento de gozar suas férias, você não tem esses R$ 1.000,00. O que você faz? Como tem um limite de R$ 3 mil no cheque especial, não pensa duas vezes: avante! Então, durante a viagem, mesmo sabendo que sua conta corrente está praticamente zerada, você solta diversos cheques e faz saques no valor agregado de R$ 1.000,00. Como sua conta se encontrava praticamente zerada, tais débitos serão compensados pelo limite de crédito do seu especial.

Acabou! Passam-se 30 dias e você volta das férias. Após um mês, você continuará devendo os R$ 1.000.00 para o banco e ainda deverá, adicionalmente, juros de R$ 80,00 (= R$ 1.000.00 X 8%). No total, você estará "dependurado" em R$ 1.080,00 no especial. Isso não chega a preocupar tanto você porque, como seu limite é de R$ 3 mil, ainda dá para ir empurrando essa situação para a frente, enquanto não puder resolvê-la, coisa que acaba acontecendo somente nas próximas férias, um ano depois, as quais você resolve vender para a empresa a fim de desafogar sua situação financeira. Após 12 meses (n) rolando uma dívida inicial de R$ 1.000,00 (PV), financiada a juros (CET) de 8% ao mês (i), você estará devendo ao banco R$ 2.518,00: serão R$ 1.000,00 de principal (a *dívida original*, equivalente a apenas 40% do total devido após um ano) mais R$ 1.518,00 de juros acumulados no período (a maior parte do total devido, nada menos que 60%)! No final das contas, você terá de pagar, somente de juros, o equivalente a 152% daquilo que havia tomado emprestado! Estas são as contas mostradas na **ÁREA 3** de **CHEQUE ESPECIAL** do nosso DIVIDÔMETRO®:

③		LIMITE ($)	(PV)	R$ 1.000	DEVIDO NO FINAL	(FV)	-R$ 2.518
CHEQUE ESPECIAL		DISPONÍVEL POR:		30 dias / mês	PRINCIPAL	40%	-R$ 1.000
		USO TOTAL (DIAS)	(n)	360 dias	JUROS ACUMULADOS	60%	-R$ 1.518
		TAXA DE JUROS	(i)	8,00 % AO MÊS		(i) ACM.	152% NO TOTAL

Empobreceu! Não há como escapar da conclusão de que você terá feito mau uso dessa modalidade de crédito e, com isso, terá afrontado o poder de compra dos seus ganhos mensais em R$ 1,5 mil!

4. Crédito cooperativo & consignado: juros bem mais tranquilos

No crédito cooperativo, que não é uma operação financeira comercial, pois não tem a finalidade do lucro, não se costuma falar de *juros* cobrados, mas de *encargos*. A vantagem é que tais encargos estão entre os mais baixos que se pode encontrar no mercado de crédito, e parte deles ainda servirá para remunerar o capital investido pelos próprios cooperados em sua cooperativa, com a distribuição das sobras a cada ano. (Nos *bancos*, os *lucros* remuneram os sócios *banqueiros*, enquanto nas *cooperativas financeiras*, as *sobras* remuneram os *cooperados*.)

Na ponta do lápis. Para tomar aqueles mesmos R$ 1.000,00 (PV) que você havia imaginado alugar na financeira, pelo mesmo prazo de 12 meses (n), mas com juros bastante favorecidos de 2% ao mês (i), a conta da mensalidade ficará em apenas R$ 95,00 (PMT) contra os R$ 203,00 pedidos pela financeira! De cada prestação paga, apenas R$ 11,00 ou 12% corresponderão aos encargos, enquanto o grosso, de R$ 83,00 ou 88%, lhe será cobrado por conta da devolução do principal. Ufa! Até que enfim o *principal* voltou a ser de fato o principal esforço do devedor, ou seja, restituir o dinheiro ao legítimo proprietário! Veja como fica essa conta, na **ÁREA 4** de **CRÉDITO COOPERATIVO X CRÉDITO CONSIGNADO** do nosso DIVIDÔMETRO®:

4							
CRÉDITO COOPERATIVO X CRÉDITO CONSIGNADO	EMPRÉSTIMO CONCEDIDO	100%	R$ 1.000	DEVIDO POR MÊS	(PMT)	-R$ 95	
				PRINCIPAL	88%	-R$ 83	
	PRAZO	(n)	12 meses	ENCARGOS ADICIONADOS	12%	-R$ 11	
	TAXA ENCARGOS	(i)	2,00 % AO MÊS		(i) ACM.	13%	NO TOTAL

Vantagem. Os números não mentem: precisando mesmo de dinheiro emprestado, busque uma cooperativa financeira, se a empresa em que você trabalha disponibilizar uma organização desse tipo. Hoje há também cooperativas financeiras que admitem a livre adesão. Procure uma delas perto da sua residência. Ainda não há muitas dessas cooperativas abertas ao mercado, porque a legislação que autorizou a livre adesão é recente, mas a tendência é de forte crescimento do sistema cooperativo financeiro. Somadas, as quatro maiores já seriam hoje o sexto maior conglomerado financeiro do Brasil. Em tempo: o devedor também poderá encontrar condições semelhantes em termos de taxas de juros no *crédito consignado* com desconto em folha de pagamento, somente acessível a trabalhadores com emprego formal (carteira de trabalho registrada). Trata-se de uma dívida comercial, que visa o lucro do banco, mas, em razão da baixa inadimplência, as taxas costumam ser a metade ou menos daquelas praticadas no crédito pessoal bancário convencional.

5. Financiamento | CDC – crediário: existe mesmo proposta sem juros?

Certo dia você passa por uma loja no corredor do *shopping* e dá de cara com aquele maravilhoso colchão ortopédico importado com que você vinha sonhando, revestido em tecido *premium* antiácaros, com *pillow top* duplo e molas individuais encapadas, anunciado por R$ 2.999,00 ou 12 X R$ 249,90 "sem juros". Aparentemente, uma grande oportunidade de levar para casa de forma suave um objeto de desejo tão cobiçado... e ter um sono mais confortável! Agora, para que seu sono seja também "tranquilo", vale a pergunta: dá mesmo para acreditar que é *sem juros*?

Não. Provavelmente não é sem juros, nem poderia ser: como pode haver uma venda comercial sem juros em um país que pratica juros básicos tão elevados? O preço verdadeiro desse colchão não é R$ 3 mil, mas R$ 2.350,00. Você descobre isso porque faz uma extensa pesquisa de mercado e encontra uma loja que lhe entrega exatamente o mesmo produto, da mesma marca, direto do estoque, com nota fiscal, garantia de cinco anos e tudo mais, com desconto de R$ 650,00 para pagamento à vista, ou seja, o colchão é seu por R$ 2.350,00. Então, esses R$ 2.350,00 são *o verdadeiro preço* do colchão. Os R$ 650,00 pagos a mais por quem compra em 12 vezes "sem juros" equivalem precisamente aos *juros embutidos disfarçadamente* nessa esperta jogada comercial da loja. Tudo bem, a loja tem de vender, mas você precisa verificar corretamente em quais condições irá comprar!

Na ponta do lápis. Um bem no valor de R$ 2.350,00 (PV), parcelado pelo prazo de 12 meses (n), com juros de 4% ao mês (i), deverá lhe cobrar mensalidades de R$ 250,00 (PMT). Desses R$ 250,00, R$ 196,00 ou 78% de cada parcela, correspondem ao *principal* da dívida (veja só como bate direitinho: R$ 196,00 X 12 parcelas = R$ 2.350,00), enquanto R$ 55,00 ou 22% de cada prestação equivalem aos *juros* embutidos. No cômputo geral dessa compra parcelada no crediário, serão R$ 650,00 pagos de juros acumulados, o que dá 28% do valor total da compra. Com essa grana, que você terá lamentavelmente desperdiçado ao optar pelo financiamento em 12 vezes "sem juros", daria para comprar uma nova TV de LED para o seu quarto, ou então dois travesseiros sensacionais, daqueles da NASA.

Veja como fica essa conta, na **ÁREA 5** de **FINANCIAMENTO | CDC – CREDIÁRIO** do nosso DIVIDÔMETRO®:

5 FINANCIAMENTO	VALOR DO BEM	100%	R$ 2.350		DEVIDO POR MÊS	(PMT)		-R$ 250
CREDIÁRIO	ENTRADA				PRINCIPAL	78%		-R$ 196
CDC VEÍCULO	PRAZO	(n)	12 meses		JUROS EMBUTIDOS	22%		-R$ 55
IMÓVEL	TAXA DE JUROS	(i)	4,00 %	AO MÊS		(i) ACM.	28%	NO TOTAL

6. Financiamento | CDC – veículo: dívida de carro novo X usado

Digamos que você esteja considerando comprar um novo carro, um automóvel 0km no valor de R$ 40 mil. Procurando, encontra uma proposta tentadora: um financiamento com zero de entrada (embora lhe seja pedida uma tarifa de R$ 600,00 pelo serviço de análise de crédito) para um veículo de R$ 40 mil (PV = R$ 40 mil + R$ 600 = R$ 40.600,00), em 4 anos ou 48 meses (n), com taxa de juros efetiva (CET) de 1,49% ao mês (i), resultando em 48 parcelas de R$ 1.190,00 (PMT).

Veja como fica essa conta, também na **ÁREA 5** de **FINANCIAMENTO | CDC – VEÍCULO** do nosso DIVIDÔMETRO®:

5 FINANCIAMENTO	VALOR DO BEM	100%	R$ 40.600		DEVIDO POR MÊS	(PMT)		-R$ 1.190
CREDIÁRIO	ENTRADA				PRINCIPAL	71%		-R$ 846
CDC VEÍCULO	PRAZO	(n)	48 meses		JUROS EMBUTIDOS	29%		-R$ 344
IMÓVEL	TAXA DE JUROS	(i)	1,49 %	AO MÊS		(i) ACM.	41%	NO TOTAL

Bom negócio? Mesmo que essa parcela mensal caiba no seu orçamento, lembre-se de que, dos R$ 1.190,00 desembolsados todos os meses para conquistar esse carro zero, apenas R$ 846,00 ou 71% corresponderão ao *principal* da dívida, enquanto nada menos que 29% ou R$ 344,00 por mês serão despendidos por conta dos *juros* embutidos. Agrada-lhe a ideia de pagar R$ 344,00 de juros mensais durante longos quatro anos? Você fica tranquilo sabendo que pagará R$ 16,5 mil ou 41% a mais do que o valor original do carro só por conta dos juros cobrados sobre juros? Não, é lógico que não, porque sua *mentalidade financeira* já foi transformada!

Outro caminho. Agora atente-se para o seguinte: se esse mesmo automóvel de R$ 40 mil fosse um seminovo ou usado, você até encontraria um financiamento em condições similares de entrada (zero) e prazo (4 anos), porém com taxa de juros "discretamente" mais alta: 2,49% ao mês. As financeiras alegam que esse tipo de automóvel (o usado) é uma garantia "mais frágil" para o financiamento em questão e, portanto, elas têm de cobrar mais nesse tipo de operação. Na realidade, estão preocupadas é com a possibilidade de não pagamento da dívida.

Veja como fica essa outra conta, ainda na **ÁREA 5** de **FINANCIAMENTO | CDC – VEÍCULO** do nosso DIVIDÔMETRO®:

5 FINANCIAMENTO	VALOR DO BEM	100%	R$ 40.600		DEVIDO POR MÊS	(PMT)	-R$ 1.459	
CREDIÁRIO CDC VEÍCULO IMÓVEL	ENTRADA				PRINCIPAL	58%	-R$ 846	
	PRAZO	(n)	48 meses		JUROS EMBUTIDOS	42% (i)	-R$ 613	
	TAXA DE JUROS	(i)	2,49 %	AO MÊS		ACM.	72%	NO TOTAL

Muito mais! Nesse caso, a prestação subiria de R$ 1.190,00 para R$ 1.459,00, ou seja, R$ 269,00 adicionais por mês, além dos R$ 344,00 que já se estaria pagando de juros na compra financiada do 0km. Quase metade (42%) dessa nova prestação de R$ 1.459,00 corresponde a *juros* embutidos, de R$ 613,00 mensais, enquanto somente 58% (R$ 846,00) equivale à devolução do *principal*. No cômputo geral do financiamento, o devedor terá pago 72% de juros sobre o principal, quase R$ 30 mil a mais, dinheiro suficiente para adquirir outro carro zero!

7. Financiamento | imóvel: em condições convencionais ... sai caro!

Na ponta do lápis. Lembra-se do exemplo que estudamos sobre a compra de um terreno para construir, através de um financiamento imobiliário convencional (SFI ou Carteira Hipotecária)? O valor financiado (PV) será de R$ 100 mil. Se for pago em 25 anos ou 300 meses (n), com taxa de juros anual de 10,50% ou mensal de 0,84% (i), teremos 300 prestações de R$ 914,35 (PMT), o que dará praticamente R$ 1.000,00 mensais (incluindo-se aí IOF e seguro imobiliário). Veja agora a conta certa, na **ÁREA 5** de **FINANCIAMENTO | IMÓVEL** do nosso DIVIDÔMETRO®:

5 FINANCIAMENTO	VALOR DO BEM	100%	R$ 100.000		DEVIDO POR MÊS	(PMT)	-R$ 914
CREDIÁRIO	ENTRADA				PRINCIPAL	36%	-R$ 333
CDC VEÍCULO	PRAZO	(n)	300 meses		JUROS EMBUTIDOS	64%	-R$ 581
IMÓVEL	TAXA DE JUROS	(i)	0,84 % AO MÊS			(i) ACM.	174% NO TOTAL

O triplo! Você pode até achar que R$ 914,00 não são um valor de prestação elevado, em se tratando de um imóvel, mas, deles, apenas R$ 333,00 ou 36% (aprox. um terço da parcela) corresponderão ao *principal* da dívida, enquanto nada menos que 64% (quase dois terços!) ou R$ 581,00 por mês serão despendidos por conta dos *juros* embutidos. Incluindo IOF, tarifas e seguros, essa prestação de R$ 914,00 irá muito facilmente para algo perto de R$1.000,00 mensais: como o pagamento será em 300 meses, fazendo uma conta grosseira, podemos dizer que o devedor financiará R$ 100 mil e pagará quase R$ 300 mil, o que dá simplesmente 3 X o valor original financiado!

Não pense pobre. Qualquer que seja a dívida que você tenha ou pretenda fazer, jamais deixe de fazer a conta certa para apurar o quanto de juros estará pagando, conforme as diversas modalidades de crédito oferecidas no mercado. Só assim será possível avaliar corretamente o impacto que o pagamento dos juros da dívida terá sobre o poder de compra dos seus ganhos mensais, avaliando o que compensa ou não, conforme o benefício proporcionado em cada situação. Jamais se esqueça de que as *dívidas imprudentes* o empobrecem. Para quem deseja prosperar, é como acelerar o carro na contramão rumo ao poste!

capítulo 9

O USO CONSCIENTE DO CRÉDITO E O CRÉDITO QUALIFICADO

Dentre as principais conveniências a que se pode ter acesso como cliente bancário, está a ampla oferta de *produtos de crédito*. Crédito consciente e responsável é aquele que se contrata com calma, somente após uma boa análise *qualitativa* e *quantitativa* da decisão a ser tomada, que é assumir uma nova dívida em sua vida. Um autêntico **MONEY BO$$** sabe cuidar disso com competência.

Dinheiro "alugado". Quem não tem casa para morar... faz *o quê? Aluga uma, oras! Assim também é com o crédito*: quem não tem dinheiro pronto em determinado momento para realizar a compra de certo bem desejado, ou para fazer o pagamento de determinado serviço do qual quer usufruir, "aluga" dinheiro dos bancos ou financeiras, e por isso pagará juros. Os juros pagos nas diferentes modalidades de crédito são, portanto, como o aluguel que se paga para morar em um imóvel que não é seu.

Assim como o aluguel da casa desvia um bom dinheiro do salário, diminuindo seu poder aquisitivo (quem não tem de pagar aluguel, pode naturalmente mais!), também o pagamento de juros em suas dívidas estrangula o poder de compra do seu dinheiro. Por isso, qualquer novo crédito deve ser acessado de forma muito cuidadosa.

CRÉDITO CONSCIENTE E RESPONSÁVEL: MUITA CALMA NA CONTRATAÇÃO!

Análise criteriosa. São quatro os principais focos de análise que podem garantir o uso consciente e responsável do crédito. Os primeiros dois são de natureza *qualitativa*, de avaliação mais subjetiva, de decisão mais pessoal:

1. **Finalidade do crédito:** ter um propósito claro e compensador para fazer a nova dívida, um objetivo a atingir que traga real impacto positivo para a qualidade de vida do tomador do crédito e de sua família. Ex.: tomar crédito para quitar mensalidades atrasadas da escola do filho ou da própria faculdade.

2. **Momento de vida:** estar seguro, antes de contratar a nova dívida, de que o momento verdadeiramente pede, ou seja, a meta em questão (aquele sonho que se deseja concretizar com dinheiro de crédito) não poderia mesmo esperar pela solução financeira ideal: poupar + investir + ganhar juros + comprar à vista mais à frente + obter um bom desconto + levar para casa já quitado.

Não dá para segurar! *Há situações na vida para as quais (infelizmente) não se tem dinheiro pronto*, e não se pode esperar, porque, se a concretização vier somente mais à frente, a conquista não terá o mesmo valor ou o mesmo sentido para o tomador de crédito. Ex.: comprar um presente para sua mãe somente após o Dia das Mães ou comprar um berço para seu filho que já anda e fala. Cabe a cada um avaliar o "valor" por detrás do momento, para ponderar se compensa o valor que será pago em juros na nova dívida.

Critérios matemáticos. Os dois outros focos complementares de análise para o uso consciente e responsável do crédito são de natureza *quantitativa*, mais objetiva, coisas que podem ser colocadas (e enxergadas!) com clareza na ponta do lápis, antes de se tomar a decisão em favor da realização da nova dívida:

3. **Encaixe no orçamento pessoal e familiar:** ter visibilidade do seu orçamento durante *todo o prazo* em que o pagamento do crédito persistirá e considerar se a nova dívida de fato caberá, sem gerar desequilíbrio. Não adianta apenas se assegurar de que *as primeiras* parcelas caberão no bolso; é preciso ter a confiança de que *todas elas* caberão, inclusive quando somadas com aquelas outras parcelas de outras dívidas já existentes e mais aquelas outras que porventura ainda se pretenda vir a contratar no futuro próximo!

    Tudo isso, sem ainda esquecer outro desafio acessório: as despesas complementares de manutenção do bem recém-adquirido. Um automóvel novo implicará no pagamento de documentação, IPVA, seguro, combustível e manutenção. Um novo imóvel irá gerar despesas adicionais com documentação, IPTU, talvez reforma e decoração. Na próxima sessão deste livro, Técnica III | Gastos Mais Econômicos, você aprenderá o passo a passo para planejar e controlar seu orçamento e fazer caber o *ter* e o *manter* de um novo bem adquirido com dívida (se e quando for realmente necessário fazê-lo).

4. **A conta certa dos juros:** calcular os cifrões por detrás da operação de crédito, ou seja, usar o DINHEIRÔMETRO® e o DIVIDÔMETRO® para visualizar os juros devidos em cada parcela, e no cômputo geral de cada operação de crédito, inclusive para poder realizar a devida comparação entre as diferentes opções disponíveis no mercado, escolhendo aquela que comprometa menos o seu poder aquisitivo.

O preço do imediatismo. Parece tentador se valer de *crédito* (em vez de dinheiro próprio) para realizar de imediato o sonho de adquirir um bem de valor mais elevado, como um novíssimo *notebook*, ou contratar um serviço desejado, como uma maravilhosa viagem. No entanto, sabemos que toda dívida implica desviar uma parte dos seus ganhos mensais para juros, o que empobrece sua vida. De qualquer forma, cabe a pergunta: você está preparado para entrar em um financiamento? Alguns cuidados são necessários para que o crédito seja *solução* para sua vida financeira, e não apenas mais um problema.

A ANÁLISE CONSCIENTE DO CRÉDITO PODE APONTAR PARA UM PLANO DE INVESTIMENTOS

Na ponta do lápis. Michelle está decidida a comprar um novo carro, um modelo no valor de R$ 50 mil. É para isso que ela trabalha nesta vida, para poder ter o que é bom. Desse total, hoje ela dispõe de apenas R$ 10 mil: para adquirir *já* o bem em questão, terá de financiar o valor faltante. Pesquisando, Michelle acaba encontrando uma proposta aparentemente interessante: um financiamento em quatro anos ou 48 meses, com taxa de juros de 1,49% ao mês. Para concretizar a operação de financiamento, será cobrada uma tarifa de R$ 600,00 pelo serviço de análise do crédito, valor que não será pago no ato, mas incorporado à quantia financiada original de R$ 40 mil, compondo um saldo total financiado de R$ 40.600,00. Nessas condições, para quitar a obrigação Michelle deverá pagar 48 parcelas de R$ 1.190,00. Veja como fica essa conta, na **ÁREA 5** de **FINANCIAMENTO | CDC – VEÍCULO** do nosso DIVIDÔMETRO®:

5 FINANCIAMENTO	VALOR DO BEM	100%	R$ 40.600	DEVIDO POR MÊS	(PMT)	-R$ 1.190
CREDIÁRIO CDC VEÍCULO IMÓVEL	ENTRADA			PRINCIPAL	71%	-R$ 846
	PRAZO	(n)	48 meses	JUROS EMBUTIDOS	29%	-R$ 344
	TAXA DE JUROS	(i)	1,49 % AO MÊS		(i) ACM.	41% NO TOTAL

Análise criteriosa. Então Michelle parte para sua avaliação dos quatro *principais pontos a considerar* no uso consciente e responsável desse crédito:

1. **Finalidade do crédito:** Michelle quer ter um carro para lhe dar autonomia de ir e vir, tanto para sua vida profissional quando social. Sim, essa necessidade poderia, de certa forma, ser atendida com o uso de transporte urbano privado e público, mas Michelle quer maior flexibilidade, deseja ter o carro à sua disposição 24 horas por dia, sete dias por semana.

2. **Momento de vida:** Michelle é jovem, tem vida profissional e social ativa e gosta de dirigir. Ela aprecia carros, tanto o design quanto a tecnologia envolvida nessas "incríveis máquinas". Ela considera que está na hora de ter um carro melhor e mais bonito que seus anteriores. Aliás, esse será seu primeiro carro 0km!

3. **O encaixe no orçamento pessoal:** Michelle acredita que pode pagar, pelo menos hoje, a prestação mensal de R$ 1.190,00 para *adquirir* o carro e mais uns R$ 1.000,00 mensais para *manter* o auto. Mas ela não está certa de que será assim durante *todo o prazo* em que o pagamento do financiamento persistirá. As *primeiras* parcelas caberão no bolso, isso está garantido, mas 48 meses são quatro anos, é muito tempo! Ela não tem como garantir hoje que não ficará desempregada nesse período todo! "Mete a cara amiga, se não fizer dívida a gente não conquista nada nesta vida!" É o que lhe diz uma amiga querida, querendo "encorajá-la" rumo à compra financiada. Mas... Michelle tem uma mentalidade financeira mais amadurecida, sabe que as coisas não funcionam dessa forma: no passado ela já pôde presenciar a triste situação de um namorado seu na época, que sofreu busca e apreensão de seu automóvel porque perdeu o emprego e atrasou as parcelas.

4. **A conta certa dos juros:** utilizando o DIVIDÔMETRO®, Michelle identifica que, dos R$ 1.190,00 desembolsados mensalmente para conquistar esse novo carro, apenas R$ 846,00 ou 71% da parcela corresponderão à devolução do principal da dívida (aqueles R$ 40.600,00 que tomou emprestado), enquanto 29% ou R$ 344,00 por mês serão despendidos por conta dos juros devidos. No total, ela pagará 41% a mais pelo carro, o que dá R$ 16,5 mil (= R$ 344,00 X 48 meses)! Isso deixa Michelle bastante desanimada.

Mentalidade próspera. *Há momentos na vida em que a gente tem de firmar o raciocínio e decidir: vai fazer a coisa certa da forma errada...* ou da forma certa? Michelle sabe que tem de *tomar coragem* para se desconectar da *dinâmica de empobrecimento* vivenciada pela maioria das pessoas e *dar a virada na própria vida financeira*. Por "sorte", ela teve acesso à *reeducação financeira*, que lhe trouxe umas *ferramentas práticas* de *bom planejamento e gestão competente do seu dinheiro*, conhecidas por DIVIDÔMETRO® e INVESTÔMETRO®. Estas ferramentas viabilizaram a transformação de sua antiga *mentalidade empobrecedora* para uma **mentalidade próspera**, o que dá a você *empoderamento financeiro* concreto para conquistar a *prosperidade sustentável e duradoura* que tanto almeja!

Plano de investimentos. Michelle está disposta a esperar um pouco pelo caminho mais próspero: ela irá aplicar os R$ 10 mil que já tem e mais os R$ 1.190,00 mensais (equivalentes a cada prestação que pagaria no financiamento) em uma aplicação financeira dinâmica chamada Tesouro Direto, ganhando juros líquidos reais (livres de taxas, e já coberta a inflação) de 0,35% ao mês e, com o dinheiro pronto em mãos, comprará o carro à vista, com desconto de 7% (mesmo já considerando que até lá o carro de R$ 50 mil terá subido de valor para R$ 57 mil, por causa da inflação). Veja como fica essa conta, na **ÁREA 2 | Aplicações Dinâmicas** do nosso **INVESTÔMETRO®**:

2 DINÂMICA		RLNM 0,75% NOM.	RLRM 0,35% REAL
	RENTABILIDADE LÍQUIDA (NOMINAL X REAL) MENSAL: **RLNM** X **RLRM** (i)	0,75% NOM.	0,35% REAL
	ESFORÇO POUPADOR & INVESTIDOR = MENSALIDADE FIXA (PMT)	$ -1.191	O QUE VOCÊ DEVE APLICAR
	SEU CUSTO (CORRIGIDO PARA O FUTURO) = ESFORÇO DO SEU **TRABALHO**	$ -49.142	87% DO TOTAL
	GANHOS DE JUROS + DESCONTO À VISTA = ESFORÇO DO SEU **DINHEIRO**	$ 7.210	13% DO TOTAL

Excelente negócio! Em apenas 30 meses (dois anos e meio!) ela terá o dinheiro pronto para comprar seu carro à vista. Sim, precisará esperar um tempinho, mas se livrará de uma dívida arriscada, e ainda economizará 18 prestações de R$ 1.190,00 cada, ou R$ 21.420,00 no total (= R$ 1.190,00 X 18 prestações). Além disso, terá um carro zerinho na garagem, inclusive já do modelo novo! E mais: enquanto o carro novo não vem, as despesas que ela teria para mantê-lo estão sendo direcionadas para uma Caderneta de Poupança, com a finalidade de poder bancar viagens com o carro novo assim que ele finalmente chegar à sua garagem! Bem... o que você acha da *mente financeira* de Michelle? Se quiser prosperar, depois posso lhe passar o telefone da moça para trocarem uma ideia!

Na nossa vida financeira, não há como falar em conquista da prosperidade sem contemplar a conquista de todos os nossos grandes sonhos de compra e consumo mais importantes. Como já pudemos conversar, a melhor forma de fazer isso é traçar bons planos de investimentos, economizar e aplicar suas economias, para assim formar reservas financeiras estratégicas com as quais será possível bancar seus grandes sonhos pagando à vista e com desconto, levando para casa quitado. Um bom plano de investimentos sempre levará você mais longe que uma dívida. No entanto, há momentos em que a gente tem mesmo que dar um passinho atrás, contraindo uma nova dívida, para logo em seguida dar dois passos à frente, conquistando algo importante que cobiçamos.

TEM SONHOS QUALIFICADOS? VÁ DE CRÉDITO QUALIFICADO!

Dívida próspera? Sim, há ocasiões em que uma dívida pode ser boa para sua vida financeira, desde que não seja um "creditozinho qualquer", contratado de forma emergencial para socorrer um rombo imprevisto no orçamento. A dívida é especialmente boa quando se trata de um *crédito qualificado*, como veremos a seguir.

Escalar sonhos. Uma das figuras didáticas que mais gosto de utilizar é a *corda*. Uma boa corda é, por exemplo, uma ferramenta indispensável para qualquer alpinista de sucesso. As maiores montanhas do mundo só puderam ser escaladas e conquistadas por esportistas que contavam com a providencial ajuda de uma boa corda. É lógico que, nesses casos, tratava-se de gente que sabia muito bem como escolher e utilizar a tal da corda, para que ela pudesse efetivamente ajudar a galgar os mais altos cumes dos mais altos montes. Pois o crédito pessoal, se for qualificado, pode funcionar de forma similar.

Corda para quê? Dependendo da atual situação em sua vida financeira, talvez você não esteja hoje sequer enxergando montanha alguma. Pelas circunstâncias do destino, talvez você se encontre hoje enfiado em um buraco financeiro tão fundo que mal dê para enxergar um tiquinho de céu. Tudo bem: também nesse caso uma "boa corda" poderá lhe ser útil para sair desse buraco. Depois, chegando lá no alto, já fora do buraco das dívidas, começará a escalar as montanhas dos seus principais sonhos de compra e consumo, caprichando nos seus planos de investimentos. É fato que, se o indivíduo não tiver conhecimento adequado de como escolher e usar a corda, ela pode acabar apenas servindo para ele descer ainda mais fundo no buraco. Chegando lá, bem no fundo do poço, bate aquele desespero danado, e alguns acabam usando a corda... para se enforcar! É trágico: mais crédito para quem não sabe utilizá-lo resulta em *danação*, e não em *salvação* financeira.

Mesmo princípio. Crédito pessoal é bom. Bem utilizado, ele pode lhe ajudar a sair do buraco, livrando-o de dívidas mais preocupantes e dando-lhe maior liberdade no relacionamento com o dinheiro. O crédito pessoal bem planejado também pode ajudá-lo a "escalar importantes montanhas" em sua vida financeira, para viabilizar a conquista de bens e fazer seu patrimônio crescer, reforçando seu caminho rumo à prosperidade. Mas o oposto também é verdadeiro: o uso mal planejado e pouco consciente do crédito pessoal pode acabar minando e destruindo seu processo de enriquecimento contínuo!

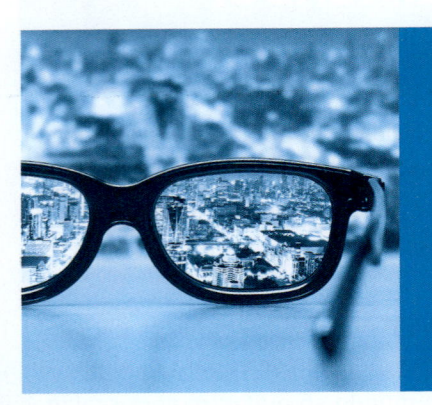

COOPERATIVO E CONSIGNADO: SIMPLES, FÁCEIS E BARATOS!

Vantagens. Entre as várias opções de crédito pessoal disponíveis no país, o *crédito cooperativo* e o *crédito consignado* despontam como as mais adequadas "cordas" para o pequeno tomador de empréstimo no Brasil. São muito acessíveis e, pelo menos para o consumidor consciente, podem ser opções de *crédito pessoal* verdadeiramente *qualificadas*. Seu princípio de funcionamento é bastante descomplicado: você toma determinada grana em mãos (à vista), livre para usá-la como bem entender, e divide o pagamento em certo número de parcelas prefixadas, normalmente corrigidas por uma taxa próxima (até mesmo abaixo) de 2% ao mês. A partir daí, as parcelas mensais têm data certa para serem descontadas diretamente do seu salário, o que dá uma boa garantia de recebimento para o credor (a cooperativa ou o banco), possibilitando à instituição financeira ou sociedade cooperativa praticar juros/encargos bem mais razoáveis para o devedor.

Na ponta do lápis. Vamos imaginar que você já tenha recebido a próxima fatura do seu cartão de crédito. O valor total é de R$ 1.000,00 e você já sabe que, considerando sua atual situação financeira, não haverá dinheiro para pagar mais do que o mínimo permitido de 15% da fatura, ou seja, R$ 150,00. A saída mais óbvia, em um caso como esse, é optar pelo uso do crédito rotativo do cartão. Pode até ser muito rápido e prático, é verdade, só que ele lhe cobrará uma taxa de juros em torno de 15% ao mês. Ao optar por essa via, você pagará R$ 150,00 no ato (15% = mínimo do cartão) e financiará R$ 850,00 (85% = saldo rolado) no rotativo do cartão, com 15% de juros ao mês. Mesmo que não gaste *um centavo a mais* nesse cartão nos próximos 30 dias, no mês seguinte a fatura retornará com o valor praticamente idêntico de R$ 1.000,00 (R$ 977,50, para ser exato), já que serão aqueles mesmos R$ 850,00 que havia ficado devendo do mês anterior mais R$ 127,50 de juros do período de um único mês (é isso que dá 15% sobre R$ 850,00). Agindo dessa forma, você não sairá desse buraco jamais: mesmo pagando juros elevadíssimos todo mês, sua dívida continuará *intacta* com o passar do tempo, pois você sempre estará devendo os mesmos R$ 1.000,00!

Nem dá! Hoje em dia não é mais possível rolar seu saldo por mais de 30 dias no rotativo do cartão. Então a administradora irá lhe enviar uma proposta para quitar esse saldo de R$ 1.000,00 (PV), por exemplo, em 12 parcelas (n) com juros mensais de 7%. Você pagará mensais de R$ 125,90 (PMT), resultando em um pagamento total de R$ 1.510,80. Isso dá R$ 510,80 ou 51% a mais (metade a mais!) pela possibilidade de parcelar em 12X. A *conta certa* pode ser feita com a calculadora de **(PMT) PAGAMENTO PERIÓDICO**, na ÁREA 4 do DINHEIRÔMETRO®:

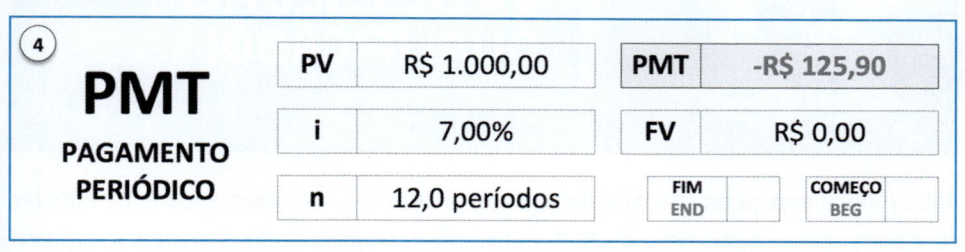

④ PMT PAGAMENTO PERIÓDICO					
PV	R$ 1.000,00	PMT	-R$ 125,90		
i	7,00%	FV	R$ 0,00		
n	12,0 períodos	FIM END		COMEÇO BEG	

Vá de qualificado! Uma saída financeiramente bem mais próspera será tomar na cooperativa de crédito ou pedir ao pessoal do RH da sua empresa a liberação de um crédito consignado no valor dos R$ 1.000,00 (PV) que estão faltando para quitar o cartão de vez. Supondo encargos totais de 2,50% ao mês (i), e parcelamento em 12 mensais iguais (n), quanto você terá de pagar de parcela (PMT)? Mais uma vez, recorremos à **ÁREA 4 | PAGAMENTO PERIÓDICO (PMT)** do DINHEIRÔMETRO®:

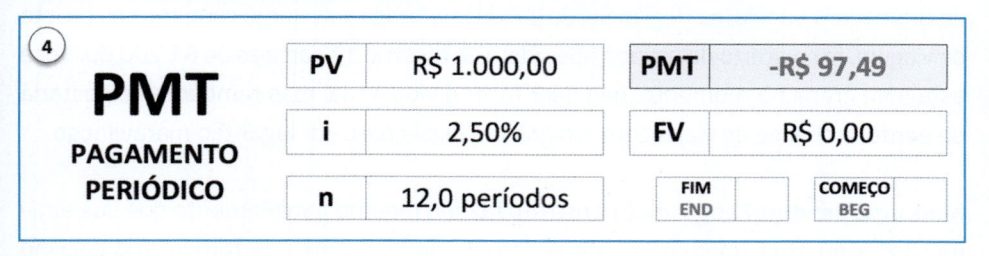

④ PMT PAGAMENTO PERIÓDICO					
PV	R$ 1.000,00	PMT	-R$ 97,49		
i	2,50%	FV	R$ 0,00		
n	12,0 períodos	FIM END		COMEÇO BEG	

Vantagem! Você pagará mensais de R$ 97,49, resultando em um pagamento total de R$ 1.170,00. Isso dá R$ 170,00 ou 17% a mais pela possibilidade de parcelar em 12X. Na proposta do cartão: R$ 510,80 ou 51% a mais... pelo mesmo crédito no mesmo prazo! Essa troca terá sido quase um "milagre" financeiro, com grande impacto multiplicador efetivo sobre seu poder de compra. Porém, tenha cuidado: jamais utilize a conveniência e a facilidade do socorro proporcionado pelo crédito cooperativo ou consignado como argumento para relaxar na hora de contratar uma nova dívida daquelas mais caras (tipo cheque especial ou cartão), ou então vacilar na hora de efetuar uma nova compra parcelada sem planejamento! Não é porque tem "remédio bom" que precisa "ficar doente"!

TEM UM SONHO E NÃO TEM A GRANA? VÁ DE CRÉDITO QUALIFICADO!

Talvez lhe aconteça na sua vida de se deparar com alguma oportunidade de agregar felicidade para a qual você não tenha disponível, *naquele exato momento*, o dinheiro necessário. Nessas horas, é importante saber recorrer à fonte certa para colher tais oportunidades e ser mesmo feliz, sem pagar um preço injusto por isso!

Exemplo. Vamos imaginar que um grupo de amigos seus vá viajar para o Nordeste, passando uma semana nas paradisíacas praias de Fortaleza. (Poderia também ser um exemplo de alguém que mora no Nordeste e quer conhecer, por exemplo, a lindíssima região de Gramado & Canela, na Região Sul do país.) Uma amiga sua, que já comprou seu pacote de viagem, fez o acerto de pagar à operadora de turismo 12 parcelas de R$ 200,00. Você está sem grana no momento, não quer fazer dívida à toa, mas também não gostaria de perder a chance de viajar com amigos tão legais para um lugar tão maravilhoso.

Mais uma pendura? Logo você pensa em fazer o mesmo parcelamento que sua amiga contratou, mas imediatamente se lembra de que, antes de tomar uma decisão importante como essa, é melhor fazer a conta certa na ponta do lápis, ponderando o que será realmente mais vantajoso, diante das opções que estão à sua disposição. Pagar à vista, com desconto, é sempre a melhor prática do ponto de vista financeiro, disso você sabe. Então você vai à agência de turismo e consegue negociar o pagamento do pacote com R$ 400,00 de desconto sobre o preço de tabela de R$ 2.400,00, rebaixando o custo da viagem para apenas R$ 2 mil. Mas isso, naturalmente, só valerá se o pagamento for feito à vista. Como não tem essa quantia de R$ 2 mil (PV) disponível, você resolve tomá-la emprestada na *cooperativa de crédito* da qual faz parte na empresa em que trabalha, ou então resolve levantar a grana em um *empréstimo consignado*, pagando em 12 parcelas (n) com acréscimo de 2% ao mês (i). Em quanto ficará a mensalidade (PMT)? Quem responde é a conta certa da **ÁREA 4** de **CRÉDITO COOPERATIVO X CRÉDITO CONSIGNADO** do nosso DIVIDÔMETRO®:

4 CRÉDITO COOPERATIVO X CRÉDITO CONSIGNADO	EMPRÉSTIMO CONCEDIDO	100%	R$ 2.000		DEVIDO POR MÊS	(PMT)	-R$ 189	
					PRINCIPAL	88%	-R$ 167	
	PRAZO	(n)	12 meses		ENCARGOS ADICIONADOS	12%	-R$ 22	
	TAXA ENCARGOS	(i)	2,00 %	AO MÊS		(i) ACM.	13%	NO TOTAL

Melhor! Você pagará 12 parcelas de R$ 189,00 e fará uma economia de R$ 11,00 em cada parcela, com relação à dívida feita pela sua amiga (R$ 200,00 – R$ 189,00 = R$ 11,00). Como são 12 parcelas no total, você economizará 12 X R$ 11,00 = R$ 132,00. Você pode argumentar que é muito pouco, mas, em se tratando de uma grana que pode ser *economizada* sem esforço algum, apenas tendo o bom senso de recorrer a um *crédito qualificado*, ao invés de mergulhar em um parcelamento qualquer com juros embutidos bem maiores... não se trata de pouco dinheiro! Está fácil ganhar isso limpo, de forma honesta, suada? Com esse "dinheirinho", você poderá comprar lembrancinhas na sua viagem, ou então usar essa "graninha" em um restaurante legal (lagosta... hum!), ou ainda direcionar essa "verbinha" para um passeio bacana de escuna (de jipe?) no local de destino dessa sua viagem paradisíaca. Qualquer dessas alternativas terá muito mais impacto enriquecedor sobre sua qualidade de vida do que pagar juros embutidos desnecessários.

Quem não sonha com a *casa própria*? Ou então uma casa na praia, um sítio... O uso qualificado do crédito cooperativo ou consignado pode ajudá-lo a concretizar esse objetivo.

QUER FAZER SEU PATRIMÔNIO CRESCER? O CRÉDITO QUALIFICADO PODE AJUDAR!

Na ponta do lápis. Imagine que você vá comprar um *terreno para construir*. O valor do terreno é de R$ 75 mil, mas a incorporadora oferece parcelamento em 48 vezes de R$ 2.100,00, o que dará quase R$ 101 mil no total. Se estiver disposto a pagar à vista, a incorporadora lhe dá o desconto de R$ 15 mil, um abatimento de 20% que não é muito difícil de conseguir nesses casos. Assim sendo, o preço final do terreno para pagamento à vista ficará em R$ 60 mil. Se tomar esses R$ 60 mil (PV) na cooperativa de crédito da qual participa, ou pegar a grana em um empréstimo consignado (supondo que tenha bom tempo de casa e consiga levantar esse valor maior), com juros de 2% ao mês (i), pagará 48 parcelas (n) de quanto? Mais uma vez, é só fazer a conta certa, na **ÁREA 4** de **CRÉDITO COOPERATIVO X CRÉDITO CONSIGNADO** do nosso DIVIDÔMETRO®:

4 CRÉDITO COOPERATIVO X CRÉDITO CONSIGNADO	EMPRÉSTIMO CONCEDIDO	100%	R$ 60.000		DEVIDO POR MÊS	(PMT)	-R$ 1.956
	PRAZO	(n)	48 meses		PRINCIPAL	64%	-R$ 1.250
	TAXA ENCARGOS	(i)	2,00 %	AO MÊS	ENCARGOS ADICIONADOS	(i) ACM.	-R$ 706
						56%	NO TOTAL

Melhor! Você pagará 48 parcelas de R$ 1.956,00, ou seja, pagará quase R$ 94 mil no total (= 48 parcelas X R$ 1.956,00), a bagatela de quase R$ 7 mil a menos (R$ 101 mil - R$ 94) do que na hipótese de financiar o terreno diretamente com a incorporadora. Ao optar por essa via, além dos R$ 7 mil de economia, há outra vantagem: você quitará seu terreno no ato e passará de imediato a escritura desse imóvel para o seu nome. Aconteça o que acontecer com a incorporadora, até mesmo em caso de falência desta, sua propriedade estará garantida. Já quando a compra do imóvel é parcelada, a escritura só vem depois da última parcela! Qual lhe parece ser o caminho de maior empoderamento financeiro e maior prosperidade?

capítulo 10

A "RAINHA" DAS DÍVIDAS NO PAÍS: FINANCIAMENTO PELO SFH

**Vai mesmo financiar a casa própria?
O SFH lhe dá uma forcinha!**

SFH & SBPE. O SFH | Sistema Financeiro de Habitação é um conjunto de regras que visam facilitar a aquisição da casa própria no Brasil. Para funcionar corretamente (como de fato funciona), esse sistema habitacional, por sua vez, faz parte de um sistema financeiro ainda mais amplo, o SBPE | Sistema Brasileiro de Poupança e Empréstimo. O objetivo do SBPE é estimular os brasileiros em geral a pouparem dinheiro na Caderneta de Poupança para que, de posse das centenas de bilhões de reais acumulados nessa popular aplicação financeira, os bancos comerciais brasileiros possam usar tais recursos para financiar empréstimos visando a aquisição da casa própria, conseguindo inclusive praticar condições facilitadas para o comprador.

Vantagens. O SFH é a linha de financiamento habitacional mais popular e conhecida do país. Ao mesmo tempo que são feitas algumas *exigências* com relação ao comprador e ao imóvel que será alvo do financiamento, também são oferecidas *facilidades* para o tomador do crédito imobiliário.

- **Taxas de juros:** por lei não podem ultrapassar 12% ao ano (ou 0,95% ao mês) no SFH, mas já existem hoje no mercado taxas bem menores, inclusive inferiores a 8% ao ano (menos que 0,64% ao mês). A maioria das taxas dos financiamentos pelo SFH fica em torno de 10% ao ano (0,80% ao mês).
- **Correção monetária:** no SFH é feita pela TR (Taxa Referencial, ou, como normalmente dizem os contratos: "correção monetária pelo índice de reajuste da Caderneta de Poupança"), índice que atualmente tem crescimento de praticamente 0% mês após mês (ou muito próximo de zero). Na prática, isso significa que as parcelas não sofrem correção monetária e, por isso, não sobem de valor. Parcelas fixas na prática são seguramente uma boa ajuda ao planejamento financeiro do tomador do empréstimo habitacional.
- **IOF (Imposto sobre Operações Financeiras):** normalmente cobrado em todas as várias modalidades de crédito ofertadas no país (como empréstimos pessoais, cheque especial, rotativo do cartão de crédito etc.), no SFH há total isenção, barateando o custo do financiamento para o tomador.
- **FGTS (Fundo de Garantia por Tempo de Serviço):** pelo SFH, o saldo da conta de FGTS do trabalhador pode ser utilizado para dar como entrada no financiamento do imóvel, para reduzir o valor ou a quantidade das prestações, ou ainda para quitar antecipadamente o saldo devedor a qualquer momento do financiamento, tornando a aquisição do imóvel bem mais viável para o bolso (opção somente válida para trabalhadores com registro em carteira pela CLT).
- **Tipo de imóvel:** o SFH somente contempla o financiamento para a aquisição do primeiro imóvel do comprador, para tê-lo e usá-lo como sua residência (casa própria). É justo: há que se priorizar o atendimento aos que ainda não têm sua moradia.
- **Valor de venda do imóvel** (também chamado de *valor de alienação*): para se beneficiar das regras do SFH, o imóvel a ser financiado pode custar no máximo R$ 750 mil, dos quais o banco financiará até o limite de 90% ou R$ 675 mil (embora a maior parte dos bancos, na prática, financie pelo SFH "somente" até 80%, ou seja, R$ 600 mil). No entanto, em 2017 o governo determinou que, provisoriamente, esse valor seria dobrado para R$ 1,5 miilhões.

FORA DO SFH: VANTAGENS MENORES, MAS AINDA EXISTEM BOAS VANTAGENS

Alternativas. Além dos financiamentos pelo SFH, existem outros créditos imobiliários oferecidos pelos bancos brasileiros, como o SFI | Sistema Financeiro Imobiliário e a CH | Carteira Hipotecária. As fontes de recursos para os bancos viabilizarem esses outros tipos de financiamento são suas operações tradicionais de captação de dinheiro no mercado, através, por exemplo, da oferta de LCI (Letras de Crédito Imobiliário) aos investidores interessados. Nesses casos, o lado bom é que existe alguma flexibilização nas exigências, mas os benefícios, por outro lado, são um pouco menores:

- **Tipo de imóvel:** podem ser financiados quaisquer imóveis em situação de regularidade documental, sejam residenciais ou de lazer, imóveis comerciais como lojas ou salas para locação, imóveis industriais etc.
- **Valor de venda do imóvel:** não há limite.
- **Taxas de juros:** normalmente mais altas que no SFH, negociadas caso a caso, conforme o nível de relacionamento do banco com o cliente. Costumam ficar entre 5% a 50% mais altas que as taxas praticadas no SFH (até 12,70% ao ano ou 1% ao mês). Isso ocorre porque o custo de captação do dinheiro para o banco, nesse caso, é bem mais alto do que no SFH, no qual o banco pode se valer dos recursos baratos captados da Caderneta de Poupança, pagando apenas cerca de 2/3 do que costuma pagar a quem investe em LCIs, por exemplo. Daí, é natural que a instituição financeira pratique taxas de juros mais elevadas nesses financiamentos fora do SFH.
- **Correção monetária:** pode até ser pela TR, mas comumente é feita pelo IPCA (Índice Nacional de Preços ao Consumidor Amplo, calculado pelo IBGE) ou IGP-M (Índice Geral de Preços – Mercado, calculado pela FGV). Tais índices costumam subir entre 5% e 6% ao ano (entre 0,40% e 0,50% ao mês), subindo o valor das parcelas do financiamento nessa mesma proporção.

- **IOF:** fora do SFH, volta a incidir esse imposto, o que ajuda a encarecer um pouquinho o CET | Custo Efetivo Total do financiamento nessas condições, aumentando discretamente o valor das parcelas.
- **FGTS:** fora do SFH o devedor *não pode* utilizar os recursos de seu fundo para dar entrada, quitar parcelas, amortizar ou eliminar o saldo do financiamento. Portanto, para aliviar a carga de seu financiamento, caso o tomador assim deseje, terá de contar com recursos financeiros próprios, previamente acumulados para esse fim.

Veja agora os detalhes necessários para a contratação responsável e econômica de um financiamento imobiliário pelo SFH. Entender essas questões envolve um pouco de tempo e paciência no início, mas vai poupar muito esforço mais à frente, além de garantir que você faça um financiamento ajustado, verdadeiramente bem encaixado para suas possibilidades e necessidades, e ao menor custo possível. Estando bem informado, nenhum funcionário de banco irá conseguir, se assim tentar, lhe "passar a perna".

VALOR DO IMÓVEL: LIMITE AMPLIADO!

Como já vimos, o valor de compra e venda (ou alienação) do imóvel a ser financiado pode ter o limite máximo de R$ 750 mil (limite temporário de R$ 1,5 mi.), dos quais o banco costuma financiar o máximo de 80%, ou seja, R$ 600 mil (R$ 1,2 mi). Ao escolher o imóvel de menor valor possível para financiar, embora talvez ele seja menor e menos bem localizado do que você gostaria, conseguirá quitá-lo mais rápido, pagará menos de juros no cômputo total do financiamento, e logo estará livre da dívida do imóvel. A partir daí, você começará a poupar, aplicar, ganhar juros e juntar a reserva necessária para conseguir trocar o atual pelo imóvel dos seus sonhos, aquele mais definitivo, inteirando a diferença à vista!

ENTRADA X SALDO A FINANCIAR: ESFORCE-SE NA LARGADA!

Os bancos costumam pedir entrada mínima de 20% do valor do imóvel a ser financiado. Já não é pouco, mas bom será se você puder dar mais. Aqui não há muito mistério: quanto maior a entrada, menor será o saldo a financiar, o que permitirá talvez reduzir o prazo do financiamento e/ou diminuir o valor das parcelas. De qualquer forma, aumentar a entrada será uma estratégia certeira para pagar um menor montante de juros na operação de empréstimo como um todo. Agora, tem gente que, na empolgação, pensa logo em se desfazer de um bem de valor mais elevado, como um automóvel, para caprichar na entrada. Está valendo, desde que você realmente não vá precisar desse carro tão cedo. De nada adianta usar o valor do automóvel para engrossar a entrada, conseguindo reduzir o saldo a financiar, e logo em seguida ter que financiar outro carro porque não pode ficar sem ele. Financeiramente, será um "tiro no pé", já que as taxas de juros no financiamento de automóveis costumam ser no mínimo o dobro daquelas normalmente praticadas no financiamento imobiliário.

FGTS: ajuda em boa hora. Nada melhor que poder contar com uma forcinha de seu FGTS para ajudar na entrada do financiamento habitacional. Pelo SFH, qualquer banco aceita recursos do fundo para aliviar a entrada, porém com algumas exigências:

- A pessoa deve ser contribuinte ativo há mais de três anos.
- O imóvel não pode ter sido quitado com o uso de FGTS nos últimos três anos.
- O imóvel a ser financiado deve estar localizado no município onde o comprador exerça sua ocupação profissional principal, ou no município em que o tomador do crédito comprove residir há pelo menos um ano.
- O comprador não pode ser proprietário ou estar em processo de compra de outro imóvel residencial na mesma localidade em que reside ou quer residir.
- O trabalhador que pretende adquirir um imóvel com essa facilidade não pode ser titular de nenhum financiamento ativo no âmbito do SFH.

FGTS: mais ajuda. Os recursos de seu Fundo de Garantia por Tempo de Serviço podem ainda ser utilizados para a *amortização ou liquidação total do saldo devedor* de um empréstimo habitacional. No entanto, o intervalo mínimo é de dois anos a contar da última data da amortização por um mesmo trabalhador com recursos de seu fundo (é possível recorrer a esse auxílio de dois em dois anos).

COMPROVAÇÃO DE RENDA: JUNTAR É SEMPRE MELHOR?

Os bancos normalmente estipulam 30% (alguns até 35%) de comprometimento máximo da renda mensal atual com cada parcela do financiamento imobiliário. A renda mínima requisitada costuma ficar entre R$ 1.000,00 a R$ 2 mil, e pode ser comprovada com holerite ou contracheque, no caso de trabalhadores com carteira assinada. Já para autônomos e profissionais integrantes de pessoas jurídicas, solicita-se uma Declaração de Comprovação de Renda (DECORE), que deve ser emitida pelo contador. Extratos de conta bancária e declarações de IR também podem ajudar a comprovar renda.

Juntando "os trapos". A renda necessária para a concessão do financiamento pode ser composta por marido e mulher em qualquer banco, desde que legalmente casados. Alguns aceitam a *união estável* (convivência sob o mesmo teto sem formalização da união). Há bancos mais flexíveis, que também permitem compor renda com conviventes, parentes e amigos, enfim, com pessoas com as quais simplesmente se tenha alguma afinidade. Normalmente, o número permitido de pessoas para compor a renda é de dois ou três, mas há bancos que admitem até cinco compradores/tomadores do crédito imobiliário. Apenas tenha cautela, porque os bancos mais tolerantes costumam cobrar taxas de juros mais elevadas. E você só deve "dividir a conta" do financiamento com alguém que de fato participará ativamente desse seu projeto de vida por vários anos, comparecendo com sua parte da obrigação de maneira firme e confiável, e também usufruindo de sua parte do benefício desse esforço conjunto.

Não é incomum namorados iniciarem um projeto desses e depois terminarem a relação, ficando com o "abacaxi" do financiamento para um dos dois descascar.

PRAZO DE FINANCIAMENTO: LONGO É SEMPRE MELHOR?

A maior parte dos bancos oferece prazos que vão de 12 a 360 meses. Na Caixa Econômica Federal, em determinadas circunstâncias, consegue-se até 35 anos de prazo. No entanto, o que pode parecer "uma bênção", apenas encarecerá o financiamento como um todo, ao esticar o período de incidência dos juros compostos no financiamento.

Em vez de espichar, encurte. Do ponto de vista financeiro, o melhor prazo é o período de tempo *mais curto* que resulte em prestações que seu bolso possa pagar. Assim a dívida acabará logo, e você começará o quanto antes a poupar, aplicar e ganhar juros para poder acumular aquele dinheiro com o qual trocará esse imóvel por um melhor ou, quem sabe, até poderá comprar mais um imóvel (ou vários)!

Idade-limite no SFH. A idade do comprador mais idoso, somada ao total de anos do financiamento não pode ultrapassar 80 anos, 5 meses e 29 dias na maior parte dos bancos que trabalham com o SFH (80 anos redondos em alguns outros). Assim, para um financiamento de 30 anos, o comprador com maior idade poderá ter, no máximo, cerca de 50 anos. Os bancos atuam dessa forma para fazer casar o período de pagamento do financiamento com a expectativa de vida média dos brasileiros, aumentando assim suas chances de recebimento. Isso não é de todo mau para os compradores, pois acaba barateando o seguro de vida que é obrigatório em todo financiamento (esse seguro costuma ficar naturalmente mais caro conforme aumenta a idade do segurado).

PARCELAS DO FINANCIAMENTO: OS SISTEMAS DE AMORTIZAÇÃO

Qualquer parcela de um financiamento imobiliário será sempre formada por quatro partes: *amortização* + *juros* + *seguro habitacional* (de vida e do imóvel) + *tarifa de administração do contrato*.

Amortização X juros nas parcelas. Amortizar é devolver ao banco o valor principal que se tomou emprestado. Assim, quem tomar R$ 100 mil de principal no crédito imobiliário para amortizar em 100 parcelas, pagará 100 mensais de R$ 1.000,00 de amortização. Nada mais justo do que pagar essa *amortização*, ou seja, devolver a quem lhe emprestou! A essa parte da parcela do financiamento se somam então os *juros*, aquele extra que o banco cobra justamente para poder ter lucro em suas operações de financiamento.

Sistemas de amortização. Existem diferentes modelos matemáticos costumeiramente adotados para calcular o valor das parcelas nas operações de empréstimos e financiamentos em geral, inclusive no caso do crédito imobiliário. O sistema específico adotado em cada contrato estipula como serão calculadas duas partes:

- **Principal:** a devolução progressiva, um pouco a cada parcela, do dinheiro originalmente tomado do banco no financiamento.
- **Juros:** aquele acréscimo cobrado pelo banco no empréstimo.

Escolha com atenção. Os bancos oferecem basicamente dois sistemas de amortização: *Tabela Price* e *Sistema SAC*. O sistema escolhido pelo comprador, assim como a taxa de juros que conseguirá em seu financiamento, trabalharão em conjunto para tornar o empréstimo mais oneroso ou mais suave para o tomador. Então, apesar de alguns detalhes mais técnicos e talvez pouco atraentes, é importante conhecer bem as duas opções, para escolher a melhor para seu bolso. Acredite-me, há um bom dinheiro envolvido aí.

TABELA PRICE: PARECE MELHOR... MAS SAI MESMO MAIS EM CONTA?

Nomeada em homenagem a seu criador, o matemático inglês do século XVIII, rev. Richard Price, a TP também é conhecida como sistema de amortização com parcelas *fixas*, ou com parcelas *constantes*.

Parcela igual, do começo ao fim. As prestações calculadas pela Tabela Price são de valor constante ou fixo para *todos* os meses do financiamento. Isso equivale a dizer que, somando a parte da *amortização* com a parte dos *juros*, dá sempre o mesmo valor a ser pago todo mês. Essa característica é conveniente ao tomador, porque lhe dá previsibilidade de pagamento do empréstimo. Contudo, o fato de que cada parcela pela Tabela Price tem valor igual às demais não quer dizer que a composição das duas partes internas (juros X amortização) seja a mesma a cada parcela, e isso tem consequências bem práticas para o dinheiro que você vai empatar no financiamento.

Gangorra. Na métrica do modelo de cálculo da TP (que não vou detalhar aqui porque a complexidade matemática é grande, e a utilidade de saber detalhes nesse nível é pequena), a *amortização* começa bem baixinha, e a maior parte da parcela, no princípio, é formada de *juros*. Com o passar do tempo, a cada nova parcela a parte da amortização vai *crescendo*, enquanto a parte dos juros vai *diminuindo*, uma contra a outra, tudo sem alterar o valor final de cada parcela.

Na ponta do lápis. Observe a tabela a seguir, que traz as prestações de um imóvel no valor de R$ 350 mil, dos quais R$ 280 mil foram financiados em 360 meses pela Tabela Price, com juros anuais de 10,50% (mensais de 0,84%). Mostrarei nessa tabela apenas a primeira parcela e as mensalidades de número 120, 240 e 278, bem como a última, de número 360 (logo você entenderá por quê). Note que, na primeira prestação, a amortização começa bem baixa (apenas 5% do valor total dessa primeira parcela), sendo a maior parte do pagamento do primeiro mês destinada à cobertura dos juros (95% da parcela). A partir daí, progressivamente, a parte da amortização irá crescendo, enquanto a parte referente aos juros irá diminuindo.

TABELA 1

TABELA PRICE: CRÉDITO DE R$ 280 MIL A JUROS DE 10,5% AO ANO

Nº DA PARCELA	VALOR	AMORTIZAÇÃO	JUROS
1º	R$ 2.462,62 (100%)	R$ 123,18 (5%)	R$ 2.339,45 (95%)
120	R$ 2.462,62 (100%)	R$ 331,54 (13%)	R$ 2.131,08 (87%)
240	R$ 2.462,62 (100%)	R$ 899,83 (37%)	R$ 1.562,79 (63%)
278	R$ 2.462,62 (100%)	R$ 1.234,45 (50,13%)	R$ 1.228,17 (49,87%)
360	R$ 2.462,62 (100%)	R$ 2.442,22 (99,17%)	R$ 20,40 (0,83%)

Devagarinho... Repare que, na parcela de número 120, após 10 anos pagando o financiamento, a distribuição dos componentes já mudou um pouco: 13% de amortização X 87% de juros. Já na parcela 240 (após 20 anos), a mudança é maior: 37% de amortização X 63% de juros. Mesmo assim, note que já decorreram 2/3 do prazo total e a amortização somente atingiu cerca de 1/3 da parcela. Apenas na parcela 278, ou seja, somente após transcorridos mais de 3/4 do prazo total do financiamento, é que a parte referente à amortização (50,13%) começa a superar a parte correspondente aos juros (49,87%). Na última parcela, a de número 360 (após 30 anos pagando o financiamento), aí sim, paga-se praticamente só amortização (99,17% da parcela), já que os juros serão ínfimos (0,83%).

Ponto negativo para a TP. Sabemos que os juros de um financiamento incidem, basicamente, sobre o saldo ainda não amortizado. Assim, um método como esse da Tabela Price, que demora para amortizar o principal da dívida, só poderá implicar no pagamento de um valor *maior* de juros no cômputo geral do financiamento, o que é ruim para seu dinheiro. Isso ficará bastante claro quando, a seguir, fizermos a comparação com o próximo sistema de amortização disponível, o SAC. A Tabela Price acaba desfavorecendo o tomador do crédito imobiliário que, no futuro, deseje quitar antecipadamente algumas prestações, com o respectivo desconto dos juros embutidos, como lhe é de direito. Isso porque, quando se pagam prestações antecipadas, a regra dos contratos de financiamento habitacional é que sejam eliminadas primeiramente as prestações *do final* do contrato, da última em direção à atual. Na TP, as prestações do final são basicamente direcionadas à amortização, ou seja, há muito pouco de juros para se descontar no caso da quitação antecipada, tornando pouco atraente o abatimento oferecido para quem deseja matar logo a dívida.

SISTEMA SAC: ALGUMA VANTAGEM FINANCEIRA

Alguns bancos denominam o SAC | Sistema de Amortização Constante como *sistema de* parcelas *atualizáveis*, o que pode dar a entender que esse sistema não é tão vantajoso como a Tabela Price, já que na TP as parcelas são *fixas*. No entanto, vale notar que outra denominação comum para o SAC é sistema de parcelas *decrescentes*: como o nome sugere, a parcela começa mais alta e vai caindo progressivamente até o término do contrato. Aí a proposta já parece ficar mais atraente, porque o tomador do crédito sabe que sua parcela só cairá.

Amortização constante no SAC. Durante todo o prazo do financiamento, a parte de *amortização* de cada parcela ficará constante no SAC, sendo *sempre* a mesma. Aliás, o valor dessa parte em cada parcela é muito fácil de calcular, pois equivale à simples divisão do *valor total financiado* pelo *número de meses* do financiamento. Assim, um crédito imobiliário de R$ 280 mil financiado por 360 meses deve embutir em cada parcela mensal a amortização de R$ 777,78 (= R$ 280 mil / 360 meses). Os mesmos R$ 777,78 a cada mês, até quitar tudo.

Amortização: mais acelerada no SAC que na TP. Note que a amortização por parcela no SAC (R$ 777,78 mensais) já começa bem mais forte que na primeira prestação da Tabela Price (R$123,18). Isso significa que o tomador do crédito estará devolvendo o dinheiro que havia tomado emprestado *mais aceleradamente* no SAC do que na TP. Assim, o saldo principal ainda não amortizado cairá mais rapidamente pelo SAC, implicando um menor pagamento de juros no cômputo geral do financiamento por esse sistema.

A parte dos juros no SAC. Calcular a parte correspondente aos juros em cada parcela do SAC também é muito fácil. Lembre-se de que os juros são, em qualquer sistema de amortização, devidos sempre sobre o *saldo principal não amortizado*. Pense então na primeira parcela: a amortização será de R$ 777,78, o que significa que o saldo em aberto será de R$ 279.222,22 (= R$ 280 mil − R$ 777,78). Quanto será devido de juros nessa primeira parcela? Digamos que a taxa do financiamento seja de 10,50% ao ano, o equivalente a 0,84% ao mês. Portanto, na primeira parcela, como o saldo principal ainda não amortizado será de R$ 279.222,22, os *juros devidos* nesse primeiro mês serão de R$ 2.345,47 (= 0,84% X R$ 279.222,22). Assim, a parcela do primeiro mês será composta da seguinte soma: **R$ 3.123,24 (total)** = R$ 777,78 (amortização) + R$ 2.345,47 (juros).

Parcela inicial mais alta. O leitor mais atento já terá notado que essa parcela é mais alta que a parcela inicial pela Tabela Price, de R$ 2.462,62. Na verdade, a *primeira* parcela SAC fica quase 30% mais alta, sim. No entanto, também convém notar que a última parcela pela TP continua sendo de R$ 2.462,62, enquanto a última do SAC é muito menor, apenas 1/3 da TP, ou R$ 784,28! A inversão ocorre porque a parte referente aos juros pelo SAC é *decrescente*, já que é calculada aplicando-se a taxa mensal pactuada no financiamento sobre o saldo remanescente a cada mês, descontadas as amortizações já pagas, o que faz esse saldo ser *decrescente*. Como a parte da amortização é *constante*, e a parte dos juros é *decrescente*, a prestação também acaba sendo *decrescente* no Sistema de Amortização Constante.

Na ponta do lápis. Observe a tabela a seguir, que traz as prestações de um imóvel no valor de R$ 350 mil, dos quais R$ 280 mil são financiados em 360 meses pelo sistema SAC, com juros anuais de 10,50%. Mostramos apenas a primeira parcela, as de número 120, 240, 242 e a última. Note que, na primeira prestação, a amortização começa menor (apenas 25% do valor total dessa primeira parcela), sendo a maior parte do pagamento do primeiro mês destinada somente à cobertura dos juros (75% da parcela). Isso é 15 vezes mais que os pífios 5% de juros da primeira parcela da Tabela Price! A partir daí, progressivamente, a parte da *amortização* irá se manter constante no SAC, enquanto a parte referente aos *juros* irá, progressivamente, diminuindo.

TABELA 2

SISTEMA SAC: CRÉDITO DE R$ 280 MIL A JUROS DE 10,5% AO ANO

Nº DA PARCELA	VALOR	AMORTIZAÇÃO	JUROS
1ª	R$ 3.117,23	R$ 777,78	R$ 2.339,45
	(100%)	(25%)	(75%)
120	R$ 2.343,91	R$ 777,78	R$ 1.566,13
	(100%)	(33%)	(67%)
240	R$ 1.564,09	R$ 777,78	R$ 786,31
	(100%)	(49,73%)	(50,27%)
242	R$ 1.551,10	R$ 777,78	R$ 773,32
	(100%)	(50,14%)	(49,86%)
360	R$ 784,28	R$ 777,78	R$ 6,50
	(100%)	(99,17%)	(0,83%)

Juros caindo... Repare que, na parcela número 120, após 10 anos pagando o financiamento, a distribuição já terá mudado: 33% de amortização X 67% de juros. Já na parcela 240 (após 20 anos), quase há um equilíbrio: 49,73% de amortização X 50,27% de juros. É na parcela 242 que a parte referente à amortização (50,14%) começa a superar a parte correspondente aos juros (49,86%). Na Tabela Price, isso só ocorreria bem mais tarde, na prestação de número 278! Na última parcela, a de número 360 (após 30 anos pagando o financiamento!), aí sim, paga-se praticamente só amortização (99,17%), já que os juros serão quase desprezíveis (0,83%). Nessa última parcela, a distribuição das partes terá a mesma proporção percentual interna, seja na Tabela Price, seja no sistema SAC, porém com uma grande diferença: na TP essa última mensalidade é de R$ 2.462,62, enquanto pelo SAC, só R$ 784,28!

Ponto positivo para o SAC! Como os juros de um financiamento incidem sobre o saldo ainda não amortizado, um sistema de amortização como o SAC, que amortiza o principal da dívida mais rapidamente que a Tabela Price, só poderá resultar no pagamento de um valor *menor* de juros no cômputo geral do financiamento, o que é boa notícia para o tomador.

TABELA PRICE X SISTEMA SAC: O MAIS BARATO PARA QUEM FINANCIA

Somando todas as parcelas do financiamento de um imóvel no valor de R$ 350 mil, dos quais R$ 280 mil sejam financiados em 360 meses, com juros anuais de 10,50% (como nas tabelas acima), de um lado pela TP e de outro pela do SAC, poderemos enxergar com clareza a diferença de juros totais pagos por cada sistema de amortização. No sistema SAC, a soma total do financiamento dá R$ 702 mil, enquanto na TP dá R$ 887 mil, portanto R$ 185 mil ou 26% pagos a mais por conta de juros acumulados na TP, uma conta bem mais salgada para o tomador. Isso considerando exatamente *a mesma* taxa de juros, ou seja, só terá variado o sistema escolhido de amortização! (Em tempo: ambos os valores podem ter parecido astronômicos, mas lembre-se que pelo SFH, considerando a correção pela TR, eles ficarão praticamente sem reajuste ao longo do tempo, enquanto seu salário ou os ganhos do seu negócio próprio tendem naturalmente a subir, nem que seja pelos reajustes da inflação.)

Outra vantagem do SAC. O Sistema de Amortização Constante também favorece o tomador do crédito imobiliário que, no futuro, deseje quitar antecipadamente algumas prestações. Quando se pagam prestações antecipadas, a regra dos contratos do SFH é que sejam eliminadas primeiramente as prestações *do final* do contrato. No SAC, as últimas prestações têm uma parte de juros proporcionalmente muito maior comparada às prestações da Tabela Price. Assim, haverá muito mais juros para se descontar no caso da quitação antecipada.

Conclusão. Para quem pode começar pagando no financiamento imobiliário algo como 30% a mais na prestação inicial, a escolha do sistema SAC trará as seguintes vantagens: 1) a segurança de poder contar no orçamento familiar com parcelas decrescentes; 2) a conta sairá cerca de 21% mais barata no cômputo geral do financiamento; 3) facilitará a vida do devedor bem planejado, que deseja quitar aceleradamente as parcelas futuras, liquidando sua dívida do financiamento imobiliário o mais rápido possível.

TAXAS DE JUROS: ENCONTRE AS MENORES DO MERCADO

Curiosamente, as taxas de juros praticadas pelos bancos costumam ser mais altas para a adoção da Tabela Price do que para a do SAC. Mais um motivo em favor da escolha do Sistema de Amortização Constante para o cálculo das prestações do seu financiamento imobiliário.

TABELA 3

TAXAS-BALCÃO PRATICADAS NO FINANCIAMENTO IMOBILIÁRIO PELOS PRINCIPAIS BANCOS BRASILEIROS (2017)

BANCO	SAC	TABELA PRICE
Caixa Econômica	7,40%	não trabalha
Banco do Brasil	8,90%	12%
Bradesco	10,50%	10,50%
Itaú	9,50%	11,50%
Santander	11,00%	12,00%
HSBC	10,75%	não trabalha

Níveis de taxas-balcão. Como se observa na tabela acima, as taxas dos financiamentos imobiliários pelo SFH oferecidas abertamente pelos bancos costumam oscilar entre 8% ao ano (0,64% ao mês) e 12% ao ano (0,95% ao mês). Recentemente, com a queda dos juros básicos da economia brasileira, vários bancos promoveram reduções importantes em suas taxas, e já existem inclusive instituições praticando taxas ligeiramente inferiores a 8% ao ano (respeitadas algumas condições de bom relacionamento do cliente com o banco).

Com qual banco eu vou? Considerando que o financiamento habitacional pelo SFH é praticamente igual em qualquer instituição financeira (de forma similar à Caderneta de Poupança), não precisa necessariamente fechar seu contrato com seu atual banco, não. Garimpe taxas por aí, encontre o banco que pratica uma taxa mais baixa (diferentemente da Poupança, que paga igual em qualquer banco) e lhe dê natural preferência.

Na ponta do lápis. Um imóvel no valor de R$ 350 mil, dos quais R$ 280 mil (80%) sejam financiados em 360 meses (30 anos) pelo sistema SAC, com juros anuais de 8% (0,64% ao mês) custará o total de R$ 606 mil, enquanto a juros anuais de 12% (0,95% ao mês) custará nada menos que R$ 760 mil no total, portanto R$ 154 mil ou 25% ou 1/4 a mais! Uma enorme diferença!

Taxa-relacionamento: mais baixa. Hoje em dia, praticamente todos os bancos oferecem uma taxa mais baixa para o cliente que tiver relacionamento com o banco concedente do empréstimo. O cliente que for titular de conta corrente no banco, com pacote de serviços e, melhor ainda, conta-salário, levará para casa taxa menor. As contas-salário têm depósitos mensais garantidos, pelo menos enquanto o trabalhador estiver empregado, gerando maior segurança para o banco efetuar o débito automático das parcelas do empréstimo, correndo menor risco de inadimplência.

Com relacionamento, quanto cai? Na Caixa Econômica Federal, a taxa-balcão era de 8,51% em 2017, caindo para 7,80% no caso de clientes com relacionamento. No Banco do Brasil, a mesma taxa descia de 8,90% ao ano para 7,90%. Essa redução de taxa é um consolo para quem pretende tomar o empréstimo imobiliário, já que praticamente todos os bancos *obrigam* o cliente do financiamento a ser também cliente do banco, alegando que precisam da conta para fazer o débito automático. Mas... não poderiam dar um carnê? Já há questionamentos na Justiça de que obrigar o interessado em financiamento habitacional a abrir conta no banco configura *venda casada*, prática proibida pelo Código de Defesa do Consumidor. Os questionamentos estão no início, e não se sabe ao certo qual será a prática consolidada ao final. Hoje, é assim: quer financiamento? Ainda não é cliente do banco? Abra uma conta!

Inflando a parcela. Como a prática corrente é essa, caso faça um financiamento fora de seu atual banco, pode somar a cada parcela o valor mensal de R$ 25,00, que é quanto custa atualmente em média um pacote de serviços introdutório para uma conta bancária. Esse é um dinheiro extra que, em princípio, você não teria necessidade de gastar (se não lhe fosse exigido), uma vez que hoje já possui conta corrente em um banco. Considerando um financiamento de 360 meses, essa conta ficará em "salgados" R$ 9 mil (= R$ 25,00 X 360 meses).

Taxa prefixada. Popular em outros tempos, hoje raramente é oferecida, e deixou de ser uma opção vantajosa. No plano prefixados, simplesmente não há qualquer índice de correção monetária, nem a TR, muito menos IPCA ou IGP-M. No entanto, os financiamentos préfixados praticam taxas mais altas, de 12% a 13% ao ano. Hoje, na prática, os financiamentos com correção pela TR oferecem segurança similar (embora não com garantia contratual), já que a TR mensal fica em 0% (ou próxima disso), e são oferecidos por taxas bem mais competitivas, até 1/3 menores (em torno de 8% ao ano).

CET | Custo Efetivo Total. Essa é a taxa final que engloba *todos os custos* do financiamento, não apenas *amortização* e *juros* de cada parcela, mas também o *seguro habitacional* (prêmio mensal) e a *tarifa mensal de acompanhamento do contrato*, como veremos a seguir. O interessado no financiamento imobiliário deve não só comparar a taxa de juros nominal oferecida pelos bancos, como também o CET (essa informação é de fornecimento obrigatório por parte das instituições financeiras). Pode acontecer de um banco, em princípio, possuir uma taxa nominal de juros menor que outro, mas a taxa de CET ser maior, caso seu seguro habitacional seja mais caro e a tarifa mensal de serviços administrativos, mais alta. Isso não é muito comum, mas pode acontecer, e tem de ser identificado na ponta do lápis.

SEGUROS E TARIFAS: VALEM QUANTO PESAM NA PRESTAÇÃO?

Para contratar um financiamento imobiliário em qualquer banco, em qualquer caso, será obrigatória a contratação de *dois tipos* de seguro habitacional:

- **DFI | Danos Físicos ao Imóvel:** protege o imóvel (mas não seu conteúdo) contra incêndio, enchente, vendaval e outros sinistros que danificariam a estrutura física do bem que é dado como garantia no financiamento, o próprio imóvel.
  MIP | Morte e Invalidez Permanente: com o eventual falecimento ou invalidez permanente do comprador/devedor, o saldo ainda em aberto ficará automaticamente quitado. Se houver mais de um comprador, somente será quitada a parte do saldo referente ao comprador que falecer.

Obrigatórios. DFI e MIP são duas coberturas distintas, com duas apólices separadas. Como são ambas *compulsórias*, nas tabelas de simulação de financiamento que os bancos oferecem em seus *sites* na internet, algumas instituições apresentam os dois valores somados como se fossem um só, sob o título de *Seguro Habitacional*.

Este é um custo que será somado com a parte de *amortização* e a parte de *juros* de cada parcela, para compor seu valor total. Na prática, esses seguros encarecem as parcelas, mas há vantagens: 1) durante todo o financiamento o imóvel (que é do banco, mas será seu) estará protegido; 2) no caso do seu falecimento, os que ficam terão total tranquilidade financeira, conferindo a todos os seus familiares e dependentes, desde a primeira parcela da nova dívida, a segurança de poder ter suas obrigações financeiras relativas à casa própria devidamente honradas, aconteça o que acontecer.

Na ponta do lápis. Para um comprador do sexo masculino, com idade de 30 anos, que pretende financiar R$ 280 mil (80% de um imóvel de R$ 350 mil) em 30 anos, o prêmio (nome técnico da mensalidade do seguro) do DFI fica em cerca de R$ 35,00 mensais durante todo o financiamento. Afinal, o risco relativo ao imóvel se mantém constante, mês após mês. Já o prêmio do MIP começa mais alto, em torno de R$ 50,00, mas vai caindo gradativamente até ser igual a zero na última parcela (valor médio mensal de R$ 25,00). Afinal, o risco de morte pode aumentar com a idade, mas a cobertura cai acentuadamente com a redução do saldo em aberto a cada mês.

Pode ser ainda maior! Conforme a idade e o estado de saúde do contratante do financiamento, o custo do seguro habitacional pode aumentar, em razão do aumento no prêmio do MIP. Isso é natural e ocorre em todos os bancos. Em alguns casos extremos, de pessoas com mais idade e, por exemplo, condição cardíaca delicada, ou qualquer problema crônico de saúde, a seguradora pode nem chegar a fazer o seguro, circunstância na qual o financiamento lhe será negado pelo banco.

Na ponta do lápis. Somando o valor mensal estimado de R$ 35,00 do seguro DFI com o valor médio mensal de R$ 25,00 de prêmio do MIP, obtemos a mensalidade aproximada de R$ 60,00 para o seguro habitacional. Considerando um financiamento em 360 parcelas, o ônus total do seguro atingirá quase R$ 22 mil (= R$ 60,00 mensais X 360 meses). Como proporção do total financiado de R$ 280 mil, isso dá quase 8% a mais, mas é um custo no qual vale a pena incorrer.

Tarifa de administração de contrato. A chamada TAC também é conhecida por *Tarifa de Serviços de Administração*. Trata-se daquele valor mensal, também obrigatório, que se soma a cada parcela, com a finalidade de remunerar o banco pelo esforço de gerenciar seu contrato de financiamento imobiliário a cada mês. Atualmente em torno de R$ 25,00 mensais na maior parte dos bancos, para um financiamento em 360 parcelas, o ônus total dessa tarifa chegará a R$ 9 mil (= R$ 25,00 mensais X 360 meses). Não é um valor desprezível, e aqui o benefício é menos perceptível do que no caso dos seguros DFI e MIP. Mas... não há como escapar dessa cobrança, que não chega a encarecer tanto assim a operação (de 1% a 3%, em média).

CORREÇÃO MONETÁRIA PELA TR: A GRANDE SACADA DO SFH!

Para compor cada parcela do financiamento imobiliário, soma-se a parte da amortização, com a parte dos juros, mais o seguro habitacional e a tarifa de serviços de administração. A soma desses valores forma o valor total da parcela que, ainda por cima, deve ser reajustado todos os meses pelo índice de inflação previsto no contrato.

Compensando a inflação. O objetivo desse reajuste seria resguardar os interesses financeiros do banco credor, corrigindo monetariamente o valor de cada parcela, todos os meses, para compensar o desgaste do poder de compra provocado pela inflação. Isso é mais que justo em contratos de longa duração, e não quer dizer que o credor estará ganhando com tais reajustes; ele apenas deixará de perder (seu ganho estará nos juros, no seguro, nas taxas...). No caso do SFH, esse índice de correção monetária é a TR | Taxa Referencial, o que constitui uma enorme vantagem financeira diante dos contratos fora do SFH, que têm reajuste por índices como o IGP-M ou o IPCA.

TR zerada. Enquanto índices convencionais como o INPC, o IPCA e o IGP-M vêm acumulando reajustes entre 5% e 6% ao ano (entre 0,40% e 0,50% ao mês), a TR, por causa da intensa redução promovida nos juros básicos brasileiros (taxa Selic), impactando diretamente a fórmula de cálculo da Taxa Referencial, que tem um fortíssimo redutor, vem registrando próximo de 0% de aumento nos últimos meses, e deve continuar assim enquanto a inflação e os juros básicos estiverem baixos. (Segundo o governo, esta é uma conjuntura econômica que veio para ficar. Mesmo que não seja o caso, que a inflação e os juros básicos subam, a TR sempre permanecerá tremendamente defasada, oferecendo essa mesma vantagem financeira prática para o tomador do financiamento.)

Na prática... congelamento! Para quem acredita na manutenção da TR zerada, e há bons motivos macroeconômicos para isso, o detalhe da TR em 0% significa, na prática, que as prestações do SFH *não serão corrigidas* com o passar do tempo. Seu salário subirá a cada ano com a inflação (no dissídio de sua categoria). Se tiver um negócio próprio, você provavelmente corrigirá seus preços com alguma regularidade. Enfim, seu poder de compra será periodicamente corrigido, mas a prestação do SFH ficará intocada (na Tabela Price) ou ainda sofrerá reduções reais (no SAC). Resultado: ficará mais fácil se livrar de seu financiamento habitacional e, finalmente, transformar a casa *financiada* em casa *própria*!

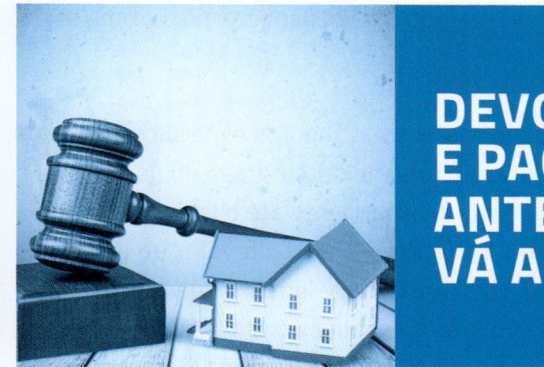

DEVO, NÃO NEGO, E PAGO RAPIDINHO... ANTES QUE O IMÓVEL VÁ A LEILÃO!

O SFH, assim como todo tipo de financiamento imobiliário, trabalha com a garantia para o banco da *alienação fiduciária*, instrumento jurídico pelo qual o imóvel objeto do financiamento é dado como garantia pela operação de empréstimo. Na prática, isso significa que o imóvel é de propriedade do banco, e "apenas" está de posse do devedor até que este pague a última parcela e, aí sim, tenha o pleno direito de se tornar proprietário de sua casa própria, passando definitivamente a escritura do imóvel para o seu nome.

Consequências práticas. Caso não pague as prestações devidas, conforme o Artigo 27 da Lei 9.514/97, o devedor poderá perder a posse do imóvel já a partir do primeiro mês de atraso. O mais comum é o banco aguardar até três meses de atraso, notificando o devedor para acertar quanto antes a situação. Não ocorrendo regularização, o imóvel será levado a leilão público. Cuidado: isso não demora muito a acontecer a partir desse momento! O valor alvo do primeiro leilão é o do contrato de financiamento e, se não for arrematado nesse momento, o imóvel será leiloado em segunda instância pelo melhor lance ofertado, seja qual for. Do valor que o banco apurar com o leilão, descontará todos os deveres em aberto do devedor, como parcelas pendentes (em atraso ou não), bem como multa, juros e custos processuais, entregando ao devedor o que restar (se ainda houver algo a restituir).

Para evitar o pior. Antes de entrar em um financiamento imobiliário, tome o cuidado de acumular uma reserva financeira de proteção, particularmente contra a situação de *desemprego*. Para ficar mais tranquilo, junte primeiramente um valor equivalente ao de 6 a 12 parcelas. Para isso, será necessário organizar o orçamento pessoal e familiar, poupando e aplicando dinheiro até juntar a reserva. Aliás, arrumar "a casa" (as *finanças* da casa!) será o primeiro passo para acomodar as novas parcelas de um financiamento habitacional. Mas isso será tratado detalhadamente na próxima seção deste livro.

Seguro contra desemprego. Alguns bancos oferecem seguros específicos para cobrir parcelas do financiamento imobiliário em caso de desemprego do devedor. Tais seguros costumam cobrir 3, 6 ou 8 parcelas (normalmente até o limite de R$ 3 mil por parcela), com prêmio mensal que varia entre 2% e 5% do valor de cada parcela. O custo desse tipo de seguro não é baixo, mas vale lembrar que ele não cobre simplesmente algumas parcelas; ele protege o devedor contra a inadimplência e a perda do imóvel em um momento crítico de sua vida financeira. Essa cobertura serve para desemprego ou perda de renda por acidente ou doença, hipóteses que merecem planejamento e, conforme sua empregabilidade e condição de saúde, algum "investimento".

Seria ingenuidade imaginar que o processo de compra da casa própria é absolutamente rápido e descomplicado. Nos últimos anos, os bancos elevaram seu padrão de atendimento com relação ao financiamento imobiliário, enxugaram e dinamizaram etapas, e acabaram agilizando muito o processo, que, de ponta a ponta, pode sair em 30 dias. Desde que, naturalmente, algumas exigências sejam respeitadas e os documentos requisitados estejam todos corretos.

ALGUMA BURACRACIA E DOCUMENTAÇÃO VOLUMOSA: FAZ PARTE DO PROCESSO

Requisitos do imóvel. Para acessar o SFH, o imóvel tem de ser residencial, construído em alvenaria (casas de madeira não serão aprovadas), com pelo menos uma vaga de garagem (exigência de alguns bancos, somente). Certos bancos financiam terrenos, desde que o lote possua infraestrutura completa e seja destinado a fins residenciais. Imóveis de veraneio, fora do município em que o trabalhador tem sua ocupação, apesar de residenciais, não são aceitos caso se pretenda utilizar o FGTS. Os bancos financiam inclusive *término de construção*, pelo SFH, desde que o cliente tenha a escritura definitiva do terreno e que a obra esteja no mínimo com 30% dos serviços executados, devendo o financiamento, nesse caso, cobrir 100% do valor necessário para o término da obra.

Lista de documentos. Consulte o banco no qual lhe interessa fazer o financiamento de seu imóvel para coletar a listagem completa de documentos do imóvel, do(s) vendedor(es) e do(s) comprador(es). Estando tudo em ordem, pode confiar que a autorização sairá, sim, em apenas um mês. Alguns bancos, mediante a análise prévia dos documentos somente do comprador, fornecem carta de crédito pré-aprovada valendo por 120 dias. Assim, o comprador tem mais tempo para procurar o imóvel ideal. Caso você pense posteriormente em vender o imóvel financiado e ache um comprador interessado em assumir sua dívida imobiliária, o banco refinanciará o imóvel para tal comprador, que terá de passar por toda a análise documental padrão, tudo como se fosse um novo financiamento, não se podendo valer da aprovação já existente de financiamento.

CUSTOS IMEDIATOS DO PROCESSO DE FINANCIAMENTO

Há quatro principais *despesas de abertura* do financiamento habitacional com as quais o comprador deve arcar de imediato. Exceto pela taxa de avaliação do imóvel, que em alguns casos deve ser paga diretamente à empresa responsável, os bancos costumam aceitar que os demais custos de abertura sejam também financiados. Ou melhor: o comprador primeiramente os pagará, e o dinheiro retornará assim que o valor do financiamento for liberado, em cerca de 30 a 60 dias.

- **ITBI | Imposto sobre a Transferência de Bens Imóveis:** de competência estadual, o ITBI tem alíquota de 2% do valor do imóvel, considerado o maior valor, aquele estipulado no Compromisso de Compra e Venda ou o valor da avaliação exigida pelo banco financiador (consulte a Secretaria da Fazenda do seu Estado). Para um imóvel de R$ 350 mil, o ITBI deve ficar em R$ 7 mil.
- **Registro do Contrato:** o registro do Contrato de Financiamento no Cartório de Registro de Imóveis da região em que o imóvel está situado é o ato que declara quem é o verdadeiro proprietário do imóvel ou se a propriedade desse bem está sendo transmitida de uma pessoa para outra. Toda vez que se leva uma escritura de compra e venda ou hipoteca de um imóvel ao cartório, ela é registrada em sua matrícula. O valor do registro varia conforme o valor do imóvel, mas costuma ficar em alguns (poucos) milhares de reais (o banco financiador lhe informará com precisão o valor atualizado).
- **Tarifa de avaliação da garantia:** para ser alvo de um financiamento imobiliário, o imóvel desejado deve receber avaliação realizada por empresa terceirizada especializada, indicada pelo banco e custeada pelo potencial comprador. Esse serviço normalmente fica entre R$ 1.000,00 e R$ 1,5 mil.
- **Tarifa de análise do contrato:** também chamada de *taxa de inscrição e expediente*, não deve ser confundida com a *tarifa de acompanhamento do contrato* ou

a *tarifa de serviços de administração*, cuja cobrança é mensal, e vem somada à parcela. A tarifa de análise de contrato pode ser cobrada pelo banco simplesmente para analisar a documentação de um interessado em crédito imobiliário. Sua cobrança pode ser feita mesmo no caso de recusa do financiamento (embora isso seja pouco usual). O custo gira em torno de algumas centenas de reais, e há quem questione a legalidade dessa cobrança, mas ela é praxe no mercado de financiamento.

- **Laudêmio** (raramente): é um direito pertencente à União (governo brasileiro), quando da transferência dos direitos de ocupação ou foro de imóvel localizado em propriedades desta, como os chamados *terrenos de marinha*. A taxa é cobrada na proporção de 2,5% a 5% do valor do terreno, sempre que este passa por uma operação de compra e venda (informe-se em imobiliárias situadas na região do imóvel em questão).

COMPRA DE IMÓVEL NA PLANTA: FAÇA AS CONTAS CERTAS!

Muita gente confunde a compra parcelada de um imóvel na planta (ou já em construção) com um financiamento imobiliário. Enquanto no financiamento o bem já existe, e cobram-se juros por emprestar o dinheiro necessário para comprá-lo, na compra parcelada na planta há apenas uma *expectativa* de imóvel, e não se pode, portanto, cobrar juros no parcelamento.

Hum... A ausência de juros seduz, mas aqui vai meu alerta: não se pode traçar seu planejamento financeiro de quitação do imóvel comprado na planta tomando-se apenas a parcela e o saldo a financiar conforme seu valor na data de aquisição do imóvel, porque esse valor sofrerá correção até a entrega das chaves. Durante o período da construção, todas as parcelas ainda não pagas sofrerão a correção do INCC (Índice Nacional da Construção Civil), que retrata a inflação no setor de construção de imóveis.

Isso também acontecerá com o saldo. É justo a construtora cobrar esse reajuste: se os preços dos materiais e mão de obra estiverem subindo durante a construção, ela irá pagar mais caro.

Valor na entrega. O comprador responsável deve projetar o valor da parcela e do saldo a financiar *na entrega das chaves*. Supondo que o INCC fique em uma média de 0,50% ao mês (i), os cálculos de matemática financeira nos indicam que uma parcela que comece, digamos, com valor de R$ 1.000,00 (PV), estará em R$ 1.197,00 (FV) daí a três anos ou 36 meses (n). Veja a seguir a *conta certa* feita com a ajuda da **ÁREA 5** de **(FV) VALOR FUTURO** do DINHEIRÔMETRO®:

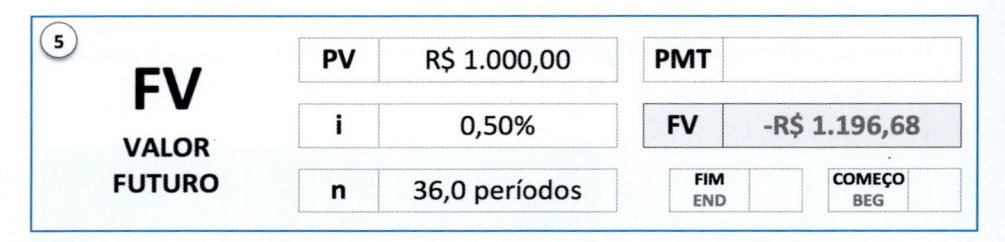

5 FV VALOR FUTURO				
	PV	R$ 1.000,00	PMT	
	i	0,50%	FV	-R$ 1.196,68
	n	36,0 períodos	FIM END	COMEÇO BEG

Acréscimo... e risco. O acúmulo do INCC resulta em um aumento de 20% em apenas três anos, o que também impacta negativamente o saldo a financiar: se era de R$ 200 mil com o imóvel na planta, por exemplo, será de R$ 240 mil na entrega das chaves. Isso, fora os juros do financiamento, que começarão a incidir a partir desse ponto. Aliás, tem certeza de que conseguirá a liberação do financiamento necessário na entrega das chaves? Muita gente se vê em aperto por não pensar nisso antes.

capítulo 11

LIVRE-SE DAS DÍVIDAS IMPRUDENTES... OU SOFRA AS CONSEQUÊNCIAS!

Uma eventual situação de *endividamento crônico* requer ação, e ação imediata: pegue seu "chicote" de **MONEY BO$$** e vamos "domar essa fera". Quanto mais se deixar rolar a bola de neve das dívidas nocivas, mais ameaçadora ela se tornará para a prosperidade. Diante de dívidas graves, é preciso evitar qualquer uma destas três posturas, muito comuns entre os de mentalidade empobrecedora: *indiferença*, *desespero* e *derrotismo* (ou, ainda, uma perigosa alternância das três). Dívidas imprudentes só ficarão ainda piores se nada for feito contra elas desde já! Problemas não tratados adequadamente crescem, e esta é uma verdade inescapável também em nossa vida financeira. O principal motivo que leva o devedor crônico largar o controle de suas dívidas é o *desconhecimento* de como elas funcionam e de sua verdadeira situação como devedor. Então, quanto antes você arregaçar as mangas e buscar conhecer e compreender melhor suas dívidas, para poder replanejá-las uma a uma, botando as piores para correr em definitivo, tanto melhor para interromper o processo de empobrecimento contínuo precipitado pelas más dívidas. Ok: o dinheiro pode ser alugado, mas quem deve mandar nele é você!

O QUE PODE SER PENHORADO? PODEM LHE TIRAR SUA CASA E SEU CARRO?

Um dos temores mais comuns dos endividados crônicos é a *penhora*, ou seja, a perda de patrimônio por causa de dívidas não pagas. Principalmente quando a dívida é cobrada via escritórios de cobrança (e não diretamente pelo credor), é comum ouvir por telefone a seguinte ameaça: "Um oficial de justiça irá até sua casa para penhorar seus bens (inclusive o próprio imóvel!) para serem leiloados em pagamento da dívida". Não é bem assim. No caso do imóvel, a Lei 8.009, de 29 de março de 1990, determina:

> Art. 1º. O imóvel residencial próprio do casal, ou da entidade familiar, é impenhorável e não responderá por qualquer tipo de dívida civil, comercial, fiscal, previdenciária ou de outra natureza, contraída pelos cônjuges ou pelos pais ou filhos que sejam seus proprietários e nele residam, salvo nas hipóteses previstas nesta lei.

Perde? O imóvel único de família até poderá ser penhorado, mas somente nos casos específicos que a lei determina, como, por exemplo, de dívidas diretamente pertinentes ao próprio imóvel (ex.: financiamento imobiliário, condomínio, IPTU, hipoteca), dívidas que receberam o imóvel em garantia escrita e assinada (ex.: fiança em locação de terceiros), pensão alimentícia não paga, ou dívidas com trabalhadores domésticos da própria residência. Afora essas hipóteses, você não perderá a casa. Já o carro e a motocicleta estão sob maior risco, principalmente porque a maior parte dos contratos de financiamento de autos e motos prevê a busca e apreensão do veículo após um período de atrasos consecutivos, que varia de três a seis meses. Confira lá no contrato do financiamento que assinou.

É VERDADE QUE UMA DÍVIDA CADUCA AUTOMATICAMENTE APÓS CINCO ANOS?

No auge do seu desespero, muitos devedores crônicos costumam procurar soluções mágicas, escapatórias mirabolantes que possam livrá-los de seu enorme aperto financeiro de uma hora para a outra. Lamento informar, mas é importante que você saiba: essas "saídas espertas" simplesmente não existem. Talvez você tenha ouvido dizer por aí que basta esperar cinco anos que uma dívida não paga "desaparecerá" automaticamente. Fácil demais para ser verdade, não? Agora, existem, sim, informações importantes relacionadas a esse período "mágico" dos cinco anos, e eu quero colocá-las para você de forma bem clara.

Cinco anos "mágicos". O Novo Código Civil brasileiro dispõe que o direito de cobrança judicial de uma dívida prescreve em cinco anos:

> Art. 206. Prescreve:
> § 5o Em cinco anos:
> I - a pretensão de cobrança de dívidas líquidas constantes de instrumento público ou particular.

Prescreve. Dessa forma, está assegurado em lei que uma dívida não cobrada na Justiça em até cinco anos da data do seu vencimento (data em que deveria ter sido paga e não foi) terá seu direito de cobrança prescrito, ficando o devedor livre da obrigação. O credor poderá até tentar cobrar tal obrigação amigavelmente após esse prazo, pessoalmente, por carta ou telefone (no entanto, sem qualquer constrangimento do devedor), mas não poderá acionar a Justiça contra o devedor.

Factoring. É comum determinada dívida ser "vendida" ou "cedida" pelo seu credor original a outra pessoa ou empresa. É praxe em grandes empresas negociar suas dívidas com pequenos escritórios de *factoring* (vários deles atuando simplesmente como agiotas travestidos de instituição financeira). Isso até é permitido em lei, mas não muda nenhuma das características da sua dívida. Mesmo nesse caso de transferência da dívida a terceiros, o prazo de cinco anos para a prescrição do direito de cobrança da dívida na Justiça só deve contar uma única vez a partir da data em que você deixou de pagar tal dívida (data efetiva do vencimento da dívida), independentemente dos "n" credores sucessivos que venham a assumi-la. Porém, fique atento: essa prescrição do prazo de cobrança de uma dívida em cinco anos não deve ser interpretada como grande alívio para quem tem dívidas em aberto, porque dificilmente o credor deixará de fazer uso das vias judiciais para reaver o valor no tempo hábil, principalmente no caso de dívidas em valor mais expressivo, de milhares de reais.

É FATO QUE SEU NOME SÓ PODERÁ FICAR NEGATIVADO POR CINCO ANOS?

Quando você não paga determinada dívida, seu credor ganha o direito de enviar seu nome/CPF para registro nos bancos de dados chamados serviços de proteção ao crédito. Os principais hoje em atuação no país são Serasa, Boa Vista SCPC e SPC Brasil. Um único dia de atraso no pagamento de uma conta pode ser suficiente para a empresa credora acionar um dos cadastros de inadimplência para que essa entidade envie uma carta de aviso de risco de inadimplência a você (qualquer que seja o valor da dívida). Cada empresa tem sua política de cobrança, mas o tempo médio para as empresas enviarem um alerta a consumidores inadimplentes fica entre 30 e 45 dias após o primeiro dia de atraso.

Negativado! As situações mais comuns para motivar a negativação de seu CPF nos bancos de dados são as seguintes:

- Se, por qualquer motivo, o devedor deixar de pagar uma dívida assumida e a empresa que concedeu o crédito informar a um ou mais serviços de proteção ao crédito, ou ainda protestar o débito em cartório (fato que é comunicado pelo Cartório de Protestos aos bancos de dados).
- Se o devedor emitir um cheque sem fundos e este for devolvido duas vezes por seu banco, seu nome passará a fazer parte do Cadastro de Emitentes de Cheques sem Fundos (CCF), do Banco Central, que por sua vez repassará a informação para os serviços de proteção ao crédito.
- Se o cidadão estiver como réu em uma ação distribuída, e essa ação referir-se à execução de dívida, ou de busca e apreensão de bens, ou, ainda, se o cidadão tiver participação societária em empresa com falência decretada: tais informações serão repassadas pelo Fórum ou obtidas de publicações em Diários Oficiais, e daí armazenadas nos bancos de dados.
- Se o cidadão tem alguma pendência com um órgão federal porque deixou de pagar impostos, taxas ou contribuições federais, essa anotação, obtida por meio de certidão ou de publicação oficial (Diários Oficiais), será armazenada nos serviços de negativação.

Sem crédito. Ao receber uma Carta-Comunicado dos serviços, regularize a situação com a loja ou empresa que lhe concedeu crédito (você tem até dez dias para fazê-lo) e aguarde. Ela própria enviará o comando de regularização da pendência por meio eletrônico para a Serasa, Boa Vista SCPC ou SPC Brasil. Se você não se manifestar e providenciar a quitação da obrigação, ficará com o CPF negativado, vulgo "nome sujo" na praça. Como consequência, você provavelmente não conseguirá mais comprar a prazo, não terá seus cheques aceitos por aí e não poderá mais contrair financiamentos em bancos e instituições financeiras em geral. Mesmo para um típico "cara de pau", essa situação traz efeitos colaterais incontroláveis e indesejáveis. Muitas empresas, ao selecionarem profissionais para suas vagas de emprego, levantam a situação dos candidatos junto a tais serviços de proteção ao crédito e simplesmente vetam os "anotados". Já pude observar também a situação de profissionais liberais que até poderiam ser contratados para realizar determinados trabalhos em empresas, mas são preteridos quando informam à potencial empresa cliente que não têm conta em banco para o contratante poder fazer os depósitos dos pagamentos a eles devidos.

Cinco longos anos! Esse registro negativo ali permanecerá, para livre consulta dos lojistas ou instituições financeiras a quem interessar, até a devida quitação da dívida e subsequente baixa no cadastro, ou até o prazo máximo de cinco anos a contar da data do não pagamento, devendo, a partir daí, ser retirado do cadastro negativo, mesmo que a dívida não tenha sido paga, independentemente de haver processo em aberto na Justiça ou não. Entenda-me bem: após cinco anos, caso o seu credor tenha recorrido a um processo judicial, você continuará com a obrigação de quitar a dívida deixada em aberto, mas seu nome terá de ser obrigatoriamente retirado das anotações nos serviços de proteção ao crédito, de acordo com o que estipula o Código de Defesa do Consumidor:

> Art. 43. O consumidor terá acesso às informações existentes em cadastros, fichas, registros e dados pessoais e de consumo arquivados sobre ele, bem como sobre as suas respectivas fontes.
>
> § 1º Os cadastros e dados de consumidores devem ser objetivos, claros, verdadeiros e em linguagem de fácil compreensão, não podendo conter informações negativas referentes a período superior a cinco anos.

O parágrafo 5º desse mesmo artigo 43 do CDC também dispõe que, se já estiver prescrito o direito de cobrança da dívida em razão do decurso do prazo de caducidade de que tratamos no item anterior, não poderão mais ser fornecidas informações negativas pelos cadastros de restrição ao crédito:

> § 5º Consumada a prescrição relativa à cobrança de débitos do consumidor, não serão fornecidas, pelos respectivos Sistemas de Proteção ao Crédito, quaisquer informações que possam impedir ou dificultar novo acesso ao crédito junto aos fornecedores.

Não pode! Se a dívida for protestada em cartório e/ou incluída novamente em órgãos de restrição ao crédito após os cinco anos previstos de prescrição, o consumidor/devedor deverá buscar a defensoria pública, ou um advogado de sua confiança, para entrar com processo na Justiça exigindo a imediata exclusão dos cadastros e pedindo, inclusive, indenização por danos morais resultantes do cadastro indevido.

Ressalvas. Se você, em algum momento nesse período de cinco anos, fizer um acordo formal (registrado documentalmente) com seu credor, a dívida anterior ficará extinta do ponto de vista legal, criando-se, em substituição a ela, uma *nova* dívida.

Isso remete à imediata exclusão (após o pagamento comprovado da primeira parcela) do seu nome dos cadastros negativos, o que é obviamente bom para você. No entanto, lembre-se de que uma nova dívida foi criada: se, em algum momento, ela sofrer novo atraso, começará a contar novo prazo integral de cinco anos para sua caducidade. No mais, a tentativa de baixar seu nome dos cadastros negativos de crédito em razão de uma dívida regularizada não adiantará de nada se o seu nome também lá estiver registrado por causa de outra(s) dívida(s) não quitada(s). Para "zerar" seu nome, será importante a quitação de *todas* **as dívidas que implicaram registros negativos.**

Dívidas renegociadas. Por fim, é importante ressaltar que, no caso de dívidas parceladas, como crediários, financiamentos e empréstimo pessoal, o prazo de cinco anos vale para cada parcela, que pode ser cadastrada independentemente das demais. Numa dívida de 48 meses, por exemplo, que você parou de pagar a partir do 25º mês, e assim sucessivamente, deixando de quitar as demais 24 prestações, a contagem dos cinco anos começará a partir da prestação mais nova, a de número 48. Isso, a menos que o contrato porventura preveja, em caso de não quitação de uma parcela qualquer, o *vencimento antecipado* integral da dívida, hipótese em que os cinco anos serão contados a partir da *primeira* parcela não paga (e não da última).

COMO SABER SE O SEU NOME ESTÁ ANOTADO EM UM BANCO DE DADOS

Boa Vista SCPC. Essa é a única das três bases de dados de proteção ao crédito no país que permite a consulta de nome negativado pela internet e de graça. Acesse www.boavistaservicos.com.br ou vá a um dos postos de atendimento da Boa Vista, cujos endereços também se encontram no *site*.

Serasa. Permite consultar gratuitamente a situação do CPF presencialmente nas agências da empresa: informe-se no www.serasaconsumidor.com.br. A consulta gratuita pela internet, por meio do Limpa Nome On-line, é restrita às empresas que participam do programa. A consulta pela internet a todas as empresas custa R$ 9,90 por mês e pode ser feita pelo programa Me Proteja, que realiza um monitoramento antifraude do CPF.

SPC Brasil. Esse serviço também não disponibiliza a consulta gratuita pela internet, apenas presencialmente: www.spcbrasil.org.br. É possível também comprar créditos, pelo valor mínimo de R$ 6,01 reais, e pagar por uma consulta de CPF na loja on-line do SPC Brasil. Uma coisa é fato: para limpar seu nome na praça, você terá obrigatoriamente que quitar suas dívidas legalmente devidas. Siga as instruções de serviço de proteção ao crédito quanto aos procedimentos necessários para retirar seu nome de seus bancos de dados. Tais procedimentos são exatamente os mesmos para quaisquer devedores inadimplentes.

Cheque sem fundos. Se emitir um *cheque* que venha a não ter fundos, siga estes procedimentos:

- Procure a agência do banco indicado como apresentante da ocorrência de cheque sem fundos.
- Solicite ao banco informações sobre o número, valor e data do cheque que foi reapresentado, sem que houvesse saldo na conta corrente para pagamento.
- Verifique nos canhotos de cheques em seu poder para quem foi emitido o cheque e procure a pessoa ou empresa para regularizar o débito e recuperar o cheque.
- De posse do cheque, prepare uma carta seguindo a orientação do gerente do banco da sua conta, que informou a ocorrência de cheque sem fundos. Junte o original do cheque recuperado, recolha as taxas bancárias pela devolução do cheque e protocole uma cópia dos documentos entregues no banco para regularização no Cadastro de Emitentes de Cheques sem Fundos (CCF).
- Para a regularização no CCF, o correntista deve acompanhar e obter o protocolo da comunicação de regularização emitida por seu banco para o Banco do Brasil, encarregado pelo Banco Central de processar a atualização do CCF.
- A regularização de cheques sem fundos só ocorre após o Banco do Brasil enviar comando específico por meio eletrônico para o(s) serviço(s) de proteção ao crédito.

Protesto em cartório. Caso a *certidão dos cartórios* não saia como negativa, ou seja, caso conste protesto em seu nome ou CPF em algum cartório, siga estes procedimentos:

- Dirija-se ao cartório que registrou o protesto e solicite uma certidão, para obter os dados de quem o protestou.
- Comunique-se com quem o protestou, regularize o débito e peça uma carta de anuência, indicando que a dívida foi regularizada.
- Reconheça firma da pessoa/empresa, retorne ao cartório onde consta o registro do protesto e solicite o seu cancelamento. O devedor pagará tarifas pelo proteste e por sua baixa.

Na Justiça. No caso de *ações judiciais* (execuções de dívida ou busca e apreensão), recuperação judicial, extrajudicial ou falências, para a regularização desse tipo de anotação:

- Certifique-se de que o processo já tenha sido julgado e que se encontra arquivado ou extinto.
- A certificação é obtida por meio de cópia do despacho do juiz ou de certidão emitida pela Vara Cível onde o processo foi distribuído.
- Nos casos de falência, deverão constar também os CPFs dos sócios na certidão e na carta.
- Encaminhe ao(s) banco(s) de dados de crédito a comprovação da existência de embargos à execução, penhora, extinção do processo ou a existência de acordo entre as partes com homologação em juízo.

LIVRE-SE JÁ DAS DÍVIDAS MAIS PREOCUPANTES!

Eu já lhe disse, e repito: em sua vida financeira, uma situação de endividamento crônico requer ação... e ação imediata! Quanto antes você arregaçar as mangas, replanejar sua situação de endividamento como um todo, e botar as piores dívidas para correr em definitivo, tanto melhor. Agora que já começou a conhecer um pouco melhor suas dívidas, o nível de desespero deve ter reduzido, por um lado, e a vontade de fazer alguma coisa, de não permanecer indiferente na prática, deve ter aumentado. É hora de agir, de livrar-se das dívidas imprudentes que afastam você da prosperidade sustentável e duradoura! Siga este passo a passo e liberte-se de vez dessas "bolas de ferro" que impedem você de ir para a frente e para cima nesta vida!

FAÇA O LEVANTAMENTO E O ESTUDO COMPLETO DE (TODAS!) AS DÍVIDAS

Comece identificando todas as dívidas pessoais que você e sua família tenham hoje. Estude detalhadamente todas as condições em que cada dívida foi contraída. É comum as pessoas contratarem novas dívidas, seja lá da modalidade que for, sem primeiro ler os contratos que regem suas obrigações como devedor. Por vezes, o contrato acaba nem sendo fornecido pelo credor no momento da contratação da dívida e, como o devedor também não o solicita, a coisa fica por isso mesmo. Só que, na hora de renegociar suas dívidas, os contratos serão um indispensável ponto de partida. Se ainda não tem algum deles, solicite, corra atrás, e não sossegue até obtê-lo. Espalhe todos sobre a mesa.

Detalhes. A responsabilidade de ler e entender cada contrato das suas dívidas não foi devidamente cumprida antes de contratá-las? Pois faça-o agora, rapidamente, mas sem pular uma linha! Se possível, consulte um orientador financeiro ou, no mínimo, amigos bem-intencionados e experientes para auxiliá-lo nesse processo de dissecação das suas dívidas. Não desista diante da natural complexidade da linguagem utilizada nos contratos, pois é neles que você encontrará as informações para dar o passo seguinte.

AVALIE O GRAU DE GRAVIDADE DE CADA DÍVIDA DIANTE DAS DEMAIS

Preste atenção a estes dez principais fatores que determinam a *gravidade de uma dívida*, comparativamente às demais dívidas que você possa ter em sua coleção de obrigações financeiras. Analise e classifique cada dívida isoladamente do ponto de vista desses dez fatores, atribuindo uma nota de intensidade (gravidade), indo de 0 (nada) a 10 (máxima). Em seguida, some as dez notas atribuídas aos dez critérios da dívida e divida por 100, para obter a nota média, que deverá ficar em algum ponto entre 0 e 10: quanto mais alta a nota, mais grave a dívida. (Se achou difícil fazer as continhas, relaxe: daqui a pouco tem ferramenta!)

1. **PODER DE SEDUÇÃO** da modalidade de crédito na qual essa dívida em particular se encaixa, podendo induzir a novos e maiores endividamentos na mesma modalidade. As dívidas muito práticas, aquelas para as quais não se precisa pedir autorização a ninguém para contraí-las, como cheque especial e crédito rotativo do cartão, costumam levar nota alta nesse perigosíssimo quesito. Tê-las é próprio dos de mentalidade empobrecedora.
2. **TAXA DE JUROS**, ou seja, o nível daquela porcentagem mensal de CET | Custo Efetivo Total que incide sobre o valor devido e que se acumula na forma de juros compostos sobre o saldo ainda não amortizado de cada dívida, levando embora boa parte do poder de compra de seus ganhos mensais.
3. **ALTA FUTURA NA TAXA**, ou seja, a chance que há no futuro próximo de haver alta na taxa de juros que comanda a dívida. Em uma dívida com juros prefixados, como é o caso dos financiamentos em geral (de imóvel, automóvel, crediário etc.), essa possibilidade é menor. Já no caso da taxa do cheque especial, basta os juros básicos da economia serem alterados para cima para que imediatamente se siga uma alta na taxa cobrada no especial. As dívidas abertas (especial, cartão de crédito, agiota etc.), em geral, expõem o credor a esse tipo de pressão empobrecedora, e levam nota mais alta nesse quesito.
4. **PARCELA MENSAL** (valor absoluto da mensalidade em reais) e seu **PESO NO ORÇAMENTO FAMILIAR** (valor percentual da mensalidade da dívida comparado com sua renda líquida mensal). Quaisquer parcelas de centenas ou milhares de reais, e/ou parcelas que ultrapassem 5% da renda líquida familiar mensal, devem receber nota alta por esse critério, porque representam enorme sacrifício financeiro para a família, com grande potencial de empobrecimento (passou de 10% de peso... a nota só poder ser 10)!
5. **SALDO DEVEDOR ATUAL** comparado com o **VALOR ATUAL DO BEM** adquirido através dessa dívida. Mesmo que o bem adquirido não tenha sido dado como garantia real direta da dívida (como acontece nos financiamentos em geral), para o credor ele representa, sim, uma garantia, um lastro dessa dívida: no aperto, ele poderá ser vendido para fazer caixa e destravar a situação. Nesse sentido, um financiamento de automóvel recebe nota alta (apesar de um carro ser um bem muito líquido), porque o carro se desvaloriza rapidamente. Já um financiamento de imóvel recebe nota baixa, uma vez que o imóvel tende a se valorizar com o passar do tempo (nem que seja para apenas acompanhar a inflação), e isso dá melhor sustentação ao seu lastro. Naturalmente uma dívida como a do cheque especial e a do cartão de crédito, que a gente nem lembra com o que gastou, recebe nota máxima!

6. **SALDO DEVEDOR EM ATRASO**, o que fará seu credor buscar as vias judiciais para reaver o dinheiro que lhe é devido e não está sendo corretamente pago. Talvez você perca seu bom nome na praça, talvez perca inclusive o bem que havia financiado e agora não está pagando. Para não perder, terá de regularizar a situação, pagando pesadas multas e juros de mora, incorrendo até mesmo em despesas com serviços jurídicos. Em qualquer caso, essa situação terá um desfecho empobrecedor. Simplesmente deixe esse critério de fora da pontuação se a dívida estiver em dia (nota zero), mas dê-lhe nota 10 se a dívida estiver em atraso, porque isso é gravíssimo para seu equilíbrio financeiro!
7. **MULTA + JUROS DE MORA + CORREÇÃO MONETÁRIA** por eventual atraso no pagamento. Mesmo com a dívida em dia, ela deve ser considerada tanto mais grave quanto maior for a penalização financeira prevista em contrato para a hipótese de atraso.
8. **GARANTIA REAL EXIGIDA** pela dívida, ou seja, o bem/direito que se perde – ou, pelo menos, se põe em risco de perda – em razão do não pagamento da dívida.
9. **COAÇÃO SOCIAL E MORAL** que o credor poderá tentar exercer sobre o devedor, em caso de não pagamento. Uma dívida com um colega de trabalho, por exemplo, ou mesmo com um parente ou alguém de seu círculo social, pode se tornar bastante constrangedora (e grave!) se não for devidamente quitada.
10. **EVENTUAL RETALIAÇÃO FÍSICA** da parte de quem lhe emprestou o dinheiro, na hipótese de atraso. Parece grotesco falar disso, mas, infelizmente, trata-se de uma ameaça real no caso de empréstimos contraídos com agiotas, suaves na abordagem inicial (de empréstimo) e truculentos na abordagem final (de cobrança)! Mais um bom motivo para manter-se longe dessa escória financeira a qualquer custo!

Ponha ordem. Feita a análise de gravidade de cada dívida, ordene todas as suas dívidas pela nota média apurada, da mais grave (nota mais alta) para a menos nociva (nota baixa). Essa ordem pode ser um excelente ponto de partida para as providências de quitação que você tomará a seguir. Para facilitar seus esforços de *empoderamento financeiro* com relação a essa delicada questão de eliminação das dívidas pessoais, desenvolvemos o **ELIMINÔMETRO® | Calculadora Para Eliminação de Dívidas Imprudentes** (ferramenta digital integrante da Metodologia PROFE® | Programa de Reeducação e Orientação Financeira e Empreendedora). Por gentileza, faça o *download* aberto e gratuito dessa ferramenta acessando a área REPLANEJAR AS DÍVIDAS do *site* **www.educarparaprosperar.com.br**. Essa calculadora foi desenvolvida com base no programa Microsoft Excel: você não precisa ter conhecimentos desse programa para utilizar o ELIMINÔMETRO®, basta seguir as instruções aqui apresentadas, embora precise ter o programa instalado em seu computador para utilizá-la.

ELIMINÔMETRO ®

CALCULADORA PARA ELIMINAÇÃO DE DÍVIDAS IMPRUDENTES

REGISTRE ABAIXO A DÍVIDA SOB ANÁLISE E PONTUE DE 0 A 10 OS CRITÉRIOS QUANTO AO GRAU DE GRAVIDADE: NOTA MAIS ALTA = DÍVIDA MAIS GRAVE	PODER DE SEDUÇÃO	TAXA DE JUROS	ALTA FUTURA NA TAXA	PESO DA PARCELA NO ORÇAMENTO	SALDO DEVEDOR ATUAL X VALOR ATUAL DO BEM	SALDO DEVEDOR EM ATRASO	MULTA + JUROS + CORREÇÃO	GARANTIA REAL EXIGIDA	COAÇÃO SOCIAL E MORAL	EVENTUAL RETALIAÇÃO FÍSICA	GRAU DE GRAVIDADE
EXEMPLO: DÍVIDA COM O AGIOTA	10	10	10	8	10	5	10		10	10	8,3
MÉDIAS PARA AS DÍVIDAS LISTADAS											

TRÍADE | TÉCNICA 2
DÍVIDAS MAIS PRUDENTES

SMARTCALCS® *por* PROF. MARCOS SILVESTRE *para* www.coachingmoney.com.br
PROFE® Programa de Reeducação e Orientação Financeira e Empreendedora

Obs.: essa ferramenta é uma *cortesia* do autor, de oferecimento gratuito, não está inclusa no preço do livro, e sua disponibilização para *download* poderá ser suspensa a qualquer tempo, sem prévio aviso.

Vai ou não vai? O preenchimento do ELIMINÔMETRO® pode lhe parecer um exercício um tanto quanto metódico... e é! Tenha paciência e muito foco neste momento, porque fazer essa "lição de casa" da forma adequada irá ajudar você enormemente quando estiver diante das difíceis decisões que se seguirão.

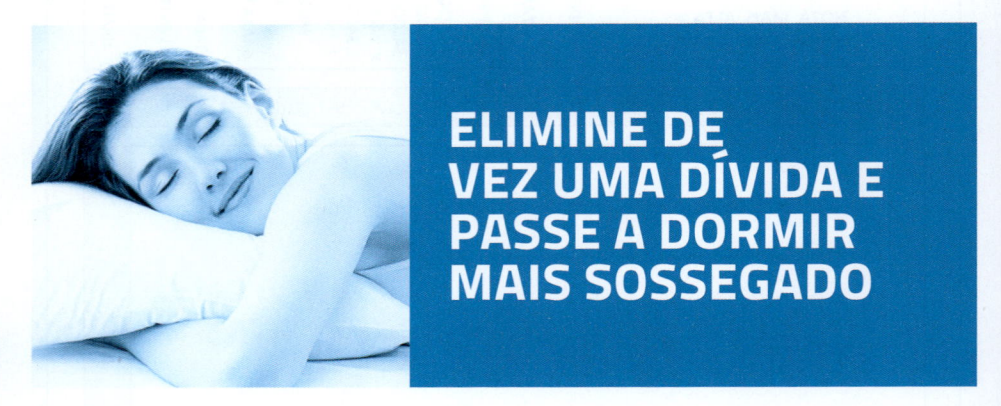

ELIMINE DE VEZ UMA DÍVIDA E PASSE A DORMIR MAIS SOSSEGADO

Liquidando! Faça uma lista de tudo o que você tem hoje, seja em termos de bens materiais (imóveis, automóveis, joias, etc.), seja em aplicações financeiras, quaisquer recursos que eventualmente poderiam lhe proporcionar algum dinheiro no bolso para ajudar a saldar suas dívidas. Para cada bem material, pergunte-se: "Se eu colocasse à venda, quanto tempo demoraria para vender e, quanto (realisticamente falando) eu poderia apurar de valor líquido na venda?". Para cada aplicação financeira, pergunte-se: "Se eu desse ordem de baixa hoje, quanto tempo demoraria para entrar na minha conta corrente, e quanto (realisticamente falando) eu poderia apurar em termos líquidos com a baixa?". Ter a coragem de fazer a si mesmo essas assustadoras perguntas não significa que você já terá tomado a decisão definitiva de se desfazer de qualquer item do seu patrimônio, mas está apenas considerando hipóteses de forma planejada e realista para, então, tomar suas melhores providências concretas para a eliminação das suas dívidas mais graves e preocupantes. Lembre-se: elas são uma *ameaça direta* ao seu patrimônio!

Minimizar a perda. Diz o ditado que "é melhor perder os anéis do que os dedos". Pois essa pérola da sabedoria popular se aplica com muita propriedade a uma situação de endividamento crônico. Convém considerar essa possibilidade, de forma planejada e negociada. Vender bens e resgatar aplicações para "matar" suas dívidas, por mais indesejável que possa parecer, pode ser o caminho menos doloroso e mais seguro para desencavar-se do profundo do poço das más dívidas, e estancar o empobrecimento que elas lhe causam.

Na ponta do lápis. Imagine que você tem hoje um veículo que vale R$ 40 mil a mercado. Isso quer dizer que, se vendê-lo hoje mesmo, conseguirá levantar a disponibilidade financeira líquida de R$ 40 mil no bolso. Esse montante pode ser parcialmente utilizado, por exemplo, para quitar dívidas acumuladas de R$ 20 mil no cheque especial. Ainda sobrarão outros R$ 20 mil para servir como depósito inicial de um bom plano de investimento para comprar outro carro no futuro próximo. Parece desagradável ter de vender um carro, ou qualquer outro bem que você tenha conquistado nesta vida, simplesmente para poder pagar uma dívida. No entanto, se você não tomar essa atitude agora, e preferir esperar "um tempinho" – digamos uns dez meses – para tomar essa mesma decisão, sua situação financeira será muito pior. Até lá, o carro já não valerá mais o que vale hoje: você conseguirá cerca de R$ 36 mil com a sua venda.

Juros compostos. Por outro lado, considerando juros de 8% ao mês, as dívidas do cheque especial terão dobrado de valor nesse meio-tempo, atingindo R$ 40 mil, isso considerando que você não tenha tomado um centavo a mais no especial nesse período. A multiplicação desse seu débito por dois será mero fruto da atuação do princípio dos juros compostos sobre seu saldo devedor. Assim, fica fácil perceber que, agindo com rapidez e coragem, tomando já a atitude de trocar determinado bem por uma boa dose de tranquilidade financeira, você ainda ficará com R$ 20 mil no bolso. Se esperar tão somente dez meses (menos de um ano!), ainda terá que desembolsar um valor adicional de R$ 4 mil para quitar exatamente a mesma dívida. A conta certa não me deixa mentir: o sacrifício pode ser grande, mas compensa. E ficará o aprendizado.

Analisando o passo a passo sugerido no item anterior, você pode pensar: "E se eu não tiver nada para vender, nem aplicação financeira alguma para baixar, o que fazer?". Nesse caso, você terá de depender diretamente do seu salário para livrar-se das dívidas. Com isso, há duas medidas práticas a serem adotadas: 1) renegociar e (re)parcelar suas atuais dívidas; 2) realizar um enxugamento no orçamento para fazer caber todas as parcelas renegociadas, durante todo o prazo do parcelamento. Orientações precisas para a segunda providência são apresentadas na próxima seção deste livro: **Técnica III | Gastos mais econômicos.** Vamos agora a algumas sugestões práticas para a primeira providência: renegociar e (re)parcelar suas dívidas.

RENEGOCIE UMA DÍVIDA E REENCAIXE-A NO ORÇAMENTO

Dívida atualizada. Para renegociar uma dívida, peça ao credor que lhe apresente uma posição atualizada do saldo devedor, incluindo todas as parcelas vencidas e vincendas não pagas, mais eventual multa, juros de mora e correção monetária. Em seguida, parta para a negociação de um eventual desconto sobre esse total. Pode dar certo. É sempre bom pedir uma proposta por escrito do novo parcelamento do valor devido, sobre o qual pesará nova incidência de juros, é claro. Duas condições são importantes para o novo parcelamento: 1) as novas parcelas têm de caber no orçamento; 2) não devem trazer embutidas nelas uma taxa mais alta que a anteriormente cobrada, apresentando de preferência uma taxa até mais baixa. Normalmente não é o que os bancos e financeiras propõem, muito pelo contrário, mas você, que deseja pensar e agir de forma diferente da maioria empobrecida, deve tentar, e pode conseguir, sim.

Na ponta do lápis. Imagine que você atrase o pagamento de parcelas de um crédito pessoal que havia contraído em condições aparentemente favoráveis (pois foi um programa especial do banco para a empresa), pelo prazo de 36 meses, com juros de 3% ao mês: você pagou 18 parcelas e... daí travou, parou de pagar bem no meio. Solicitando ao credor uma posição de saldo devedor, você recebe a informação de que precisaria ter R$ 6.397,15 para quitar sua obrigação.

Queda de braço. Depois de negociar bastante, vamos imaginar que o valor tenha caído para R$ 5,2 mil. Para eliminar esse valor, organizando seu orçamento pessoal e familiar, você sabe que poderia pagar uma nova prestação de R$ 300,00 mensais, e pede ao banco que lhe apresente uma nova forma de parcelamento para o acerto dos R$ 5,2 mil (PV). A proposta apresentada é a seguinte: 24 prestações (n) de R$ 373,00 (PMT). Veja como fica essa conta, na **ÁREA 5** do nosso DIVIDÔMETRO®:

5 FINANCIAMENTO	VALOR DO BEM	100%	R$ 5.200		DEVIDO POR MÊS	(PMT)	-R$ 373
CREDIÁRIO	ENTRADA				PRINCIPAL	58%	-R$ 217
CDC VEÍCULO	PRAZO	(n)	24 meses		JUROS EMBUTIDOS	42%	-R$ 156
IMÓVEL	TAXA DE JUROS	(i)	4,89 %	AO MÊS		(i) ACM.	72% NO TOTAL

Muito alto! Como o valor ainda é elevado demais para as possibilidades do seu orçamento, há duas escapatórias: uma que é mais interessante para o banco... outra que é mais interessante para você. Na primeira saída, adotada em geral por quem *pensa e age pobre*, você entra em contato com o banco, reclama do valor da parcela, e ele prontamente lhe propõe o parcelamento em 36 meses (novo n) fazendo a parcela cair para perto dos R$ 300,00, para ser exato R$ 310,00 (novo PMT). Se você não soubesse fazer a conta certa e parasse por aí, tudo estaria resolvido... para a sorte do banco!

Comparando. Na primeira proposta de 24 parcelas de R$ 373,00, o banco receberia pela dívida de R$ 5,2 mil a soma total de quase R$ 9 mil (= 24 parcelas X R$ 373,00 /parcela). Isso dá entre 72% e 73% a mais de juros. Já na segunda proposta, de prazo mais esticado de 36 meses, pagando R$ 310,00 por mês, o banco ganharia R$ 11,2 mil pela mesma dívida de R$ 5,2 mil, ou seja, mais que o dobro (entre 114% e 115% a mais)! E não é para menos: embora a taxa permanecesse a mesma (o que nem sempre acontece, pois é comum a taxa subir com o prazo!), na segunda proposta seria dado mais tempo para o princípio dos *juros compostos* atuar a favor do banco. Agora veja como fica essa conta, na **ÁREA 5** do nosso DIVIDÔMETRO®:

5 FINANCIAMENTO	VALOR DO BEM	100%	R$ 5.200		DEVIDO POR MÊS	(PMT)	-R$ 310
CREDIÁRIO	ENTRADA				PRINCIPAL	47%	-R$ 144
CDC VEÍCULO	PRAZO	(n)	36 meses		JUROS EMBUTIDOS	53%	-R$ 165
IMÓVEL	TAXA DE JUROS	(i)	4,89 %	AO MÊS		(i) ACM.	114% NO TOTAL

Terceira proposta. De posse dessa informação, você tenta uma nova negociação: insiste com o gerente do banco para ele segurar, o novo parcelamento, a taxa original que era de 3% de juros ao mês. Isso fará que, mesmo mantendo o prazo de 24 meses (melhor, a dívida passará mais rápido), você consiga quitá-la com parcelas mensais de R$ 307,00, perfeitamente compatíveis com seu orçamento reorganizado. No cômputo geral, você pagará R$ 7,4 mil (= 24 parcelas X R$ 307,00/parcela), o que dará apenas R$ 2,2 mil de juros, o equivalente a 42% a mais, ou seja, bem menos que o acréscimo de 73% da primeira proposta ou os 115% pagos a mais na segunda proposta! Veja só a conta certa, ainda na **ÁREA 5** do nosso DIVIDÔMETRO®:

5 FINANCIAMENTO	VALOR DO BEM	100%	R$ 5.200		DEVIDO POR MÊS	(PMT)	-R$ 307	
CREDIÁRIO CDC VEÍCULO IMÓVEL	ENTRADA				PRINCIPAL	71%	-R$ 217	
	PRAZO	(n)	24 meses		JUROS EMBUTIDOS	29%	-R$ 90	
	TAXA DE JUROS	(i)	3,00 %	AO MÊS		(i) ACM.	42%	NO TOTAL

VAMOS PROSPERAR!

Lembre-se. Se quiser prosperar pra valer, terá de *pensar e agir diferente* da massa de consumidores que hoje pensam pobre, agem pobre e *vivem pobre*! Quem quiser mesmo prosperar, terá que *tomar coragem* para se desconectar da *dinâmica de empobrecimento* vivenciada pela maioria das pessoas, *assumir o controle sobre o próprio dinheiro* e *dar a virada na sua vida financeira*. Será necessário *revalorizar seu dinheiro* e *multiplicar seu poder de compra*, submetendo-se a um *completo processo de reeducação financeira* que permitirá a você *transformar sua mentalidade*. Você assimilará *técnicas inovadoras* e adotará *ferramentas práticas* de *bom planejamento e gestão competente do seu dinheiro* que viabilizarão a transformação de sua atual *mentalidade empobrecedora* para uma **mentalidade próspera**, adquirindo assim *empoderamento financeiro* concreto para conquistar a *prosperidade sustentável e duradoura* que tanto almeja!

Agora você já conhece a **Técnica I | Investimentos mais dinâmicos** e também a **Técnica II | Dívidas mais prudentes** daquele conjunto de três técnicas transformadoras que formam nossa **Tríade da Multiplicação do Dinheiro®**. Então, para lhe dar total empoderamento como **MONEY BO$$**, vamos com mais esta aqui:

Técnica III | Gastos mais econômicos

Não desperdiçar dinheiro. Aprenda a ter despesas mais enxutas e fazer compras **financeiramente mais sensatas, bem focadas** em suas verdadeiras prioridades e **bem controladas através de um orçamento familiar organizado.** Com essa técnica você irá liberar o dinheiro normalmente empatado em **desperdício, hoje invisível, mas muito significativo**, e permitirá engrossar outros gastos mais importantes, fazer bons investimentos ou até mesmo acelerar a quitação de dívidas dominantes.

Veja só: no orçamento de uma típica família brasileira de classe média, pelo menos 10% da renda mensal pode ser economizada e liberada com grande facilidade, apenas detectando e eliminando gastos de má qualidade financeira, que hoje não estão agregando prosperidade para você e sua família, mas que apesar disso têm levado um bom dinheiro embora!

Ferramentas digitais => ECONÔMETRO®, POUPÔMETRO® e COMPRÔMETRO®

TRÍADE | TÉCNICA 3
GASTOS MAIS ECONÔMICOS

Enxugue desperdícios, organize seu orçamento e poupe.

capítulo 12

SE NÃO SOUBER ECONOMIZAR, JAMAIS IRÁ MULTIPLICAR E PROSPERAR!

Economizar não é exatamente uma palavra simpática, reconheço. Porém, simplesmente abandonar esse esforço em sua vida financeira, como tristemente vêm fazendo muitos de *mentalidade empobrecedora*, pode acabar produzindo três efeitos profundamente nocivos para sua prosperidade sustentável e duradoura:

- **Gastar mais do que ganha:** "forçar" sua renda mensal a ser insuficiente (qualquer que seja seu nível de ganhos por mês), e então apelar para dívidas emergenciais mal planejadas, amargando o inevitável achatamento do seu poder de compra com o pagamento de juros desnecessários (empobrecimento)!

- **Gastar tudo imediatamente:** torrar toda a grana no próprio mês, sem reservar dinheiro para seus sonhos de compra e consumo futuros. Como consequência, terá de amargar a frustração de conquistar muito pouco nesta vida, ou então conquistar tudo a custo de dívidas, causando novamente um achatamento em seu poder aquisitivo (empobrecimento)!
- **Gastar excessivamente:** empatar todos os seus ganhos mensais descontroladamente em novas compras e gastos, deixando de separar o certo para honrar seus compromissos financeiros assumidos no passado. Assim, não se consegue sequer quitar as dívidas: você perderá seu bom nome de pagador e seu bom crédito na praça (empobrecimento)!

Equilíbrio. Se você acha chato ter de economizar nos gastos, pior será quando tudo estiver fora de controle. Lembre-se: para você ter uma vida próspera com a renda mensal que possui (o seu R$ X), terá de realizar perenemente o esforço de buscar o equilíbrio entre o *ontem*, o *hoje* e o *amanhã* em sua vida financeira:

- **Pague suas dívidas:** resolva com disciplina seu passado financeiro, honrando todas as suas dívidas, porque nome, honra e sono tranquilo valem mais que qualquer montanha de dinheiro.
- **"Pague" seus investimentos:** garanta seu futuro financeiro, reservando o pagamento de todas as mensalidades de seus bons planos de investimento e assegurando a realização de seus sonhos mais importantes.
- **Pague o que der dos seus gastos, contas e compras:** com o que restar (após dívidas e investimentos terem sido acertados), procure atender às suas necessidades e preferências do momento da forma mais satisfatória possível. Acredite-me: você achará um jeito criativo de viver bem no *hoje* com menos, tendo a tranquilidade de que o *ontem* e o *amanhã* estão bem equacionados.

Mas... economizar? Algo que eu lamento muito nessa importante área do conhecimento humano que constitui as finanças pessoais é o significado que a palavra *economizar* acabou tomando com o passar do tempo. A maior parte das pessoas a quem você pergunta o que significa "economizar" vai dizer: "deixar de gastar" ou, pelo menos, "evitar gastar". Essas definições de "economizar" não chegam a estar erradas, mas são bastante incompletas, acabam dando a ideia enganosa de que fazer economia é só para quem tem pouco dinheiro ou é mão fechada. Nada disso: economizar é se planejar bem e se controlar direito para conseguir dar um *destino mais próspero* para os recursos que você tem em mãos! Economizar é cuidar melhor dos recursos financeiros que estão à sua disposição, para satisfazer melhor suas *necessidades*, atender melhor às suas *preferências*, ficando sempre dentro de suas *possibilidades*, e ainda conseguindo conquistar seus principais *sonhos de compra e consumo*! Economizar é deixar de gastar com algo menos importante para gastar com algo mais importante para sua prosperidade!

PARA ECONOMIZAR, EVITE OS SUPÉRFLUOS

Cuidado! Quem quer economizar, deve se manter sempre alerta em relação aos gastos supérfluos. Essa é uma questão bastante controversa: o que é totalmente *supérfluo* para mim pode ser absolutamente *essencial* para você, e vice-versa. Quem deve decretar o que é "supérfluo" ou não na sua vida financeira, será você mesmo. Para facilitar, eu recomendo que, nessa "caça às bruxas" dos supérfluos, você faça três perguntas simples e certeiras:

- **"Se não fizer esse gasto agora, isso vai me fazer muita falta nos próximos seis meses?"** Talvez seja só uma questão de empolgação momentânea, que vai passar poucos dias depois que aquela caríssima peça de roupa nova se misturar com as roupas "velhas" em seu guarda-roupa. Talvez aquela nova roupa tenha grande potencial para se provar algo supérfluo na sua vida. Se for mesmo o caso, tesoura nela!
- **"Eu tenho o suficiente para pagar à vista, sem fazer mais uma dívida?"** Porque, se não tiver, você não vai querer tomar emprestado para comprar aquela TV top de 60 polegadas e depois ficar reclamando da grana que vai na conta de luz! Se é algo supérfluo, desproporcional a seu padrão de vida, inclusive caro demais para manter, não lhe faz o menor sentido e tem potencial para empobrecer você.

- **"Eu creio mesmo que esse é o melhor jeito de gastar esse valor, comparando com outras formas de desembolsá-lo?"** Antes de pegar a carteira para torrar dinheiro na compra de alguma mercadoria qualquer, tente pensar em alguma outra coisa bem legal que você poderia comprar com o mesmo valor. Se acabar desistindo, estará comprovado que era um típico caso de compra de um supérfluo, uma mera paixão fugaz, e não aquele amor genuíno que justificaria levar tal mercadoria para sua casa.

"PEQUENOS" X "GRANDES" GASTOS: TAMANHO É ALGO BEM RELATIVO...

O "X" da questão. Eu já lhe disse e, por mais óbvio que pareça, devo repetir: o *dinheiro que você tem hoje é o dinheiro que você tem hoje,* nem mais nem menos, sem ilusões! Aqueles R$ X,00 que hoje você recebe de ganhos mensais (seja do seu emprego, seja dos lucros do seu negócio próprio) serão praticamente os mesmos nos próximos 12 meses. Aceitar essa realidade e abandonar a busca de ganhos ilusórios é o primeiro passo para buscar formas mais inovadoras, porém realistas e eficazes, de multiplicar o dinheiro que você realmente tem em mãos. Aí entra o bom *planejamento* e melhor *controle* do orçamento pessoal e familiar.

Gastos mais econômicos. Para ampliar o poder de compra do seu dinheiro sem necessariamente ter de ganhar mais, a primeira e mais fundamental providência, essencial para qualquer pessoa ou família que deseja economizar, será *planejar* e *controlar* seus diversos pagamentos. Assim você irá enxugando aqui e ali, mantendo seus gastos "sequinhos" e sob controle mês após mês. Independentemente do seu nível de renda, o desafio de viver com *equilíbrio financeiro* será sempre o mesmo em qualquer família, para qualquer tamanho de bolso e, para conseguir superá-lo, será necessário evitar no seu dia a dia um *duplo erro*, muito comum entre aqueles de *mentalidade empobrecedora*.

Quanto aos **"pequenos" gastos frequentes:** o erro está em desprezá-los, acreditando que, como são de valor aparentemente baixo, não pesam no orçamento e não devem receber nossa atenção como planejadores e controladores financeiros. Enquanto isso, esses "pequenos tiranos" do bolso vão "reinando soltos" em nosso orçamento, levando embora uma parte enorme do poder de compra dos nossos ganhos mensais, empobrecendo-nos a cada dia debaixo de nossas próprias vistas que – desorientadas – não enxergam direito a capacidade que esses gastos "miúdos" (quando descontrolados) têm para nos afastar da prosperidade.

Quanto aos **"grandes" gastos eventuais:** o erro é não se planejar para juntar o dinheiro necessário para bancá-los quando devem aparecer. Muita gente não enxerga direito tais gastos no horizonte de despesas da família, porque não tem um orçamento pessoal e familiar bem planejado para apontar para os desafios que virão pela frente, de modo que não cuida de se preparar para encará-los com tranquilidade. Daí, quando surgem os gastos eventuais, eles nos pegam de surpresa e nos induzem às dívidas imprudentes, emergenciais e muito caras. Reclamamos do valor desses gastos (altos demais!), quando o problema está em nossa conscientização financeira (baixa demais!) para lidar equilibradamente com eles.

Visibilidade e comparabilidade. Aqui está a "receita infalível" para o descontrole do seu orçamento: *relaxar* nos gastos *frequentes*, deixando-os crescer soltos, e, ao mesmo tempo, *se esquecer* dos gastos *eventuais*, deixando que peguem você despreparado. Esse comportamento é um grande inimigo da *mente próspera*. Agora, imagine se todas as suas despesas puderem ser visualizadas em valores mensais, como "mensalidades" a serem pagas para produzir determinados benefícios para suas necessidades e suas preferências! Pense em seus gastos organizados em um orçamento pessoal e familiar bem planejado e bem controlado: só então você conseguirá comparar seus gastos em uma mesma base, a *base mensal*. Daí você enxergará corretamente quais estão pesando mais (porque agregam menos), e devem ser enxugados, ou pesando menos (porque agregam mais), e devem ser reforçados. A proposta é liberar poder de compra para gastos ainda mais necessários e desejados!

Na ponta do lápis. Uma simples *pizza* de R$ 30,00 talvez não pese, mas duas *pizzas* por semana, toda semana, serão oito *pizzas* no mês, e o gasto mensal ficará em R$ 240,00 (= 8 *pizzas* X R$ 30,00 cada). Isso não pesa no orçamento? Talvez pese tanto que, somados a outros gastos descontrolados, leve a família a uma situação de endividamento tal que terá simplesmente de *cortar todas* as *pizzas*. Antes que isso aconteça, existe aí espaço para um *enxugamento planejado*. Se você *garantir* uma *pizza* por semana, ao mesmo tempo que se propõe a *enxugar* outra *pizza* toda semana, irá economizar R$ 120,00 por mês (= 4 *pizzas* X R$ 30,00). Se juntar R$ 120,00 por mês durante um ano, acumulará R$ 1.440,00 (= R$ 120,00 mensais X 12 meses). Lembra-se daquele *notebook* novo que você tanto cobiçava? Então, planejando-se assim, você terá o dinheiro pronto para comprá-lo à vista e com desconto, sem recorrer a um novo parcelamento (uma nova dívida), mesmo que anunciado como "12 X sem juros".

Reequilibrando o orçamento. Contando com a *visibilidade financeira* de um orçamento organizado, será possível enxugar com precisão os gastos que devem ser enxugados, de um lado, bem como garantir e dar mais verba aos que precisam ser reforçados, de outro, porque impactam positivamente você e sua família. Talvez seja o caso de enxugar em outra ponta para defender a *pizza delivery* que, não tem dado para pedir... Assim, ao longo de toda a vida financeira, vamos prosseguindo com esses remanejamentos perenes de pagamentos, buscando sempre formas mais bem focadas de gastar o dinheiro e usufruir sabiamente do poder de compra dos nossos ganhos, garantido que todos os pagamentos *importantes* (= necessários e desejados) caibam equilibradamente no salário líquido ou nos ganhos limpos do negócio próprio a cada mês, mês após mês. Essas providências garantirão o *duplo equilíbrio* que todos buscamos em nossas finanças pessoais:

- **Equilíbrio no conjunto:** no binômio *recebimentos totais X pagamentos totais*, mês após mês, ano após ano.
- **Equilíbrio no detalhe:** um balanceamento bem ajustado na distribuição dos desembolsos entre *gastos, contas e compras*, bem como *dívidas* e *investimentos*, tudo de forma equilibrada, equacionando *passado, presente* e *futuro* em sua vida financeira.

capítulo 13

PAGAMENTOS FREQUENTES X EVENTUAIS: ENXERGAR... PARA ENXUGAR!

Corta! Gastos são como unhas: se não cortá-los de tempos em tempos, eles crescerão sozinhos, gerando um lamentável desequilíbrio no orçamento, sacrificando sua capacidade de poupança, afastando você e sua família dos bons investimentos, e aproximando vocês das dívidas mal planejadas. Se deseja mesmo manter seus gastos enxutos e sob controle, será necessário primeiramente *visualizá-los* com clareza, para então *enxugá-los* com consciência e bom senso. Para isso, você terá que conhecer de perto a *natureza* de cada um dos gastos que normalmente tem de fazer para tocar sua vida.

Frequentes X eventuais. Qualquer gasto que uma pessoa ou família tenha em seu orçamento pode ser classificado em uma das duas categorias abaixo. Você verá que essa classificação poderá lhe ajudar muito no processo de enxugamento e controle dessas despesas:

- **Gastos** *frequentes,* aqueles que ocorrem todo mês, pelo menos uma vez por mês (ex.: supermercado, contas de luz, água, gás, telefone etc.).
- **Gastos** *eventuais,* aqueles que ocorrem poucas vezes por ano, quem sabe até uma única vez por ano, ou então até mesmo a cada período de "x" anos (ex.: IPVA, IPTU, manutenção do lar, reformas, trocas de móveis etc.).

Enxugando. Para enxugar um gasto *frequente*, será necessário trocá-lo por um de menor valor unitário, e/ou reduzir a frequência no mês (ex.: reduzir o valor médio e a frequência das refeições *delivery*). Já para enxugar um gasto *eventual*, o ideal será realizá-lo de forma planejada, distribuindo o valor cheio desse gasto pelo período mais indicado, poupando um pouco todos os meses, ganhando juros em uma boa aplicação financeira, e assim acumulando a soma necessária (ex.: separar e aplicar um pouco todo mês para pintar sua casa a cada três ou quatro anos). Vamos agora ver isso de perto, na prática.

PAGAMENTOS FREQUENTES: ENXUGAR É MELHOR QUE CORTAR!

Todo **pagamento frequente** pode ser observado sob dois aspectos; pense nele como dois lados de uma mesma moeda:

- **Valor unitário** do pagamento frequente: quantia que você desembolsa cada vez que realiza determinado pagamento frequente.
- **Frequência** do pagamento no mês: quantas vezes você efetua aquele tipo de desembolso frequente a cada 30 dias.

Inofensivo? O principal erro de planejamento financeiro que se pode cometer com relação a um gasto frequente é subestimá-lo, acreditar que não pesa no orçamento e que não precisa ser enxugado, só porque tem valor unitário baixo. No entanto, sabemos que, se a frequência do gasto for elevada, ele representará um valor de desembolso mensal bastante expressivo e terá pleno potencial para um enxugamento próspero. Para enxugar um pagamento frequente, será preciso trocá-lo por um de menor valor unitário e/ou reduzir sua frequência no mês.

Na ponta do lápis. Imagine uma pessoa que almoce fora de casa todos os dias em que trabalha (20 dias por mês, em média), gastando cerca de R$ 20,00 a cada refeição. Sendo 20 refeições por mês, o gasto mensal ficará em R$ 20,00 X 20 = R$ 400,00. Digamos que hoje esse gasto esteja pesando no orçamento e precise passar por um providencial enxugamento. Uma boa opção de enxugamento seria preparar uma refeição caseira, ou um bom lanche natural, para levar de casa duas vezes por semana. Assim, a frequência do gasto seria reduzida para 12 vezes ao mês. O novo gasto mensal ficaria em R$ 240,00 (= R$ 20,00 X 12 refeições mensais), com uma *economia mensal* de R$ 160,00 (= R$ 400,00 antes – R$ 240,00 depois) e uma *economia anual* de R$ 1.920,00 (= R$ 160,00 mensais X 12 meses). Isso, para não falar da possibilidade de pesquisar melhor na região, eventualmente encontrando uma boa refeição por um valor mais baixo (digamos, entre R$15,00 e R$ 18,00).

Pratique! Para planejar economias prósperas como essa, conheça agora mais uma ferramenta digital da Metodologia PROFE® | Programa de Reeducação e Orientação Financeira e Empreendedora: o **ECONÔMETRO®**, nossa **Calculadora de Gastos Mais Econômicos** (aqui exibida somente a parte superior da ferramenta):

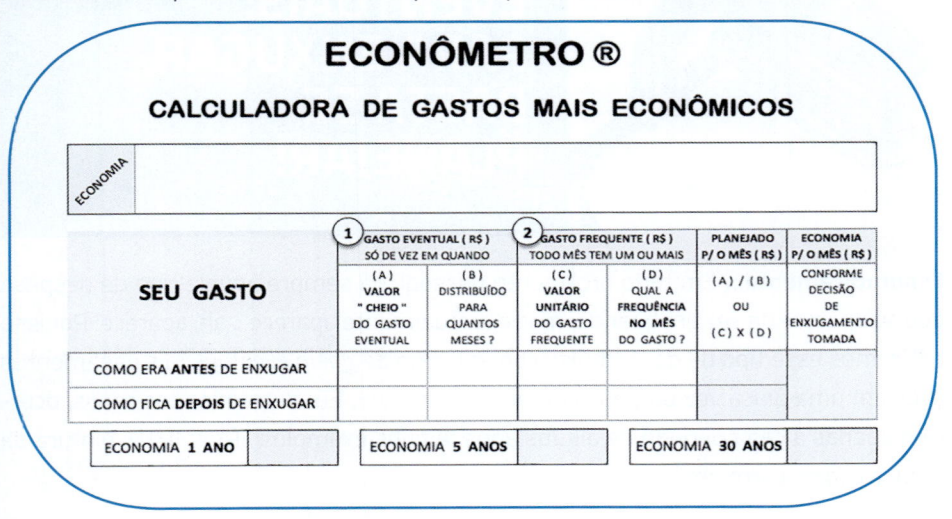

Você poderá fazer o *download* aberto e gratuito do ECONÔMETRO® acessando a área PLANEJAR AS FINANÇAS do **www.educarparaprosperar.com.br**. Veja este exemplo, e repare que a ferramenta já traz para você a economia projetada para 1 ano, para 5 anos e para 30 anos (não fique "assustado" com os números; eles são reais e atingíveis):

ECONOMIA	A família pretende economizar nas refeições delivery (como disque-pizza, por exemplo). Reduzirão a frequência de 2 X para 1 X por semana, e buscarão comida mais em conta.					
		GASTO EVENTUAL (R$) SÓ DE VEZ EM QUANDO		GASTO FREQUENTE (R$) TODO MÊS TEM UM OU MAIS		PLANEJADO P/ O MÊS (R$)	ECONOMIA P/ O MÊS (R$)
1	FREQUENTE	(A) VALOR "CHEIO" DO GASTO EVENTUAL	(B) DISTRIBUÍDO PARA QUANTOS MESES?	(C) VALOR UNITÁRIO DO GASTO FREQUENTE	(D) QUAL A FREQUÊNCIA NO MÊS DO GASTO?	(A)/(B) OU (C) X (D)	CONFORME DECISÃO DE ENXUGAMENTO TOMADA
	COMO ERA **ANTES** DE ENXUGAR			45	8 VEZES	360	220
	COMO FICA **DEPOIS** DE ENXUGAR			35	4 VEZES	140	
	ECONOMIA 1 ANO	2.640		ECONOMIA 5 ANOS	13.200	ECONOMIA 30 ANOS	79.200

Obs.: essa ferramenta é uma *cortesia* do autor, de oferecimento gratuito, não está inclusa no preço do livro, e sua disponibilização para *download* poderá ser suspensa a qualquer tempo, sem prévio aviso.

PAGAMENTOS EVENTUAIS: PARA ENXUGAR, BASTA SE PLANEJAR!

Esporadicamente... Em todo orçamento pessoal, há sempre aquele tipo de despesa que só aparece de vez em quando, mas eventualmente aparece... ah, aparece! Por isso batizamos esse tipo de desembolso com o termo de *gasto eventual.* Tais pagamentos ocorrem uma única vez ou poucas vezes em um ano. Em determinados casos, ocorrem apenas a cada período de alguns anos. Alguns exemplos: IPVA, IPTU, pintura da casa, troca do carro etc.

Todo **pagamento eventual** pode ser mais bem compreendido (e melhor controlado) se visualizado por dois lados:

- **Valor cheio** do pagamento eventual: quanto você desembolsa cada vez que tem de fazer esse tipo de gasto.
- **Número de meses (prazo)** pelos quais esse pagamento deve ser distribuído: quantos meses haverá entre o momento em que tal gasto é realizado e a próxima vez em que ele ocorrerá.

De surpresa! O principal erro de planejamento financeiro que se pode cometer com relação a um gasto eventual é deixar de se planejar para pagá-lo, esquecendo-se de que esse gasto virá (pois ele virá!), daí deixando de separar os recursos necessários para custeá-lo. O que acabará acontecendo? Para honrar esse tipo de gasto, você tenderá a fazer dívidas emergenciais caríssimas, como fazem os de *mentalidade empobrecedora*. Crédito abundante não faltará... e uma **mentalidade próspera**?

Na ponta do lápis. Sabemos que mandar pintar a casa, por exemplo, normalmente requer uma quantia considerável. Imaginemos que, para fazer uma boa pintura na casa toda, por dentro e por fora, com tinta e mão de obra de primeira qualidade, sejam necessários cerca de R$ 3,5 mil, por exemplo. Ora, R$ 3,5 mil é um montante de dinheiro bastante elevado para qualquer pessoa. Mas, como não se pinta a casa todos os meses (provavelmente nem mesmo todo ano), simplesmente esquecemos que tal gasto virá pela frente, que chegará a sua hora, e não aplicamos um tanto todo mês para juntar a reserva necessária para poder bancar esse gasto total com perfeita tranquilidade financeira. Em nosso exemplo, o mais indicado será dividir a quantia de R$ 3,5 mil, o valor cheio do gasto eventual, pelo prazo de 48 meses, com o objetivo de pintar a casa a cada quatro anos. Isso resulta em um esforço poupador e investidor de cerca de R$ 73,00 por mês.

Na Poupança. Essa "mensalidade" de R$ 73,00 deverá ser economizada todos os meses e aplicada regularmente em uma Caderneta de Poupança (ou outra aplicação financeira), destinada a cobrir os gastos com manutenção da casa, nos quais se inclui a pintura da casa. Passados quatro anos, o poupador terá nessa aplicação os R$ 3,5 mil necessários mais os juros acumulados no período, que serão mais que suficientes para pintar a casa, pagando tudo à vista e com desconto, desde o pintor até as tintas e demais materiais necessários. Ainda sobrará uma boa reserva no bolso, quem sabe, para custear um churrascão *open house* para a família e amigos na "casa nova".

Planejado é mais barato! Como, nesse caso, o dinheiro estará pronto, será possível pagar à vista e com desconto, para o que bastarão R$ 3 mil. Então já não serão necessários R$ 73,00 por mês para pintar a casa a cada quatro anos, mas R$ 62,50 (= R$ 3 mil / 48 meses). Infelizmente, como a maioria pensa pobre e não se planeja, acaba tendo de apelar para as dívidas emergenciais e mal planejadas, e daí acaba saindo bem mais caro: com juros embutidos, a despesa total para pintar a casa (R$ 3,5 mil) irá facilmente para R$ 4 mil, que distribuídos por 48 meses atingirão nada menos que R$ 83,33 por mês!

Economia no planejamento. A primeira via, a do bom planejamento financeiro para deixar o dinheiro pronto antes do gasto (a via próspera!), em comparação com a segunda via, esquecer de se planejar e deixar o gasto pegá-lo de surpresa (a via empobrecedora), proporcionaria uma economia de R$ 20,83 por *mês* (= R$ 83,33 da segunda via − R$ 62,50 da primeira via), nada menos que R$ 250,00 por *ano* (= R$ 20,83 X 12 meses), ou R$ 1.000,00 de diferença em quatro anos, embolsados a cada vez que se pinta a casa!

Custo X benefício. Quando se planeja cada um dos gastos eventuais, distribui-se melhor a *relação custo X benefício* desse tipo de gasto, uma das boas práticas de planejamento financeiro de quem pensa rico. Tendo isso em mente, o mais sensato será distribuir o custo da pintura da casa por quatro anos e balancear os R$ 3 mil pela quantidade de meses compreendida nesse período entre a última pintura e a próxima daqui a quatro anos, diluindo esse desembolso em "suaves" mensalidades ao longo desses 48 meses. Procedendo dessa forma, podemos compreender que pintar a casa, por exemplo, pode ter um peso muito razoável no orçamento pessoal e familiar (R$ 62,50 mensais), ou seja, com planejamento dá para encarar gastos maiores sem dívidas! Veja este outro exemplo no nosso ECONÔMETRO®:

ECONOMIA	A família pretende parar de gastar dinheiro com trocas de carro aceleradas demais. Aguardarão prazo maior e trocarão o carro por um mais novo, porém mais simples.						
2 EVENTUAL	**GASTO EVENTUAL (R$)** SÓ DE VEZ EM QUANDO		**GASTO FREQUENTE (R$)** TODO MÊS TEM UM OU MAIS		**PLANEJADO** P/ O MÊS (R$)	**ECONOMIA** P/ O MÊS (R$)
	(A) VALOR "CHEIO" DO GASTO EVENTUAL	(B) DISTRIBUÍDO PARA QUANTOS MESES?	(C) VALOR UNITÁRIO DO GASTO FREQUENTE	(D) QUAL A FREQUÊNCIA NO MÊS DO GASTO?	(A) / (B) OU (C) X (D)	CONFORME DECISÃO DE ENXUGAMENTO TOMADA
COMO ERA **ANTES** DE ENXUGAR	25.000	36 MESES			694	361
COMO FICA **DEPOIS** DE ENXUGAR	20.000	60 MESES			333	
ECONOMIA 1 ANO	4.333		ECONOMIA 5 ANOS	21.667	ECONOMIA 30 ANOS	130.000

Use e abuse do ECONÔMETRO® para fazer enxugamentos prósperos... e boa *sorte*! Lembrando que *sorte* é quando a *preparação* (do bom planejador financeiro) encontra a *oportunidade* (de gastar o *mínimo* de dinheiro para comprar o *máximo* em qualidade de vida)!

capítulo 14

ORÇAMENTOS DA CASA E DA FAMÍLIA: PLANEJAR + CONTROLAR = PROSPERAR

Economizar para prosperar! Começar planejando e controlando as *despesas da casa e da família* com competência é indispensável a quem deseja reeducar-se para ter uma vida financeira equilibrada e próspera. O primeiro passo para montar seu orçamento pessoal e familiar será organizar corretamente as despesas da casa e da família, agrupando-as em dois grandes conjuntos distintos e complementares:

- Gastos relativos ao **imóvel de residência ("casa")** da família, os dispêndios para morar com dignidade e conforto, indo da conta de luz, para o condomínio e até ao carnê do IPTU.

- Gastos **coletivos da família**, aqueles desembolsos que não beneficiam exclusivamente este ou aquele membro da família especificamente, mas agregam qualidade de vida aos diferentes membros da família como um todo, indo das compras de supermercado aos momentos de lazer e viagens familiares.

Mais uma! Chegou a hora de lhe apresentar mais uma das valiosas ferramentas de planejamento financeiro que integram a Metodologia PROFE® | Programa de Reeducação e Orientação Financeira e Empreendedora. Trata-se do **POUPÔMETRO®**, nosso **Orçamento Pessoal e Familiar Completo**. Por gentileza, faça o *download* aberto e gratuito dessa ferramenta acessando a área PLANEJAR AS FINANÇAS do *site* **www.educarparaprosperar.com.br**. Essa calculadora foi desenvolvida com base no programa Microsoft Excel: você não precisa ter conhecimentos desse programa para utilizar o POUPÔMETRO®, basta seguir as instruções aqui apresentadas, embora precise ter o programa instalado em seu computador para utilizá-la.

Poupar. Com o POUPÔMETRO® será possível *planejar* e *controlar* todos os seus pagamentos pessoais e familiares de maneira organizada, fazendo mais daquilo que precisamos urgentemente para prosperar: *poupar* (daí o nome de batismo da ferramenta). Note na parte inferior da ferramenta (quando abri-la na tela de seu computador) que há diversas *guias*. Cada uma contém um orçamento importante para você e sua família, e eu irei explicá-los todos em detalhes nesta seção. Veja o exemplo do orçamento de **Gastos Coletivos da Família | Guia 3**. Obs.: mostro aqui apenas a parte superior do conteúdo dessa guia, só para reconhecimento inicial, logo veremos versões completas:

POUPÔMETRO ®

(3) ORÇAMENTO: GASTOS COLETIVOS DA FAMÍLIA

Preencha as linhas abaixo com os principais grupos de gastos contidos neste orçamento. Damos sugestões, mas você pode alterá-las e personalizá-las, reescrevendo sobre elas.

MÊS & ANO =		GASTO EVENTUAL (R$) SÓ DE VEZ EM QUANDO		GASTO FREQUENTE (R$) TODO MÊS TEM UM OU MAIS		PLANEJADO P/ O MÊS (R$)	CONTROLADO P/ O MÊS (R$)
SOBRENOME (IDENTIFICAÇÃO) DA FAMÍLIA:		(A) VALOR " CHEIO " DO GASTO EVENTUAL	(B) DISTRIBUÍDO PARA QUANTOS MESES ?	(C) VALOR UNITÁRIO DO GASTO FREQUENTE	(D) QUAL A FREQUÊNCIA NO MÊS DO GASTO ?	(A) / (B) OU (C) X (D)	CONFORME ANOTAÇÕES REALIZADAS NA PONTA DO LÁPIS
SUPERMERCADO							
SACOLÃO / FEIRA / FRUTARIA							
PADARIA							
AÇOUGUE / AVÍCOLA							
LATICÍNIO							

Obs.: essa ferramenta é uma *cortesia* do autor, de oferecimento gratuito, não está inclusa no preço do livro, e sua disponibilização para *download* poderá ser suspensa a qualquer tempo, sem prévio aviso.

PLANEJAR, ANOTAR E RECLASSIFICAR: ORÇAMENTO PLANEJADO X CONTROLADO

Planejar. Tanto para esse orçamento quanto para os demais que compõem o conjunto completo do Orçamento Pessoal e Familiar (dê uma primeira olhada nas várias guias do POUPÔMETRO®, sem ainda focar muito em seus detalhes), a família deve se reunir para listar todos os gastos de forma organizada, registrando os valores que devem ser planejados para cada gasto, anotando tudo na coluna PLANEJADO P/ O MÊS (R$)

de cada orçamento. Na realidade, note que essa coluna está com *fundo na cor cinza-claro*, servindo apenas para mostrar resultados (campos *protegidos*), de modo que você deverá inserir as informações de pagamentos planejados nas células *desprotegidas* de *fundo branco*, nas duas colunas de GASTO EVENTUAL, e não nas duas colunas de GASTO FREQUENTE.

Anotar. Após ter elaborado um bom planejamento para cada orçamento, com o passar de cada mês, os membros financeiramente ativos da família deverão realizar seus gastos de forma consciente e econômica, procurando ficar sempre no limite do valor planejado para cada uma das despesas da casa e da família. No começo, o autocontrole não será fácil, mas com o tempo ele se transformará em um saudável hábito de prosperidade! Para desenvolver esse hábito, será importante anotar cada gasto utilizando uma papeleta (ou ficha), que pode ser guardada na carteira de cada membro da família, ou mesmo utilizando um *app* para registrar despesas no seu *smartphone*, anotando sempre *data*, *local* e *valor* de cada gasto. Será conveniente anotar também a *forma de pagamento* que escolheu para cada desembolso. É como "tirar fotos" dos seus gastos ao longo do mês para, ao final de 30 dias, compará-los com "aquela foto" que havia sido planejada... e constatar que você e sua família estão (ou não) "bem na foto" quando o assunto é o bom controle das suas despesas!

Ferramenta. A última guia do POUPÔMETRO® lhe apresenta uma **Ficha de Pagamentos | Guia 7** que pode ser bastante útil. Você pode imprimi-la na impressora, dobrar e guardar na carteira, e também pode utilizar essa ficha no computador:

SMARTCALCS® por PROF. MARCOS SILVESTRE para www.coachingmoney.com.br						$$$ / CHEQUE AO ATO	CARTÃO DÉBITO	CARTÃO CRÉDITO	CHEQUE PRÉ	BOLETO / CARNÊ	DÉBITO EM CONTA	CAIXA / DOC / TED
FICHA DE PAGAMENTOS PROFE® Programa de Reeducação e Orientação Financeira e Empreendedora												
PAGAMENTOS FEITOS POR QUEM?			MÊS:		ANO:							
QUANDO?	ONDE? X O QUE? = POR QUE?		$ VALOR	ESTORNO	SOMA	COMO? = MEIOS DE PAGTO.						

Versão digital. A sua Ficha de Pagamentos já está formatada para fazer a soma automática dos valores que vão sendo gastos ao longo do mês. Observe também que há um campo chamado ESTORNO. Digamos que, no almoço, você vá com um amigo e pague a parte dele (que esqueceu a carteira). Na hora, você anota o gasto total (para não esquecer) e, no dia seguinte, quando ele lhe devolver, você faz o estorno do valor devolvido. Isso porque, se você não anotar o total, pode acabar se esquecendo de reaver a sua parte da grana e, daí, o custo total deverá passar para o controle de orçamento como sendo seu. E olha que acontece!

Tudinho! O objetivo da Ficha de Pagamentos é registrar cada pagamento no ato em que a decisão está sendo tomada, justamente para que nada seja esquecido. Cada pagamento registrado foi *contratado* por aquela pessoa naquele dia daquele mês, ou seja, aquela soma de dinheiro foi *comprometida* com aquele pagamento específico, naquele momento específico, e isso não pode ser esquecido. Repito: é como se as fichas dos membros financeiramente ativos da família formassem um álbum de fotos tiradas para cada momento em que cada um decidiu realizar um desembolso durante o mês.

Meios de pagamento. Deixe-me fazer uma observação importante sobre a Fichas de Pagamentos: à direita, repare que ela contém colunas para outro tipo de informação que deverá ser anotada ao longo dos 30 dias corridos. Pela metodologia aqui proposta, tal informação não deverá ser transposta para os orçamentos, mas é muito interessante de ser analisada. Estou me referindo às colunas de MEIOS DE PAGAMENTO: batendo o olho nessas colunas nas fichas preenchidas ao longo do mês, ficará fácil identificar quais meios foram mais utilizados por cada membro da família para realizarem seus desembolsos.

Não confunda! Uma coisa são seus *pagamentos*, aqueles desembolsos que lhe proporcionarão a qualidade de vida que você quer ter no presente e no futuro; outra coisa são os diversos *meios de pagamento* existentes para movimentarem seu dinheiro. Não permita que a abundância de meios de pagamento induza você a gastar mais dinheiro do que tem, e mais que o necessário para ter uma vida verdadeiramente boa *hoje*, sem deixar de honrar o *ontem* e sem comprometer o *amanhã*. Compreenda que os diversos meios de pagamento não aumentam, por si sós, seu poder de compra efetivo, cuja origem é seu salário, ou os ganhos do seu negócio próprio. Dispor de meios de pagamento alternativos pode ser algo muito prático e útil, mas trata-se apenas de formas de *movimentar* R$ X que se tem disponível a cada mês, e não de *multiplicar* seus ganhos. Lembre-se: é você, com o sacrifício do seu trabalho, que terá de "alimentar" esses meios todos com "dinheiro vivo".

Reclassificando. Para prosseguirmos, entenda que, na Ficha de Pagamentos, todos os seus gastos terão sido anotados por ordem cronológica, sem seguir uma lógica de organização financeira das despesas. Se você parar por aqui no seu esforço de reeducação dos seus gastos, contas e compras, sua visibilidade será reduzida, e o controle ficará comprometido. Por isso, ao final de cada mês, a soma dos valores de cada tipo de gasto que terá sido registrado na Ficha de Pagamentos deverá ser transposta para a linha de despesa correta, do orçamento correto, do mês correto, na coluna CONTROLADO P/ O MÊS (R$). Só isso permitirá a comparação com a coluna do PLANEJADO P/ O MÊS (R$), dando visibilidade, levando à reflexão e à busca de gastos mais econômicos.

Exemplo. Se você decidiu comprar um novo liquidificador de R$ 180,00 porque o seu quebrou de vez, e resolveu fazer a compra pagando em três parcelas de R$ 60,00 no cartão de crédito, deverá fazer (no ato da compra, não deixe para depois) três diferentes anotações sequenciais na sua Ficha de Pagamentos, uma para cada parcela. Para cada registro, use a data de vencimento do cartão de crédito em que cada parcela será efetivamente desembolsada. Imaginando que a compra tenha sido feita no dia 5 de janeiro, e que seu cartão tenha data de vencimento todo dia 10, então serão três anotações na ficha:

> 10/FEV | Liquidificador | Parc. 1/3 | R$ 60,00 (Cartão Crédito)
>
> 10/MAR | Liquidificador | Parc. 2/3 | R$ 60,00 (Cartão Crédito)
>
> 10/ABR | Liquidificador | Parc. 3/3 | R$ 60,00 (Cartão Crédito)

Atenção. Para transpor esses registros da Ficha de Pagamentos para o orçamento correto, você deverá pegar o orçamento de GASTOS DO IMÓVEL, buscar a linha de despesas com MANUTENÇÃO e lá anotar R$ 60,00 na coluna CONTROLADO. Providência idêntica deverá ser tomada para o orçamento de GASTOS DO IMÓVEL de fevereiro, de março e de abril, porque serão nesses três meses que essas três parcelas sairão do seu bolso para pagar a fatura. Sim: você deverá ter vários conjuntos do Orçamento Pessoal e Familiar, um para cada mês futuro, e deverá ir anotando em cada mês (sempre no orçamento correto, na linha de despesa certa) o pagamento que cairá naquele mês.

Complementando. Se houver pagamentos que não foram anotados nas Fichas de Pagamentos, mas que você sabe que ocorreram, como é o caso de contas de consumo com *débito automático em conta corrente*, ou mesmo o caso das *tarifas bancárias*, tais desembolsos deverão ser igualmente transpostos para as respectivas linhas/categorias corretas, dos orçamentos corretos. Convém, no final do mês, puxar um extrato completo de cada uma de suas contas bancárias para fazer a transposição desses itens para os orçamentos.

Ufa! Sim, tudo isso dá um pouco de trabalho, principalmente no início, quando se está pegando a prática da coisa. Mas eu lhe pergunto: se não fizer assim, conseguirá ter visibilidade para saber o que está realmente acontecendo com seus gastos? Conseguirá planejá-los cada vez melhor, controlá-los com bom senso, e gastar o mínimo possível para resolver a vida em cada item de despesa, liberando dinheiro bom para outros pagamentos importantes, e assim ampliando seu poder de compra? Então... comparado ao enorme *benefício* gerado, até que o *sacrifício* pedido é pequeno!

Na ponta do lápis. Veja, a seguir, orçamentos de exemplo, simulando **Gastos do Imóvel | Guia 4** e **Gastos Coletivos da Família | Guia 3** de uma típica família de classe média brasileira (pai, mãe e dois filhos), utilizando nosso POUPÔMETRO®.

POUPÔMETRO ®

(4)

ORÇAMENTO: GASTOS DO IMÓVEL

Preencha as linhas abaixo com os principais grupos de gastos contidos neste orçamento.
Damos sugestões, mas você pode alterá-las e personalizá-las, reescrevendo sobre elas.

MÊS & ANO = JAN/2018	GASTO EVENTUAL (R$) SÓ DE VEZ EM QUANDO		GASTO FREQUENTE (R$) TODO MÊS TEM UM OU MAIS		PLANEJADO P/ O MÊS (R$)	CONTROLADO P/ O MÊS (R$)
ENDEREÇO (IDENTIFICAÇÃO) DO IMÓVEL: **FAMÍLIA SILVEIRA** (CLASSE MÉDIA)	(A) VALOR "CHEIO" DO GASTO EVENTUAL	(B) DISTRIBUÍDO PARA QUANTOS MESES?	(C) VALOR UNITÁRIO DO GASTO FREQUENTE	(D) QUAL A FREQUÊNCIA NO MÊS DO GASTO?	(A) / (B) OU (C) X (D)	CONFORME ANOTAÇÕES REALIZADAS NA PONTA DO LÁPIS
ALUGUEL / PREST. FINANCIAMENTO			1.800	1 vezes	1.800	1.796
TAXA CONDOMINIAL			350	1 vezes	350	378
IPTU / OUTRAS TAXAS MUNICIPAIS	1.500	12 meses			125	150
LUZ			120	1 vezes	120	106
ÁGUA & ESGOTO			90	1 vezes	90	93
GÁS			100	1 vezes	100	98
TELEFONE			90	1 vezes	90	112
TV A CABO / INTERNET			100	1 vezes	100	100
SEGURANÇA / GUARDA DE RUA						
DOMÉSTICA (MENSAL) - SALÁRIO			700	1 vezes	700	700
DOMÉSTICA (MENSAL) - ENCARGOS	900	12 meses			75	
DIARISTA			70	2 vezes	140	140
MANUTENÇÃO	1.200	12 meses			100	189
SEGURO RESIDENCIAL			79	1 vezes	79	79

PLANEJADO = R$	3.869	CONTROLADO = R$	3.941	DIFERENÇA = R$	-72

SMARTCALCS® por PROF. MARCOS SILVESTRE para www.coachingmoney.com.br
PROFE® Programa de Reeducação e Orientação Financeira e Empreendedora

POUPÔMETRO ®

ORÇAMENTO: GASTOS COLETIVOS DA FAMÍLIA

Preencha as linhas abaixo com os principais grupos de gastos contidos neste orçamento. Damos sugestões, mas você pode alterá-las e personalizá-las, reescrevendo sobre elas.

MÊS & ANO = JAN/2018	GASTO EVENTUAL (R$) SÓ DE VEZ EM QUANDO		GASTO FREQUENTE (R$) TODO MÊS TEM UM OU MAIS		PLANEJADO P/ O MÊS (R$)	CONTROLADO P/ O MÊS (R$)
SOBRENOME (IDENTIFICAÇÃO) DA FAMÍLIA: **FAMÍLIA SILVEIRA** (CLASSE MÉDIA)	(A) VALOR "CHEIO" DO GASTO EVENTUAL	(B) DISTRIBUÍDO PARA QUANTOS MESES?	(C) VALOR UNITÁRIO DO GASTO FREQUENTE	(D) QUAL A FREQUÊNCIA NO MÊS DO GASTO?	(A)/(B) OU (C)X(D)	CONFORME ANOTAÇÕES REALIZADAS NA PONTA DO LÁPIS
SUPERMERCADO			280	2 vezes	560	632
SACOLÃO / FEIRA / FRUTARIA			50	4 vezes	200	183
PADARIA			12	25 vezes	300	285
AÇOUGUE / AVÍCOLA			40	4 vezes	160	150
LATICÍNIO			20	8 vezes	160	194
LAVANDERIA						
ALIMENTAÇÃO FORA DE CASA			80	4 vezes	320	400
VIAGENS / PASSEIOS FAMILIARES	5.000	12 meses			417	
CLUBE RECREATIVO FAMILIAR						
PET - ALIMENTAÇÃO			40	1 vezes	40	4
PET - VETERINÁRIO & PETSHOP			15	4 vezes	60	45
PLANO OU SEGURO SAÚDE			420	1 vezes	420	419
MÉDICOS / FARMÁCIA / REMÉDIOS			100	1 vezes	100	82
DOAÇÕES & OFERTAS A TERCEIROS			600	1 vezes	600	600

PLANEJADO = R$ 3.337   CONTROLADO = R$ 2.994   DIFERENÇA = R$ 343

SMARTCALCS® por PROF. MARCOS SILVESTRE para www.coachingmoney.com.br
PROFE® Programa de Reeducação e Orientação Financeira e Empreendedora

Linhas de despesas. Note que já há 14 categorias de pagamentos sugeridas, mas você pode apagá-las, substituindo-as por suas próprias categorias customizadas, adaptando a ferramenta de forma ainda mais focada em sua realidade específica, inclusive utilizando as seis linhas complementares em branco. Convém definir logo no início do processo de planejamento quais são as categorias que realmente fazem sentido para você e sua família e, a partir daí, ater-se a elas. Evite ficar modificando essas categorias depois, pois isso pode prejudicar o funcionamento da ferramenta e seu resultado desejado: a organização do orçamento para manter seus gastos enxutos, focados e sob controle. Ao definir uma nova categoria, cuidado: ela não deve se referir a um grupo de pagamentos genérico demais (algo do tipo "pagamentos avulsos"), porque não ajuda nada a enxergar o que está acontecendo com as despesas. Evite também categorias de cunho muito específico (como "compras de meias brancas") porque descer demais no detalhe torna a coisa toda muito trabalhosa, complicada e desestimulante.

ORÇAMENTO PLANEJADO X CONTROLADO — COMPARAR, REPLANEJAR E ENXUGAR!

Comparar. Lá na base do orçamento (veja a parte inferior da imagem), o campo DIFERENÇA compara o que *deveria ter ocorrido* (PLANEJADO) com o que de fato *ocorreu* (CONTROLADO). Nesse caso, um número com sinal *negativo* indica que aquele valor que foi gasto no mês deveria ter sido menor, de acordo com o que a família havia planejado. Já um número com sinal *positivo* indica *economia* no mês, comparativamente aos gastos planejados. Sugiro então uma reunião familiar mensal para realizarem essa comparação do *controlado* com o *planejado*. Isso permitirá visualizar e avaliar quais foram os itens de despesas que eventualmente terão saído do controle ao longo daquele mês específico, possibilitando também identificar se, no conjunto de cada grupo de despesas, houve compatibilidade ou não com o que havia sido traçado no planejamento.

O essencial. É imprescindível enxergar todos os seus pagamentos, sejam eles frequentes ou eventuais, em uma mesma base mensal, para poder *economizar* com as seguintes providências de bom planejamento e gestão competente das suas finanças pessoais:

- Comparar os gastos entre si, podendo enxergá-los melhor.
- Enxugá-los e fazer trocas entre eles, visando reequilibrá-los.
- Refocá-los continuamente, sem jamais perder de vista seus verdadeiros objetivos de qualidade de vida.
- Encaixá-los de forma equilibrada em sua renda mensal.

Flexibilidade planejada. Um alerta: planejamento de orçamento é para ajudar a organizar e controlar a vida financeira da família, e não para *engessá-la* e torná-la *rígida* demais. A vida muda e as circunstâncias financeiras também: ao longo do tempo será necessária certa *flexibilidade planejada* da sua parte. De tempos em tempos, pelo menos uma vez por ano, é recomendável fazer um novo planejamento do orçamento pessoal e familiar, ajustando os itens que se provaram inadequadamente planejados para a realidade financeira do momento. O objetivo perene é usar seu dinheiro para garantir a você e sua família o maior teor possível de felicidade e realização por trás de cada gasto, alocando-os de forma equilibrada e compatível com sua renda: isso, sim, é prosperidade sustentável e duradoura!

FAMÍLIA QUE ECONOMIZA UNIDA PROSPERA UNIDA!

A união faz a força! Para prosperar unida, uma família deve unir-se em torno do objetivo de planejar e controlar seu orçamento familiar, com decisões, providências e esforços compartilhados diante dos desafios de cultivarem gastos mais econômicos, dívidas mais prudentes, e investimentos mais dinâmicos. Trata-se de planejar em família aquele tradicional *toma lá dá cá* do dinheiro, definindo quais serão os itens que perderão verba, em benefício de outros que ganharão mais dinheiro, buscando sempre equilibrar os pagamentos totais com seus recebimentos totais, para não ficar no negativo. É necessário se conscientizar de que esse equilíbrio financeiro será do *interesse direto de todos* na família!

Decisões delicadas. Quais são os *pagamentos frequentes* que devem ser trocados por outros de *menor valor unitário*, ou cuja *frequência* no mês deva ser *reduzida*? E quanto aos *pagamentos eventuais*, quais deverão ser alvo de enxugamentos inteligentes? Quais terão seu *valor cheio diminuído*, e quais sofrerão um *alongamento no prazo* de meses para os quais o valor deve ser distribuído? São decisões difíceis, que consomem algum tempo e energia em discussões na família, porém muito importantes para sua prosperidade sustentável e duradoura. Não é fácil tomar decisões responsáveis de enxugamentos de gastos, que sejam realistas e passíveis de serem realmente colocadas em prática no dia a dia, decisões maduras com as quais cada um dos membros da família irá de fato se comprometer depois, na prática cotidiana da vida. Por isso, é fundamental que essas decisões sejam fruto do consenso de todos na família.

Divergências. Nesse processo de reorganização do orçamento familiar, é apenas natural que nenhum dos membros queira "perder verba" para os gastos que lhe interessam diretamente, ou perder a aparente comodidade de poder gastar sem qualquer controle. No entanto, nesse momento, o espírito deve ser de *entendimento* e *união*. Nada como "colocar as cartas na mesa" e partir para a negociação. Será bem mais fácil fazer sua filha adolescente cooperar com a conta do celular dela, se estiver enxergando que isso contribuirá com aquela reserva que a família está acumulando para bancar a viagem de intercâmbio cultural dela ao exterior. Seu filho estará mais sensibilizado a cooperar com banhos mais curtos se entender que banhos longos demais colocam em risco a verba que deve ser acumulada para viabilizar aquele acampamento que ele gostaria de fazer com a turma da escola no final do ano.

Dar o exemplo e educar. O esforço de "enquadramento" nas verdadeiras metas financeiras da família não serve só para os filhos, mas igualmente para os pais. Os "chefes do lar" devem, aliás, serem os *primeiros* a adotar o novo padrão de comportamento financeiro mais bem planejado e controlado da família. Como esperar cooperação de sua filha, para não pedir roupas novas a todo momento, se a própria mãe parece não ter limites, ao entupir seu guarda-roupas com novidades a todo instante? Como esperar que seu filho economize nos gastos com lanche na escola, se o próprio pai vive gastando valores elevados em bares e restaurantes com seus amigos? Lembre-se, quando o assunto é educar filhos, o bom exemplo não é a *melhor* forma de contribuir para a formação deles: é a *única*!

capítulo 15

ORÇAMENTOS PESSOAIS DOS MEMBROS DA FAMÍLIA: CASAL & FILHOS

A mesma técnica usada para organizar o orçamento da casa e da família, identificando, planejando e controlando os gastos frequentes e os eventuais associados a esses blocos de despesas, deverá ser utilizada para identificar o peso financeiro de cada cônjuge nas finanças familiares. Você sabe quanto custa para sua família? Ainda me lembro de um casal que atendi há tempos. O marido, um tipo autoritário e pouco gentil, foi logo afirmando que os problemas financeiros da família eram culpa da esposa. Segundo ele, a mulher era uma verdadeira torradeira elétrica de notas de cem.

A esposa, tímida e submissa, não teve naquele momento a iniciativa de se defender de tão grave acusação.

Apurando os fatos. Aí entrou em ação meu infalível detector de mentiras financeiras: a ponta do lápis! Orientei o casal para que, durante um mês inteiro, ele, ela e os dois filhos anotassem todos os gastos realizados por cada membro da família em Fichas de Pagamentos individuais, que cada membro deveria carregar consigo em sua carteira. Ao realizar qualquer gasto, a pessoa deveria registrar a data, o tipo de gasto e o nome do *beneficiário*, ou seja, a pessoa que seria beneficiada com o gasto, independentemente de quem o havia providenciado. Ao analisar os registros no final do mês, descobrimos que, sim, era a esposa quem ficava responsável por providenciar a maior parte dos gastos. No entanto, pouquíssimos desses gastos eram feitos em benefício próprio, ou seja, a maior parte do dinheiro despendido não se destinava a favorecer a própria mulher. Na realidade, os verdadeiros gastões nessa história eram os filhos e, principalmente... o folgado do maridão!

Na ponta do lápis. Veja, a seguir, um orçamento de exemplo de **Gastos Pessoais do Marido / Guia 1** (poderia ser de qualquer adulto) em uma típica família de classe média brasileira, utilizando nosso POUPÔMETRO®:

POUPÔMETRO ®

(1) ORÇAMENTO: GASTOS PESSOAIS (ELE OU ELA)

Preencha as linhas abaixo com os principais grupos de gastos contidos neste orçamento. Damos sugestões, mas você pode alterá-las e personalizá-las, reescrevendo sobre elas.

MÊS & ANO = JAN/2018 NOME (IDENTIFICAÇÃO) DA PESSOA: RODRIGO SILVEIRA	GASTO EVENTUAL (R$) SÓ DE VEZ EM QUANDO		GASTO FREQUENTE (R$) TODO MÊS TEM UM OU MAIS		PLANEJADO P/ O MÊS (R$)	CONTROLADO P/ O MÊS (R$)
	(A) VALOR " CHEIO " DO GASTO EVENTUAL	(B) DISTRIBUÍDO PARA QUANTOS MESES ?	(C) VALOR UNITÁRIO DO GASTO FREQUENTE	(D) QUAL A FREQUÊNCIA NO MÊS DO GASTO ?	(A) / (B) OU (C) X (D)	CONFORME ANOTAÇÕES REALIZADAS NA PONTA DO LÁPIS
ROUPAS / SAPATOS / ACESSÓRIOS	1.000	12 MESES			83	250
CDs / DVDs / LIVROS / INFORMÁTICA			40	1 VEZES	40	
ALIMENTAÇÃO FORA DE CASA			20	20 VEZES	400	432
CINEMA / SHOWS / BALADAS			50	2 VEZES	100	50
PRESENTES DADOS A OUTROS			70	1 VEZES	70	88
ACADEMIA GINÁSTICA / PERSONAL			85	1 VEZES	85	85
VIAGENS / PASSEIOS INDIVIDUAIS						
PLANO DE SAÚDE						
MÉDICOS / REMÉDIOS / SAÚDE						
TRATAMENTOS DE ESTÉTICA						
ESCOLA / FACULDADE / PÓS / MBA			650	1 VEZES	650	650
LIVROS & MATERIAL DIDÁTICO	300	6 MESES			50	
CELULAR			80	1 VEZES	80	120
PEQUENOS GASTOS DIVERSOS			30	4 VEZES	120	183

PLANEJADO = R$ **1.678**   CONTROLADO = R$ **1.858**   DIFERENÇA = R$ **-180**

TRÍADE | TÉCNICA 3
GASTOS MAIS ECONÔMICOS

SMARTCALCS® por PROF. MARCOS SILVESTRE para www.coachingmoney.com.br
PROFE® Programa de Reeducação e Orientação Financeira e Empreendedora

Planejado X controlado. Recomendo que preste especial atenção nas diferenças, linha por linha, entre a coluna PLANEJADO P/ O MÊS (R$) em comparação com a coluna CONTROLADO P/ O MÊS (R$). Repare também, lá na base da imagem desses orçamentos, o valor total PLANEJADO em comparação ao total CONTROLADO, e daí a DIFERENÇA total: quanto menor for o valor dessa diferença, isso quer dizer que a pessoa está tocando seu dia a dia de despesas em harmonia com o que havia de fato planejado, ou seja, seu *autocontrole* financeiro está funcionando em linha com seu *planejamento* financeiro, tudo em favor da conquista da sua prosperidade sustentável e duradoura.

EM UM CASAL, QUEM DEVE BANCAR QUAIS PAGAMENTOS?

O sucesso de qualquer processo de reorganização de orçamento familiar depende essencialmente da busca de um completo entendimento financeiro pelo casal. Aqui, três definições serão importantíssimas:

- Quem fará o planejamento e o controle financeiro (ambos).
- Quem ficará responsável por providenciar os pagamentos.
- Quem deverá arcar com quais despesas, em que proporção.

Conta conjunta. Mesmo na hipótese de o casal ser casado em regime de separação total de bens (o padrão é a comunhão parcial), é inegável que, no dia a dia, os parceiros tenham uma vida conjunta e despesas conjuntas. Assim, costuma funcionar muito bem o seguinte: o casal deve abrir uma conta bancária conjunta, e cada um deve depositar nela, no início de cada mês, o valor necessário para bancar todos os desembolsos mensais da família. A partir daí, o responsável pelas "contas a pagar" da família fará todos os pagamentos somente com os recursos dessa conta conjunta. Mas, *quanto* cada um deverá depositar nessa conta? Essa é uma decisão que depende exclusivamente do casal, e estará valendo qualquer acordo que tenha sensatez financeira e seja respeitado por ambos com o passar do tempo.

Mantendo o equilíbrio. Uma coisa é óbvia: somando "o dele" com "o dela", os depósitos na conta conjunta devem atingir 100% daquele mínimo necessário para bancar os pagamentos mensais da família. Um critério de partilha equilibrado pode ser o seguinte: quem ganha um salário maior, depositará *proporcionalmente* uma quantia maior na conta conjunta, enquanto quem tem um rendimento menor, fará um depósito proporcionalmente menor.

Na ponta do lápis. Digamos que a esposa tenha um salário líquido de R$ 6 mil, e o marido de R$ 4 mil. A renda familiar somada é de R$ 10 mil. Assim, observamos que *ela* apura 60% desse total, enquanto *ele* ganha 40%. Como distribuir os depósitos na conta conjunta com equilíbrio? Imaginemos que as despesas conjuntas do casal tenham sido orçamentadas em R$ 8 mil. Digamos que ela, mais organizada e hábil com papéis e controles, tenha sido encarregada em comum acordo de controlar o pagamento das contas do casal/da família por meio da conta conjunta. Para garantir o balanceamento ideal, no início de cada mês ela depositará R$ 4.800,00 (60% de R$ 8 mil) na conta conjunta, e ele fará uma transferência de outros R$ 3.200,00 (40% de R$ 8 mil). No total, haverá R$ 8 mil para que ela, então, realize os pagamentos devidos ao longo do mês. Usar a conta conjunta do casal dessa forma é a melhor maneira de distribuir o ônus financeiro da vida a dois (ou mais, dependendo do tamanho da família) de maneira equilibrada e sustentável.

Compreensão... e amor! Não deixem surgir nenhum desentendimento nesse sentido. Cuidado com essa história de começar a questionar demais, de um lado, os ganhos individuais de cada um, e de outro, a contribuição de cada parceiro para as despesas conjuntas do casal. Ocorre que a renda mensal apurada por cada cônjuge dependerá de uma série de fatores, tais como o setor que escolheu para atuar, o momento econômico que o setor atravessa e a trajetória profissional que cada um construiu nos últimos anos. De nada adianta que o cônjuge que ganha mais culpe o que ganha menos, afirmando que, se ele ou ela tivesse um salário maior, o outro não precisaria se sacrificar tanto. Bobagem. Lembre-se: também do ponto de vista financeiro (e muito especialmente desse ponto de vista!), um casal deve ser mais que a simples soma de dois indivíduos.

E OS FILHOS: SERÁ QUE VALEM QUANTO PESAM?

Quanto custa criar um filho? Barato nunca é, mas... a conta fica exatamente em quanto? Já parou para pensar nisso? Um bom planejamento de orçamento pessoal e familiar jamais pode deixar de levar em conta os recursos necessários para criar seus filhos com dignidade e conforto.

Na ponta do lápis. vamos imaginar uma família de *classe média baixa*, com renda mensal líquida de até R$ 5 mil (somando-se o salário do marido com o da mulher, já livres de impostos). Essa família pode chegar a empatar cerca de R$ 1.000,00 por mês nos gastos relacionados à criação de um filho. Desses R$ 1.000,00, cerca de 50% ou R$ 500,00 serão destinados à *educação particular*, incluindo aí a mensalidade da escola, transporte, uniforme e material escolar, o "pacotão" completo da educação. A *educação* é seguramente o item que mais pesa no orçamento da criação de um filho, mas não o único. Em seguida, com cerca de 15% de participação, o que dá R$ 150,00 por mês, vem o item *vestuário*, e mais outros R$ 150,00 em média serão gastos com *alimentação*, inclusive lanche na escola (quando for o caso). Para gastos com *saúde*, englobando um plano de saúde complementar e eventuais consultas com médicos não cobertos nesse plano e remédios, pode contar aí uns 10% da verba mensal destinada a criar tal filho, resultando em R$ 100,00 de desembolso médio mensal. Por fim, sobrarão outros R$ 100,00 para gastos com *lazer e diversos*. Assim, lá se foram R$ 1.000,00 líquidos por mês, em média, todo mês, para custear um *único* filho. Sim: sendo dois, o valor praticamente dobrará!

Mais à frente. Na *fase universitária*, esse gasto provavelmente dobrará, nem tanto por causa da *mensalidade da faculdade* mais alta (hoje equiparável à mensalidade de uma escola particular), mas principalmente porque o jovem atingirá sua *maioridade civil*, embora ainda esteja longe de ter sua *maioridade financeira*. Em outras palavras, ele demandará mais, e provavelmente não terá como bancar-se financeiramente. Após os 18 anos, seu filho passará a ter uma vida social mais intensa e quase certamente lhe pedirá dinheiro para *baladas*, *roupas de grife*, *eletrônicos* e *viagens*, além de um *carro* da família que muitas vezes acabará sendo disponibilizado para esse filho, gerando despesas maiores com combustível, seguro, manutenção e multas de trânsito.

Seu filho, seu tesouro! Colocando tudo *na ponta do lápis*, os gastos para criar seu filho até os 23 anos, entregando-o formado ao mundo, com uma profissão nas mãos para poder caminhar com "os próprios bolsos", a conta total ficará em torno de R$ 330 mil. E isso vale para uma família de classe média baixa, com base na realidade da qual fizemos essas contas, considerando um orçamento bem enxutinho! Se for para a *classe média média*, o valor facilmente dobrará, e já para um família de *classe média alta*, essa soma triplicará, indo para cerca de R$ 1 milhão, senão mais! Agora veja: o propósito de enxergar direito o custo de um filho não é desencorajar futuros papais e mamães, nem fazer os que já são pais e mães sofrerem com essa dura realidade financeira. O que desejo é dar correta *visibilidade* aos pais do tamanho do desafio financeiro, para que possam se *planejar corretamente,* realizando esse precioso projeto de vida com total *tranquilidade financeira*, sem medo de ser feliz. Ter um filho é certamente a decisão mais cara que você tomará em sua vida financeira, mas provavelmente também será a de melhor relação custo X benefício (pode perguntar a pais e mães por aí).

Sim, na ponta do lápis. Veja, a seguir, um orçamento de exemplo de **Gastos Pessoais do Filho | Guia 2**, considerando um adolescente de uma típica família de classe média brasileira, utilizando nosso POUPÔMETRO®:

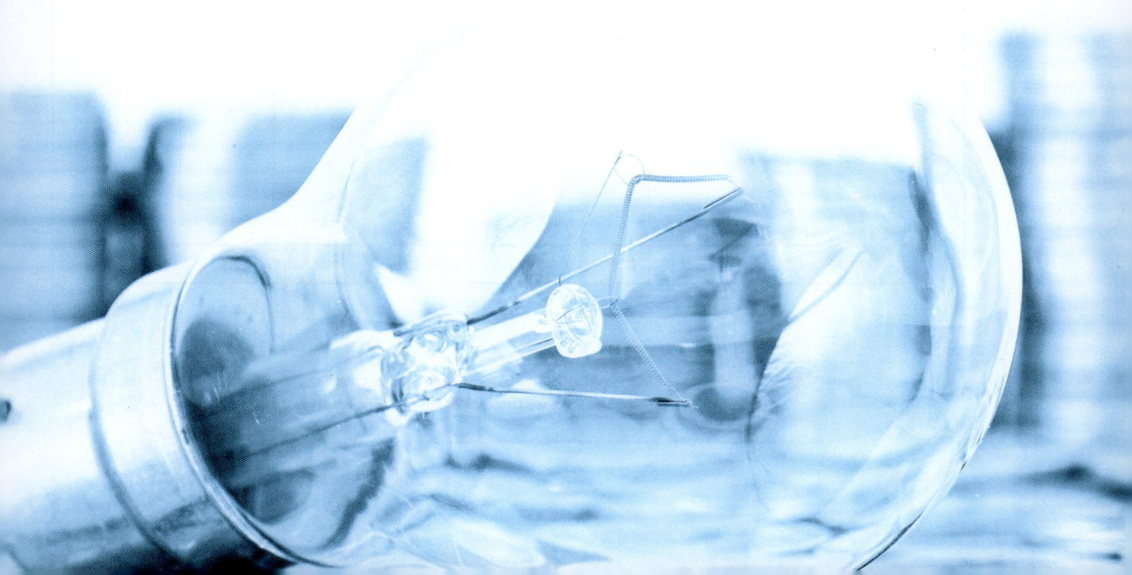

POUPÔMETRO ®

② ORÇAMENTO: GASTOS PESSOAIS (FILHO OU FILHA)

Preencha as linhas abaixo com os principais grupos de gastos contidos neste orçamento. Damos sugestões, mas você pode alterá-las e personalizá-las, reescrevendo sobre elas.

MÊS & ANO = JAN/2018	GASTO EVENTUAL (R$) SÓ DE VEZ EM QUANDO		GASTO FREQUENTE (R$) TODO MÊS TEM UM OU MAIS		PLANEJADO P/ O MÊS (R$)	CONTROLADO P/ O MÊS (R$)
NOME (IDENTIFICAÇÃO) DA PESSOA: PAULINHO SILVEIRA	(A) VALOR " CHEIO " DO GASTO EVENTUAL	(B) DISTRIBUÍDO PARA QUANTOS MESES ?	(C) VALOR UNITÁRIO DO GASTO FREQUENTE	(D) QUAL A FREQUÊNCIA NO MÊS DO GASTO ?	(A) / (B) OU (C) X (D)	CONFORME ANOTAÇÕES REALIZADAS NA PONTA DO LÁPIS
ROUPAS / SAPATOS / ACESSÓRIOS			80	1 vezes	80	162
CDs / DVDs / LIVROS / INFORMÁTICA			40	1 vezes	40	
ALIMENTAÇÃO FORA DE CASA			10	20 vezes	200	185
CINEMA / SHOWS / BALADAS			40	3 vezes	120	200
PRESENTES DADOS A OUTROS			60	1 vezes	60	
ACADEMIA GINÁSTICA / PERSONAL						
VIAGENS / PASSEIOS INDIVIDUAIS	2.000	12 meses			167	
PLANO DE SAÚDE						
MÉDICOS / REMÉDIOS / SAÚDE			80	1 vezes	80	60
TRATAMENTOS DE ESTÉTICA			67	1 vezes	67	67
ESCOLA / FACULDADE / PÓS / MBA			480	1 vezes	480	480
LIVROS & MATERIAL DIDÁTICO	500	12 meses			42	
CELULAR			20	2 vezes	40	60
PEQUENOS GASTOS DIVERSOS			100	1 vezes	100	280

PLANEJADO = R$ 1.475 CONTROLADO = R$ 1.494 DIFERENÇA = R$ -19

SMARTCALCS® por PROF. MARCOS SILVESTRE para www.coachingmoney.com.br
PROFE® Programa de Reeducação e Orientação Financeira e Empreendedora

Mimimi... mimados! Você, na condição de pai ou mãe, por acaso tem o costume de cobrir seu(s) filho(s) com presentes e mais presentes, com tudo o que há de bom e melhor, com muita fartura, conforto e comodidades as mais diversas? Também sou pai e bem sei que a tentação é grande, porque o amor que a gente tem pelos filhos não há palavras para descrever. Em nome desse amor faremos sempre o possível, e, se preciso for, até o impossível tentaremos fazer! Mas não podemos errar na dose. Tão crucial quanto dar aos filhos tudo de bom, é dar-lhes também uma boa noção de *limites*, e isso se aplica muito especialmente às coisas que o dinheiro pode comprar. Nesta era de excessos em que vivemos, o risco é criar filhos financeiramente mal educados, viciados no consumismo, dependentes de posses cada vez maiores e prazeres mais intensos para serem felizes.

Antídoto. Como cuidar desse efeito colateral potencialmente nocivo da prosperidade? Sugiro uma simples, mas eficaz, tática educativa: policiar-se para simplesmente não dar a seu filho *absolutamente* tudo o que você gostaria. Resista a essa tentação e procure dar *apenas metade* do que seu ímpeto provedor naturalmente lhe faria dar. Seja um **MONEY BO$$** responsável também perante seus filhos. Corte metade do excesso. Não estou falando de dar metade de uma boa escola, de uma boa alimentação ou de um bom plano de saúde, naturalmente. Sugiro dar metade das roupas, das guloseimas, dos brinquedos, dos eletrônicos e todas aquelas *coisas* com que costumamos entupir a vida de nossas crianças e adolescentes, corrompendo e deseducando nossos filhos. Parafraseando o amigo Içami Tiba, autor do brilhante tratado de educação parental "Quem Ama, Educa!": *quem ama, regula*!

capítulo 16

ORÇAMENTOS QUE CERCAM A FAMÍLIA: AUTOS, DÍVIDAS X INVESTIMENTOS

Poder contar com um ou mais veículos estacionados na garagem é muito bom, mas mexe bastante com o orçamento pessoal e familiar. Quando decide-se pela aquisição de um automóvel, por exemplo (o primeiro grande sonho de consumo de todo adulto!), além do esforço necessário para *comprar* o carro, deve-se também planejar os gastos necessários para *manter* o automóvel adquirido. Antes dessa compra, será necessário avaliar corretamente o peso do tal veículo em seu orçamento, identificando quanto de sua renda mensal ele levará todos os meses. Somente a partir daí você poderá buscar enxugamentos que permitam um encaixe equilibrado desse novo conjunto de despesas (e novo item na qualidade de vida!) em sua vida financeira.

Gastos frequentes X eventuais. Alguns dos desembolsos relativos a seu automóvel serão *gastos frequentes*, ocorrendo uma ou mais vezes por mês (ex.: abastecer o carro), enquanto outros serão *gastos eventuais*, nos quais não se incorre todos os meses, mas que certamente ocorrerão com alguma outra periodicidade, a cada X meses ou X anos (ex.: o IPVA anual, ou a troca a cada três ou quatro anos). Para visualizar os gastos com seu carro à luz do conjunto de seu orçamento pessoal e familiar, será preciso apurar *todos* esses gastos, sejam frequentes ou eventuais, em *uma mesma base mensal*, que é para poder compará-los com o salário, avaliando o peso relativo desses gastos na sua vida.

Na ponta do lápis. Imagine um carro com valor de aquisição de R$ 35 mil. Apurando todos os gastos relativos a esse veículo, chegamos à conclusão de que, além do esforço financeiro mensal de pagar as parcelas de um financiamento para comprar o referido automóvel, serão necessários mais R$ 800,00 mensais apenas para mantê-lo em atividade. Assim, apuramos que um carro desse (um carro "basicão") pode demandar entre R$ 1,5 mil e R$ 2 mil por mês, somando-se o custo de o manter. Isso cabe no orçamento da família? Esse dispêndio mensal compensa do ponto de vista do impacto positivo em sua qualidade de vida? Há quem economizaria um bom valor se apenas usasse os serviços urbanos de transporte particular, o que não sai nada barato no avulso, mas pode ficar bem mais em conta no total do mês. Agora... e o prazer de possuir seu próprio carro? E a conveniência de tê-lo à sua disposição 24 horas por dia, sete dias por semana? Tudo isso deve ser posto na balança, para ver o que está ao alcance do seu bolso, e o que realmente compensa.

Com responsabilidade. Todos queremos o que é bom, mas queremos estar preparados para *ter* e *manter* o que é bom, porque só isso pode contar ponto a favor da prosperidade sustentável e duradoura. Arranjar um carro financeiramente mal planejado, e depois se ver obrigado a perdê-lo para as adversidades financeiras do dia a dia, é uma experiência traumática, que pode ser perfeitamente evitada com bom planejamento do orçamento. Veja, a seguir, um orçamento de exemplo de **Gastos do Veículo | Guia 5** em uma típica família de classe média brasileira, utilizando nosso POUPÔMETRO®:

POUPÔMETRO ®

(5)

ORÇAMENTO: GASTOS DO VEÍCULO

Preencha as linhas abaixo com os principais grupos de gastos contidos neste orçamento. Damos sugestões, mas você pode alterá-las e personalizá-las, reescrevendo sobre elas.

MÊS & ANO = JAN/2018 NOME (IDENTIFICAÇÃO) DO VEÍCULO: AUTOMÓVEL DA FAMÍLIA SILVEIRA	GASTO EVENTUAL (R$) SÓ DE VEZ EM QUANDO		GASTO FREQUENTE (R$) TODO MÊS TEM UM OU MAIS		PLANEJADO P/ O MÊS (R$)	CONTROLADO P/ O MÊS (R$)
	(A) VALOR "CHEIO" DO GASTO EVENTUAL	(B) DISTRIBUÍDO PARA QUANTOS MESES ?	(C) VALOR UNITÁRIO DO GASTO FREQUENTE	(D) QUAL A FREQUÊNCIA NO MÊS DO GASTO ?	(A) / (B) OU (C) X (D)	CONFORME ANOTAÇÕES REALIZADAS NA PONTA DO LÁPIS
PRESTAÇÃO FINANC. / CONSÓRCIO						
IPVA	1.400	12 MESES			117	467
LICENCIAMENTO ANUAL	180	12 MESES			15	150
SEGURO (ANUAL X MENSAL)			180	1 VEZES	180	
FRANQUIA / PEQ. CONSERTO BATIDA	2.000	60 MESES			33	180
COMBUSTÍVEL			70	4 VEZES	280	33
ALUGUEL DE VAGA NO TRABALHO						187
ALUGUEL DE VAGA EM CASA						
ESTACIONAMENTO - AVULSOS			6	6 VEZES	36	
MULTAS DE TRÂNSITO	240	12 MESES			20	55
LAVAGEM			20	2 VEZES	40	
TROCA DE ÓLEO	110	12 MESES			9	45
REVISÕES & MANUTENÇÃO	2.160	36 MESES			60	
REVITALIZAÇÃO DA PINTURA	230	24 MESES			10	

PLANEJADO = R$ **800**   CONTROLADO = R$ **1.117**   DIFERENÇA = R$ **-317**

TRÍADE | TÉCNICA 3
GASTOS MAIS ECONÔMICOS

289

SMARTCALCS® por PROF. MARCOS SILVESTRE para www.coachingmoney.com.br
PROFE® Programa de Reeducação e Orientação Financeira e Empreendedora

O desafio da **mentalidade próspera** será sempre encontrar um jeito bem planejado, tranquilo e até mesmo lucrativo de bancar seus diversos pagamentos. Pense, por exemplo, no carnê do IPVA, uma despesa um tanto quanto "incômoda" para os motoristas (ainda mais considerando o baixo retorno em prestação de serviços públicos), mas que se trata de um gasto inevitável para quem é dono de um auto. Quero agora lhe sugerir um jeito (veja só!) *lucrativo* de pagar seu IPVA. Afinal, os financeiramente bem planejados sempre levam uma natural vantagem na forma como tocam sua relação com o dinheiro.

Na ponta do lápis. Vamos imaginar que seu carnê de IPVA deste ano tenha vindo no valor de R$ 1.200,00. Digamos que você não tenha conseguido quitá-lo integralmente à vista em janeiro, com desconto de 3% (no estado de São Paulo), o que lhe geraria uma economia de R$ 36,00. Ou, melhor ainda, com abatimento de 8%, que equivale a R$ 96,00 no Rio de Janeiro. E digamos que, mesmo parcelando em 3 X R$ 400,00, essa conta tenha ficado ainda muito salgada. No ano que vem você receberá outro carnê novinho em folha, para quitar logo no início do ano. O valor será uns 5% ou 10% menor, se você ainda tiver o mesmo carro (no nosso exemplo, uns R$ 100,00 a menos. Quero lhe sugerir o seguinte: pague parcelado o IPVA do ano que vem!

Sim, parcelado! A partir de abril desse ano, quando já tiver terminado de pagar o carnê atual, deposite mensalmente na Caderneta de Poupança a quantia de R$ 150,00, o equivalente a R$ 1.200,00 divididos por oito meses. Você guardará um pouco por mês de abril a novembro de cada ano. Como resultado, no início do ano que vem terá acumulado, com os "jurinhos", algo como R$ 1.220,00. O novo carnê do IPVA já terá vindo menor, digamos, R$ 1.100,00, por conta da natural desvalorização do carro. Ainda por cima, como acumulou dinheiro pronto em mãos, você poderá agora pagar à vista, com 3% de desconto em São Paulo (R$ 1.067,00) ou 8% no Rio de Janeiro (R$ 1.012,00). A diferença (a economia!) ficará em R$ 153,00 em São Paulo ou R$ 208,00 no Rio de Janeiro. Esse valor sobrará de forma planejada em seu bolso. Você embolsará cerca de R$ 200,00 para gastar com qualquer coisa que agregue mais para sua vida: isso é pensar e agir de forma próspera!

ORÇAMENTOS QUE CERCAM A FAMÍLIA: DÍVIDAS X INVESTIMENTOS

Sobrou dinheiro? Quanto deve sobrar no final de cada mês quando a família já tiver seu orçamento perfeitamente organizado? Ora, não deve "sobrar" nada! O termo "sobrar" remete a "resto", sugere "coisa que fica ali por acaso". Isso jamais deve acontecer com qualquer porção do seu suado dinheiro. De tudo o que você ganha hoje, a maior parte deverá ser destinada a seus gastos, contas e compras do dia a dia. No entanto, você não pode deixar de honrar suas obrigações financeiras do passado, e também não deve deixar de preparar suas metas financeiras para o futuro. Então, anote todas as suas *dívidas* em um orçamento único, discriminando as parcelas de forma clara, facilitando o planejamento para quitá-las uma a uma. De outro lado, cada "mensalidade" que você deseja investir para realizar um sonho importante deve ser registrada em um só orçamento, bem organizado, o orçamento dos *investimentos*.

Na ponta do lápis. Veja, a seguir, um orçamento de exemplo de gastos com **Dívidas X Investimentos | Guia 6** em uma típica família de classe média brasileira, utilizando nosso POUPÔMETRO®. Repare que colocamos, em uma mesma peça, tanto *dívidas* quanto *investimentos*: o propósito aqui é didático, para lembrá-lo de que cada centavo gasto com seu *passado* financeiro tira um centavo do seu *futuro* financeiro!

POUPÔMETRO ®

(6)

ORÇAMENTO: DÍVIDAS X INVESTIMENTOS

Preencha as linhas abaixo com os principais grupos de gastos contidos neste orçamento. Damos sugestões, mas você pode alterá-las e personalizá-las, reescrevendo sobre elas.

MÊS & ANO = JAN/2018	GASTO EVENTUAL (R$) SÓ DE VEZ EM QUANDO		GASTO FREQUENTE (R$) TODO MÊS TEM UM OU MAIS		PLANEJADO P/ O MÊS (R$)	CONTROLADO P/ O MÊS (R$)
NOME (IDENTIFICAÇÃO) DA PESSOA: **FAMÍLIA SILVEIRA (CLASSE MÉDIA)**	(A) VALOR " CHEIO " DO GASTO EVENTUAL	(B) DISTRIBUÍDO PARA QUANTOS MESES ?	(C) VALOR UNITÁRIO DO GASTO FREQUENTE	(D) QUAL A FREQUÊNCIA NO MÊS DO GASTO ?	(A) / (B) OU (C) X (D)	CONFORME ANOTAÇÕES REALIZADAS NA PONTA DO LÁPIS

DÍVIDAS

FINANCIAMENTO DO VEÍCULO			739	1 VEZES	739	739
FINANCIAMENTO DA CASA			1.800	1 VEZES	1.800	1.838

PLANEJADO = R$ **2.539**   CONTROLADO = R$ **2.577**   DIFERENÇA = R$ **-38**

INVESTIMENTOS

PLANO PARA TROCA DE CARRO			500	1 VEZES	500	500
PLANO PARA TROCA DE APTO.			1.500	1 VEZES	1.500	1.400
PLANO APOSENTADORIA (ELE)			430	1 VEZES	430	430
PLANO APOSENTADORIA (ELA)			380	1 VEZES	380	380

PLANEJADO = R$ **2.810**   CONTROLADO = R$ **2.710**   DIFERENÇA = R$ **100**

SMARTCALCS® *por* PROF. MARCOS SILVESTRE *para* www.coachingmoney.com.br
PROFE® Programa de Reeducação e Orientação Financeira e Empreendedora

AS CINCO PERGUNTAS DAS BOAS COMPRAS: QUERO? PRECISO? MEREÇO? POSSO? DEVO?

Onde o calo dói. Talvez você não seja do tipo que gasta muito dinheiro com miudezas, com pequenas coisas. Quem sabe seu maior desafio seja – aí sim – controlar-se nas *compras de maior valor*. Há grandes desembolsos que são mais difíceis de evitar, porque são de uma natureza mais rígida, como a prestação da casa, a taxa de condomínio, a escola das crianças... Mas existem outros, especialmente as compras de *bens de valor mais elevado*, que estão mais diretamente sob nosso controle e, por isso mesmo, apresentam boas oportunidades para economizar.

Como fazer? Dentro desse espírito, desenvolvi uma técnica, até bastante simples, para conseguir realizar apenas *boas compras*, aquelas compras genuinamente econômicas e prósperas, das quais você certamente não se arrependerá depois. Digamos que você esteja em uma loja em um *shopping center*, diante de um bem qualquer que tem a intenção de adquirir, particularmente um bem de valor mais expressivo. Antes de se decidir definitivamente pela compra, você deve primeiramente fazer as cinco perguntas fundamentais das boas compras: "Quero? Preciso? Mereço? Posso? Devo?"

1. QUERO? Pode parecer estranho que a primeira pergunta seja justamente esta: "Quero?". Afinal, se você viu e gostou, qual seria a dúvida? À primeira vista, pode parecer que você *quer* aquilo que tem diante de si, que até quer *muito*, mas quanto tempo durará essa certeza? Pois então tente se lembrar de uma ou duas outras coisas que você também gostaria de comprar – ou deixou de comprar recentemente – por aproximadamente o mesmo valor. Se lhe vier à mente qualquer coisa que você queira *mais*, é porque o bem que tem agora à sua frente, na realidade, é *menos* desejado. Portanto, você *não deve* comprá-lo já. Em nossa vida financeira, devemos apenas tomar decisões de compras bem alinhadas com nossas verdadeiras preferências: quando a cabeça pensa, o bolso não padece!

2. PRECISO? A próxima pergunta é, de certa forma, um tanto "cruel": "Preciso?". Acontece que muitas vezes a gente *não precisa*, mesmo! Quantas peças de roupa tão bonitas quanto aquela estão no seu armário e você não tem usado simplesmente porque se esqueceu que as tinha? Quantos sapatos parecidos lotam sua sapateira? Mais jogos americanos para a cozinha? Precisa? Pesquisas de comportamento do consumidor indicam que 90% do que se compra e não se utiliza mais de uma vez no período de 30 dias após a compra, acaba caindo no esquecimento e, eventualmente, indo para o lixo. Aquele dinheiro gasto na compra se transformará, na prática, em puro desperdício, é apenas uma questão de tempo.

3. MEREÇO? A terceira pergunta parece algo entre óbvia e ingrata: "Mereço?". Se você tem se mantido sob controle em suas compras, contas e gastos em geral, se tem honrado suas dívidas direitinho e se tem direcionado mensalmente para seus investimentos as mensalidades que planejou, então sua resposta pode ser um firme "sim". Essa compra, como em comemoração de uma meta alcançada, terá um sabor muito especial. Do contrário, nada de gastar dinheiro com isso e trair seus próprios interesses de uma vida financeira com prosperidade sustentável e duradoura!

4. POSSO? Chegou a *hora da verdade*, a quarta pergunta: "Posso?". Às vezes você se encontra diante de algo que quer, precisa e até merece, de certa forma. Mas essa quarta resposta será decisiva e eliminatória. Pense: você já pagou tudo o que devia e já investiu as mensalidades planejadas para este mês? Em outras palavras: haverá o suficiente em sua conta para gastar com aquilo que você cobiça neste momento? Por acaso não faltará para coisa mais importante ou urgente? Você tem certeza que não se verá "obrigado" a avançar de forma não planejada no cheque especial para bancar sua nova aquisição? Pense com cuidado: para afirmar que *pode* mesmo fazer determinado gasto, tem de haver *espaço* para ele em seu orçamento familiar, tem de haver dinheiro "carimbado" para isso no seu planejamento de pagamentos.

Vai cartão? O parcelamento no cartão de crédito pode lhe parecer uma saída inteligente, mas tem certeza de que essa estratégia não irá comprometer seu orçamento nos próximos meses? Tenha especial cuidado com as dívidas travestidas de "parcelamento sem juros". Engane-se, como fazem os de *mentalidade empobrecedora*, mas quase sempre os juros estarão lá, embutidos nas parcelas, como já vimos. Comprando à vista e com desconto você terá perfeitamente como evitar pagá-los, e eles se transformarão diretamente em poder de compra acrescido no seu bolso, um jeito esperto de multiplicar seu dinheiro!

5. DEVO? A última pergunta é o arremate com chave de ouro para qualquer boa decisão de compra: "Devo?". Querer, precisar, merecer e poder parecem excelentes indícios de que se trata de uma boa compra. Mas, ainda assim, será que ela *deve* mesmo ser feita? Lembre-se: se não gastar *agora* com *isso*, terá a quantia disponível para gastar *amanhã* com *aquilo*, algo que pode vir a ter ainda maior impacto positivo sobre sua qualidade de vida. O dinheiro é seu, está sob seu controle: ele não irá "fugir" se você não gastá-lo necessariamente de imediato!

Gaste bem... e seja feliz! Se você não deseja perder o controle das compras de bens de maior valor, antes de tomar qualquer decisão, não tenha medo de fazer sempre as cinco perguntas das boas compras: "Quero? Preciso? Mereço? Posso? Devo?". Se a resposta for *sim* para todas as perguntas, então não tenha receio: compre e use sem medo de ser feliz, pois dinheiro foi feito para gastar, e essa sua nova aquisição – comprada de forma tão consciente, tão bem pensada –, certamente lhe trará verdadeira realização e prosperidade!

QUÉ-PRÊ-MÊ-PÓ-DÊ? Eis um "truque" para não se esquecer das cinco perguntas básicas das boas compras, memorize esta "palavra": *quepremepode*. Na verdade, trata-se de um acrônimo (uma palavra feita com sílabas de outras palavras), reunindo as cinco primeiras sílabas de cada uma das cinco perguntas das boas compras. É uma "brincadeira" fácil de decorar para carregar consigo nas próximas vezes em que for ao supermercado, ao *shopping* ou às compras *on-line*!

Pratique! Para planejar compras mais prósperas, conheça agora mais uma ferramenta digital da Metodologia PROFE® | Programa de Reeducação e Orientação Financeira e Empreendedora: o **COMPRÔMETRO®**, nossa **Calculadora de Compras Mais Prósperas**. Você poderá fazer o *download* aberto e gratuito do COMPRÔMETRO® acessando a área CONTROLAR OS GASTOS do **www.educarparaprosperar.com.br**.

COMPRÔMETRO ®

CALCULADORA DE COMPRAS MAIS PRÓSPERAS

QUERO X PRECISO X MEREÇO X POSSO X DEVO?

Antes de se decidir por realizar uma nova compra ou gasto de valor mais elevado, faça-se as cinco perguntas das boas compras: marque um X onde deseja dizer SIM.

#			
1	**QUERO?**		Isto é o que você mais deseja em troca do gasto desta quantia, não há nada que queira mais por este valor?
2	**PRECISO?**		90% do que se compra e não se utiliza mais de uma vez nos próximos 30 dias cai no esquecimento e vai para o lixo.
3	**MEREÇO?**		Se você vem mantendo seus gastos sob controle, se tem feito investimentos regulares, bem... já pode estar merecendo!
4	**POSSO?**		Há dinheiro reservado *para este tipo de gasto* no orçamento familiar? Tem certeza que não vai fazer falta para mais nada?
5	**DEVO?**		Se não gastar *agora* com isso, terá a quantia disponível para gastar *amanhã* com aquilo, quem sabe algo ainda melhor!

QUÉ-PRÊ-MÊ-PÓ-DÊ?

? SEUS PONTOS SOMADOS =

ATÉ 5	Cuidado: muito provavelmente esta não será uma boa compra para você!
6	Não está ruim, mas certamente há negócio melhor para o seu dinheiro!
7	Parece uma compra adequada, com algum potencial para lhe agradar...
8	Esta compra parece ser bem acertada, deve agregar qualidade de vida!
9	Quase uma compra perfeita! Ainda assim, evite realizá-la por impulso.
10	Compre sem medo de ser feliz, pois se trata de uma excelente compra!

SMARTCALCS® *por* PROF. MARCOS SILVESTRE *para* www.coachingmoney.com.br
PROFE® Programa de Reeducação e Orientação Financeira e Empreendedora

Obs.: essa ferramenta é uma *cortesia* do autor, de oferecimento gratuito, não está inclusa no preço do livro, e sua disponibilização para *download* poderá ser suspensa a qualquer tempo, sem prévio aviso.

Use e abuse do COMPRÔMETRO® sempre que estiver diante de uma compra de grande valor... e boa *sorte*! Lembrando que *sorte* é quando a *preparação* (do bom planejador financeiro) encontra a *oportunidade* (de um excelente negócio)!

VAMOS PROSPERAR!

Lembre-se. Se quiser prosperar para valer, terá de *pensar e agir diferente* da massa de consumidores que hoje pensam pobre, agem pobre e *vivem pobre*! Quem quiser mesmo prosperar, terá que *tomar coragem* para se desconectar da *dinâmica de empobrecimento* vivenciada pela maioria das pessoas, *assumir o controle sobre o próprio dinheiro* e *dar a virada na sua vida financeira*. Será necessário *revalorizar seu dinheiro* e *multiplicar seu poder de compra*, submetendo-se a um *completo processo de reeducação financeira* que permitirá a você *transformar sua mentalidade*. Você assimilará *técnicas inovadoras* e adotará *ferramentas práticas* de *bom planejamento e gestão competente do seu dinheiro* que viabilizarão a transformação de sua atual *mentalidade empobrecedora* para uma **mentalidade próspera**, adquirindo assim *empoderamento financeiro* concreto para conquistar a *prosperidade sustentável e duradoura* que tanto almeja!

Agora você finalmente já conhece as três técnicas transformadoras que compõem a **Tríade da Multiplicação do Dinheiro®**. Relembre cada uma delas e realize o empoderamento que elas (e suas ferramentas) lhe dão:

Técnica I | Investimentos mais dinâmicos

Ganhar juros! Para conquistar seus sonhos sem dívidas, **aprenda a traçar e colocar em prática bons planos de investimentos, combinados com excelentes aplicações dinâmicas, mais rentáveis**, porém muito seguras (e bastante práticas)! Assim, você ganhará empoderamento financeiro por meio dos *juros sobre juros*, que receberá em suas aplicações dinâmicas, **garantindo a realização de seus principais sonhos** de compra e consumo apenas com o sacrifício poupador de pequenas quantias mensais.

Ferramenta digital => INVESTÔMETRO®

Técnica II | Dívidas mais prudentes

Não pagar juros! Aprenda a ter dívidas bem planejadas, de **tamanho adequadamente calibrado para suas verdadeiras possibilidades financeiras, inclusive eliminando as dívidas mais graves e preocupantes**. Assim você conseguirá transformar em "dinheiro novo" aquele poder de compra que hoje é costumeiramente desperdiçado com os elevados **juros pagos** nas suas atuais dívidas, redirecionando esse dinheiro para bons gastos e/ou bons investimentos.

Ferramenta digital => DIVIDÔMETRO® e ELIMINÔMETRO®

Técnica III | Gastos mais econômicos

Não desperdiçar dinheiro! Aprenda a ter despesas mais enxutas e fazer compras **financeiramente mais sensatas, bem focadas** em suas verdadeiras prioridades e **bem controladas através de um orçamento familiar organizado.** Com essa técnica você irá liberar o dinheiro normalmente empatado em **desperdício, hoje invisível, mas muito significativo**, e permitirá engrossar outros gastos mais importantes, fazer bons investimentos ou até mesmo acelerar a quitação de dívidas dominantes.

Ferramentas digitais => ECONÔMETRO®, POUPÔMETRO® e COMPRÔMETRO®

CONCLUSÃO
MULTIPLICAÇÃO & PROSPERIDADE

NUTRA-SE DE BOA INSPIRAÇÃO... E ASSUMA JÁ O CONTROLE DA SUA PROSPERIDADE!

Agora que você já passou por estas centenas de páginas de conteúdo e se encontra devidamente preparado para atuar como um legítimo **MONEY BO$$**, quero lhe revelar de onde veio, primeiramente, minha *inspiração* para esta obra. Curiosamente, minha motivação tem um marcante fundo religioso, apesar da abordagem totalmente prática e científica que você pôde constatar nas análises, técnicas e ferramentas aqui apresentadas.

Religião? Não sei qual sua vertente religiosa. Nem mesmo sei se você crê em Deus, ou na existência dele. Isso não me importa, nem me diz respeito neste momento, e penso que também não deve ter importância para você. Apenas quero lhe dar a oportunidade de conhecer minha crença, porque estou certo de que ela tem tudo a ver com os fundamentos dos valores deste livro e está profundamente conectada com tudo de bom que lhe proponho aqui. Leia esta conclusão. Mesmo que seja só por curiosidade. É um relato honesto e transparente daquilo em que creio.

Cristão bíblico. Creio que Jesus Cristo é o Deus Filho que veio ao mundo para morrer na cruz e ressuscitar por nossos pecados, assim nos religando a Deus Pai, de quem estávamos separados desde o pecado original. Creio que o Deus Espírito Santo habita no coração daqueles que recebem o sacrifício salvífico de Jesus Cristo. E creio nisso da forma como está registrado na Bíblia Sagrada. Por isso, dou-me o direito de me auto-denominar *cristão bíblico*. Dessa forma, procuro pautar minha vida pelos ensinamentos que Jesus Cristo nos deixou em sua passagem neste mundo. E, dentre os vários milagres inspiradores que ele realizou, sou particularmente tocado pelo...

Milagre da Multiplicação dos Pães e Peixes, termo pelo qual são conhecidos dois milagres muito similares de prosperidade realizados por Jesus Cristo e relatados nos quatro Evangelhos da Bíblia Sagrada.

Um milagre educativo. O primeiro desses milagres, o mais citado, também é conhecido como **Alimentando os 5.000** (número de homens adultos presentes na ocasião) e está relatado nos evangelhos de Mateus 14.13-21, Marcos 6.31-44, Lucas 9.10-17 e João 6.2-13. Mesmo que não seja cristão, sei que você quase certamente tem em mente a *síntese* dessa história, mas os *detalhes* é que são um tanto curiosos... e muito inspiradores (pelo menos para mim)! Então, partindo do relato no evangelho de João, elaborei uma fusão dos quatro relatos, com a interposição de frases originais do texto bíblico (extraídas da NTLH (Nova Tradução na Linguagem de Hoje), porém não editadas (para reter a exatidão dos fatos relatados), visando expor um panorama completo desse milagre, com todos os seus pormenores. Vamos primeiro aos fatos da história, e depois lhe apresentarei minha análise, interpretação e correlação com o conteúdo desta obra.

Quando Jesus saiu do barco e viu aquela grande multidão, ficou com muita pena deles e curou os doentes que estavam ali. Uma grande multidão o seguia porque eles tinham visto os milagres que Jesus tinha feito, curando os doentes. A Páscoa, a festa principal dos judeus, estava perto. Jesus olhou em volta de si e viu que uma grande multidão estava chegando perto dele. Havia ali tanta gente, chegando e saindo, que Jesus e os apóstolos não tinham tempo nem para comer.

De tardinha, os discípulos chegaram perto de Jesus e disseram:

— Já é tarde, e este lugar é deserto. Mande essa gente embora, a fim de que vão aos povoados e comprem alguma coisa para comer.
Mas Jesus respondeu:
— Eles não precisam ir embora. Deem vocês mesmos comida a eles.
Então disse a Filipe (um dos doze apóstolos):
— Onde vamos comprar comida para toda esta gente?
Ele sabia muito bem o que ia fazer, mas disse isso para ver qual seria a resposta de Filipe. Filipe respondeu assim:
— Para cada pessoa poder receber um pouco de pão, nós precisaríamos gastar mais de duzentas moedas de prata.
Então um dos discípulos, André, irmão de Simão Pedro, disse:
— Está aqui um menino que tem cinco pães de cevada e dois peixinhos. Mas o que é isso para tanta gente?
Jesus ordenou aos seus discípulos:
— Mandem o povo sentar-se em grupos de mais ou menos cinquenta pessoas.
Os discípulos obedeceram e mandaram que todos se sentassem. Estavam ali quase cinco mil homens, sem contar as mulheres e as crianças. Aí Jesus pegou os cinco pães e os dois peixes, olhou para o céu e deu graças a Deus. Depois partiu os pães e os entregou aos discípulos para que eles distribuíssem ao povo. E também dividiu os dois peixes com todos. E todos comeram à vontade.
Quando já estavam satisfeitos, ele disse aos discípulos:
— Recolham os pedaços que sobraram a fim de que não se perca nada.
Eles ajuntaram os pedaços e encheram doze cestos com o que sobrou dos cinco pães.

O que Jesus Cristo teria nos ensinado nesse milagre, em termos de *sabedoria prática* para a conquista da *prosperidade sustentável e duradoura*?

O plano da virada. Depois de seu *intenso e dedicado trabalho* operando milagres (sim, vale lembrar que esse era seu *trabalho* na época), Jesus sentiu fome. Ele então percebeu que a multidão também tinha fome, mas *não pensou pobre*, não duvidou que seria possível suprir a necessidade em questão, mesmo com tão poucos recursos disponíveis. Esse seria o raciocínio da *mentalidade empobrecida* da maioria das pessoas numa situação dessas, mas Jesus *pensou e agiu diferente*. Ele tinha um *plano* para *dar a virada* naquela situação de aparente escassez intransponível, e seu plano envolvia *trabalho* e *multiplicação* para trazer *prosperidade* a todos.

Pensar e agir pobre. A história nos mostra que os discípulos de Jesus, mesmo com a experiência inspiradora de tanto tempo de convivência ao lado do Mestre, infelizmente *pensaram pobre*. Queriam simplesmente largar mão do problema e mandar o povo embora, pois não acreditaram que conseguiriam resolver a situação de uma maneira próspera. Os discípulos (representados por Filipe) *se enfraqueceram* diante da enorme necessidade (algo entre 20 e 30 mil pessoas, contando homens, mulheres e crianças, precisavam ser alimentados!), e do elevado valor financeiro que seria necessário para supri-la (200 moedas de prata!).

Mentalidade empobrecedora. Os discípulos (representados por André), em vez de buscarem *empoderamento*, se assustaram diante daquele megadesafio (saciar milhares de famintos a ponto de sobrar!), *se apequenaram* diante dos recursos materiais ridiculamente escassos de que dispunham para superá-lo (cinco pães e dois peixes)! Assumiram-se como *fracos financeiros* diante daquela situação, *desvalorizando os recursos* que tinham à sua disposição, menosprezando-os e destratando-os. Em sua *mentalidade empobrecida*, talvez a solução fosse fazer um empréstimo emergencial no Banco da Galileia, ou pelo menos esperar ganhar o sorteio da Tele Santa de Páscoa daquele ano, para angariar mais dinheiro de forma rápida (ainda que onerosa ou ilusória) e, aí sim, resolver a situação. Fontes ilusórias e traiçoeiras de prosperidade!

Mentalidade próspera! De outro lado, um simples menino, uma criança anônima, empoderado por sua fé infantil, acreditou que *aquele pouco, nas mãos certas, fazendo a coisa certa, garantiria um final próspero* para todos. Ele foi o único entre os presentes (além, lógico, do próprio Jesus Cristo), que raciocinou com base em uma **mentalidade próspera**, e agiu orientado por ela, já que prontamente disponibilizou seus pãezinhos e peixinhos diante da necessidade!

Valorizar o pouco. Naquele momento, Jesus poderia ter dispensado o "ingênuo" menínote, optando por criar tudo do nada (creio, particularmente, que poderia perfeitamente fazê-lo, se quisesse). Mas escolheu diferente: preferiu assumir a responsabilidade de *trazer a prosperidade por meio do pouco*, mesmo em se tratando daquela ínfima porção! Ao colocar em prática sua **mentalidade próspera**, Jesus provou a todos com seu exemplo, e o faz até hoje, que o "pouco", mesmo quando pouco demais, estando *nas mãos certas, fazendo-se a coisa certa, com bom planejamento e gestão competente*, pode ser tremendamente *multiplicado*.

Trabalhar e multiplicar! Mesmo estando também com muita fome, Jesus foi primeiro fazer seu *trabalho* (e bem feito!), que era operar milagres. Para começar, serviu-se do *bom planejamento* e organizou a multidão em blocos, para que pudesse distribuir os recursos com controle, ou seja, com *gestão competente* da distribuição, fazendo tudo de forma organizada e equilibrada, sem faltar para ninguém. Em seguida, Jesus deu o devido *respeito ao "pouco"*, clamando a bênção de Deus Pai sobre o pouco que tinha. E então usou o *trabalho* (operando mais um milagre) e a *multiplicação* (repartindo os pães e os peixes entre os apóstolos, e eles, distribuindo ao povo) para gerar *prosperidade*. Jesus mostrou ainda que a multiplicação do "pouco" pode ser tamanha que irá *satisfazer completamente a necessidade e ainda sobrar*! Por fim, nos mostrou que, mesmo quando há abundância, *não deve haver desperdício*, para que a prosperidade seja de fato *sustentável e duradoura*.

Quanta *inspiração* para qualquer de nós que deseje se tornar um verdadeiro **MONEY BO$$**, hein?! Bem, pelo menos essa inspiração serve para mim. Espero que possa servir a você também! Então vamos nessa, vamos juntos... e **VAMOS PROSPERAR**!

TURMA DA KEKA

EDUCAÇÃO FINANCEIRA & EMPREENDEDORA PARA PAIS E FILHOS

Conheça esta inédita aventura da Turma da Keka no formato HQ (História em quadrinhos), e saiba como utilizar essa poderosa linguagem para compartilhar os melhores conceitos sobre finanças com todas as crianças! Nesta revista totalmente colorida, você encontrará:

- 7 HISTÓRIAS EM HQ PARA OS FILHOS
- ORIENTAÇÕES PARA PAIS E MÃES
- DEZENAS DE LIÇÕES SOBRE O DINHEIRO
- DIVERSÃO E APRENDIZADO COMBINADOS
- PAIS E FILHOS PROSPERANDO JUNTOS!